U0330835

琉球共和社会宪法的潜能

群岛·亚洲·越境的思想

［日］ 川满信一 仲里效 ∷编

庄娜 ∷译

三联书店

Ryukyu Kyouwashakaikenpou no Senseiryoku © 2014

by Kawamitsu Shin-ichi/Nakazato Isao

Original Japanese edition published in 2014 by Mirai-sha Publishers

Chinese Character rights arranged with Mirai-sha Publishers

图书在版编目（CIP）数据

琉球共和社会宪法的潜能：群岛·亚洲·越境的思想／（日）川满信一，
仲里效编；庄娜译；庄娜译；仲里效编；—北京：生活·读书·新知三联书店，
2019.7

ISBN 978 – 7 – 108 – 06475 – 2

Ⅰ．①琉… Ⅱ．①川… ②仲… ③庄… Ⅲ．①宪法–研究–日本
Ⅳ．① D931.31

中国版本图书馆 CIP 数据核字（2019）第 049405 号

责任编辑 叶　彤
装帧设计 张　红
责任校对 张国荣
责任印制 徐　方
出版发行 生活·讀書·新知 三联书店
　　　　　（北京市东城区美术馆东街 22 号 100010）
网　　址 www.sdxjpc.com
图　　字 01-2018-7132
经　　销 新华书店
印　　刷 河北鹏润印刷有限公司
版　　次 2019 年 7 月北京第 1 版
　　　　　2019 年 7 月北京第 1 次印刷
开　　本 880 毫米×1230 毫米 1/32 印张 10.25
字　　数 202 千字
印　　数 0,001–4,000 册
定　　价 68.00 元
（印装查询：01064002715；邮购查询：01084010542）

第一部

从原点出发：

架桥与越境

琉球共和社会宪法 C 私（试）案

川满信一

在对长达数个世纪的历史做出深刻反省之后，琉球共和社会的全体人民在此立下悲壮誓愿，为奠定一个完全自治社会的基石而深感光荣，今以直接署名的方式制定并公布《琉球共和社会宪法》。

全体人民署名（另附）

（前言）

因浦添[1]而傲者因浦添而灭，恃首里[2]而骄者因首里而亡。以金字塔为傲，则因金字塔而溃。因长城而骄，亦因长城而亡。以

（1）浦添：13世纪琉球王朝的首都。现为浦添市，位于冲绳本岛南部与中部地区的交界处。——译者注。以下若未特别说明，皆为译者注。

（2）首里：1406年琉球王朝的首都从浦添迁至首里，1429年琉球的三个王国被统一，成立琉球王国。1879年，日本以"废藩置县"为名将琉球作为冲绳县正式并入日本，琉球国王遭流放，琉球王国灭亡。首里1954年被并入那霸市。具有悠久历史的首里城1945年在冲绳战中被烧毁，1992年作为琉球文化的象征得到重建，2000年首里城被列为世界文化遗产。

军备为傲者毁于军备，因法而骄者因法而亡。倚靠神者灭于神，仰赖人者亡于人，因凭爱者毁于爱。

倚科学而骄者，因科学之故而灭；因美食而骄者，以美食之故而亡。渴求国家者，终将陷入国家的牢笼。当日趋集中与膨胀的国家权力伸出榨取、压迫与杀戮之手，带来不平等、贫困与动荡之后，终会走上战争的不归路。我们不能忘记，映在落日余晖中沙砾遍地的西域古都，还有那在飞鸟惊鸿一瞥之下沉寂几百年的印加古城。不只如此，我们的双足如今依然踏于焦土之上。

历经九死一生再次立于废墟之上时，我们终于明白，战争不过是杀戮国内人民的机器。但未曾想到的是，美军在这废墟之上重又建立起庞大的军事基地。我们一直在进行非武装抵抗，并曾经向建立在国民的反省之上、开篇即提出"放弃战争""反战、不保留军备"宣言的《日本国宪法》和遵守这一宪法的国民寻求帮助，并对此寄予了最后的期望，但结果等来的却是无情的背叛。日本国民的反省如同一层薄雪一样浅淡继而消失不见。我们对此早已不再抱有任何期待。

好战国日本啊，好战的日本国民及其掌权者啊，你们尽管走你们的路吧。我们再也不会在你们强行通往人类灭绝的不归路上奉陪下去了。

第 一 章

(基本理念)

第一条　我们琉球共和社会人民出于对历史的反省和悲壮的誓愿，决心根除自人类产生以来由于权力集中而产生的一切恶业的根源，在此高声宣布废除国家。

共和社会人民只有依据对万物慈悲的原理，不断创造互惠互助制度的行为，才能得到本宪法的保护和承认。

对于逾越和脱离慈悲原理的人民、协调机构及其在职者等，本宪法不保障其任何的权利。

第二条　该宪法是为废除一切法律而设的唯一的法。共和社会将废除军队、警察、一切国家固有的管理机构、官僚体制、司法机构等一切权力集中的组织体制，今后也不设立此类组织。共和社会的人民必须认真铲除每人心中的权力之芽。

第三条　不管出于何种理由，都不允许杀伤他人。慈悲的戒律是不立文字[1]，自己破的戒必须受到自己的裁决。法庭设在每一位人民心中。须不断倾听如父母教诲般的达摩之声，依据慈悲的戒律，纠正自身与社会及他人的关系。

（1）不立文字：川满的该宪法草案深受佛教思想影响，"不立文字"为佛教禅宗的宗旨，指不执着于语言文字，用以心传心的方式传递智慧，明心见性。

第四条　超出饮食基本需要的杀伤违背慈悲的戒律。因此不论个人还是集团，为温饱和生存所需而对动植物的捕杀利用，都只能在慈悲的内海所允许的范围之内进行。

第五条　众议时需认真倾听贫者的意见，不可听取无慈悲之心者的意见。

第六条　须将琉球共和社会建设成丰足的社会。须在衣、食、住、精神等生存的所有领域实现丰足。但是丰足的意义必须时常观照慈悲的戒律躬行不怠。

第七条　需共同商议备荒之策，合力克服贫困与灾害，以求共生。贫穷本身并不可怕，真正可怕和需要避免的是因不平等而产生的内心的贫贱。

第 二 章

（中心领域）

第八条　琉球共和社会将地理学上琉球弧所包括的岛屿与海域（依照国际法的惯例所指的范围）定为象征性的中心领域。

（州的设置）

第九条　中心领域内设置奄美州、冲绳州、宫古州、八重山州共四州。[1]各州由相应规模的自治体构成。

（1）琉球群岛由奄美诸岛、冲绳诸岛、宫古列岛和八重山列岛等组成。

（自治体的设置）

第十条　自治体以彻底实施直接民主主义为目的，自治体的规模以不妨碍公众商议为准。根据民意、自然条件及生产条件决定自治体的构成。

（共和社会人民的资格）

第十一条　琉球共和社会的人民不限于在中心领域内居住的居民，只要认同本宪法的基本理念并有志于遵守者，不论是何人种、民族、性别、国籍，在其所在地即可获得共和社会公民的资格。但需向中心领域内的联络调整机构提交申请，表明对琉球共和社会宪法的认同，并提交署名材料。

（琉球共和社会的象征旗帜）

第十二条　由于"姬百合学徒"[1]沦为荒唐战争之牺牲品的深刻历史教训，特将琉球共和社会的象征旗帜设计为白色的百合花一朵。

———————

（1）姬百合学徒：或叫姬百合部队，指冲绳战前夕，1944 年 12 月冲绳师范学校女生部和冲绳县立第一高等女校的教师与学生组成的看护部队，共 240 人，其中教师 18 人，学生的年龄只有 15 至 19 岁。这一部队在 1945 年 3 月末被日军动员上战场，后日军抵挡不住美军的进攻，向南部撤退，姬百合学徒部队于 6 月 18 日被解散，其中 123 人在战场上悲惨死亡。为纪念这些无辜死去的生命，现在的冲绳县在她们最后避难的战壕所在地建造了姬百合塔与姬百合和平祁念资料馆。

（反战）

第十三条　即便在共和社会的中心领域遭到武力或其他手段侵略的情况下，也不以武力加以对抗和寻求武力解决。可高悬象征旗帜，向对方显示并无敌意，汇集全体人民的意见，予以临机应变的解决。

（进入及通过中心领域）

第十四条　飞机、船舶等进入或通过共和社会中心领域，需事先获得许可。获得许可的条件另行规定。严禁一切与军事相关的飞机、船舶及其他进入或通过。

（禁核）

第十五条　禁止一切核物资及核能源的移入、使用、实验以及核废料的储藏、废弃等，禁止期限最低为五十年。对于这一条款，尤其不得以任何公众商议为理由加以歪曲解释和变更。

（外交）

第十六条　琉球共和社会以向世界开放为基本姿态。琉球共和社会不应拒绝与任何国家和地区的来往，但与军事有关的外交则全面禁止。

不缔结军事协定。对和平的文化交流及交易关系则尽可能加以深化。

（对待流亡者及难民等）

第十七条 当各国的政治、思想及文化界人士提出避难申请时，应予以无条件地接纳。但与军事有关的人士除外。若有进入领域后不遵守宪法者，送往当事人希望安居的地域。对难民的待遇与此相同。

第 三 章

（差别对待的消除）

第十八条 仅在考古研究中才区分人种、民族、身份、宗族、出生地，在现实中绝不可因此区别而形成差别对待。

（基本生产资料及私有财产的处置）

第十九条 在中心领域内，土地、水源、森林、港湾、渔场、能源以及其他基本生产资料皆为共有。对共生的基本权利形成侵害与压迫的私有财产不予以承认。

（房屋以及居住用地的处置）

第二十条 基本上不承认房屋的私有。作为过渡性措施，可对先住权规定一定期限予以保障，对于无人居住的房屋及居住用地，其所有权归所属的自治体共有。法人所有的建筑物为公有。在居住地以内的土地，只要不违反宪法的理念，可以自由使用。

第二十一条 居住用地及住房的分配应根据生产关系，由个人、家族、集团的意志以及自治体公众商议形成的合意决定。

（女性、男性与家族）[1]

第二十二条　女性与男性的关系基本上为自由结合，但需以双方的合意为前提。夫妇应按本宪法的基本理念即慈悲的原理，对双方的关系加以主体性的调整。当夫妇中任何一方有所诉求时，由自治体发挥其睿智加以解决。女男之间的私人关系不应伴有任何强制。夫妇及与家族的同住、分居要在协商同意的基础上加以解决。

（劳动）

第二十三条　必须保证共和社会的人民从儿童到老人，各有适合其本人的劳动机会。劳动必须是自发的、主体性的。主体性的劳动是生存的根本。

第二十四条　选择何种劳动应与资质和才能相适应，由自治体根据合议加以决定。

第二十五条　当判断当前从事的劳动不适合自身资质的时候，可由自治体组织众人合议，选择自发性的、主体性的劳动。

第二十六条　劳动时间应与气候风土相适应。娱乐为劳动的一环，应发挥创意，集思广益，在自治体、州、共和社会各个层次上创

（1）在该条中，川满将"女性"置于"男性"之前，应该是对现实生活中存在的男性对女性的权力表示反对。因此译文中特地使用了"女男关系"这一表达，翻转了"男女关系"这种说法，虽读来有些异样的感觉，但特意不做更改，以求传达原文的语感。

造机会，以使人民可以选择人类所实现的一切娱乐。娱乐的享受必须是平等的。

（信仰、宗教）

第二十七条　作为过渡性措施，保留个人信教的自由。但是，必须遵从自治体合议后确定的共同劳动及教育方针等。

（教育）

第二十八条　基础教育为十年，由各自治体及州主体性地决定实施办法。基础教育包括参加一定的生产活动实践。

第二十九条　要求具备特别资质及才能的教育，必须在自治州及共和社会整体的积极协作下充分实施。专门教育的期限不予限定。废除入学考试，代之以每年举行考试决定晋级。

第三十条　若需要在共和社会以外的国家或地区接受教育，则由自治体、州、共和社会集体推举人选。

第三十一条　所有教育费用由共和社会的联络调整机构筹备，根据需要予以均等分配。

第三十二条　共和社会的人民须充分及恰当地发挥个人的资质及才能。但是不能因资质、才能及受教育程度的不同，在物质财富的分配上要求或设置差别。

（专门研究中心）

第三十三条　各州最少设置一个专门教育中心，并由共和社会成立高级专门研究综合中心。研究员由各州的专门教育中心推举。

第三十四条　在各州的专门教育中心以及共和社会设立的高级专门研究综合中心中，教授与研究生为一整体，每半年将其研究成果以报告形式提交给联络调整机构。

（研究的限制）

第三十五条　在综合研究中心的研究基本上为自由进行，但以动植物、物质等作为研究对象且与技术相关的自然科学领域的研究，不能破坏本宪法的基本理念慈悲的戒律，不能超出各级众议所认定的范畴。

（对跨领域研究的重视）

第三十六条　所有的生产、经济、社会行为以及各种科学研究，都以与自然环境的协调为第一要义。为达此目的，作为过渡性的对策，应先重点研究各领域间的相互协调，而非个别领域的扩展和研究深化。

（对医师、专门技术职业者的考试）

第三十七条　担任医师及其他专门技术职业者，需每三年一次，参加由共和社会机构组织的资格考试。

（终身教育）

第三十八条　共和社会以生产为首的各个组织都是终身教育的机

构，人民需经常有创造性地进行学习，努力进行自我教育。

（追求知识及思想的自由）

第三十九条　对知识和思想的探求是人民发展各自资质和才能的自然过程，因此需保障其自由。但不可将知识和思想的积累用于谋求任何权力，也不可因之赋予任何权力。知识和思想的产出必须回馈社会。

（艺术与文化行为）

第四十条　艺术及文化的产出是共和社会最为重要的财富。艺术与文化财富的创造与享用，需时刻向社会开放。在创造过程中，非社会性的观念领域的自由不可受到压制和侵害。对于回归社会的产出，人们具有批判的自由。

（信息的整理）

第四十一条　信息的爆炸性扩张会破坏人的自然性。专门研究综合中心需对信息加以整理，不断做出努力，使其符合宪法的理念。

第 四 章

（众议机构）

第四十二条　自治体、自治州、共和社会不可背离直接民主主义的理念。可在众人合议之上，各自设立与自身组织规模相适应的代表制众议机构,代表制众议机构不固定。众人合议时禁止权力相争,采取合意制。当代表制众议机构无法达成一致意见时,应再在自治体范围内共同协商加以解决。

(政策的制定)

第四十三条　各自治体在根据各地区情况制订和实施生产计划及其他计划时,需事先向邻近的自治体进行报告,并进行协调。当所拟计划超出自治体主体的能力范围时,须在所属州的联络协调机构或共和社会联络协调机构进行协调之后,加以主体性地实施,致力于创造一个富足的社会。

(执行机构)

第四十四条　各州以及共和社会均设置联络协调机构。联络协调机构由专门委员会及执行部门组成。专门委员会的委员先由各自治体、州以及居住在中心领域外的琉球共和社会人民(至少五人)推举人选,并由州立专门教育中心以及共和社会专门研究综合中心推举专家,最后由州及共和社会的代表众议机构从中确定最终人选。各委员会的构成另行规定。专门委员会在地区间进行充分协调之后,向众议机构做出提案。政策在经与众议机构协调之后,在专门委员会的监督之下,由执行部门加以实施。

　　凡未经地区间协调的政策,联络协调机构一律不得实施。

（公职的交替制）

第四十五条　担任公职者除专门委员外，由各自治体及州在众人共同商议之后予以推举。公职担任采取交替制，任期另行规定。若经自治体及州的公众商议后被判断为不适合继续担任公职者，即便在任期内仍必须卸任。结束任期的公职人员可以被再次推举担任公职。公职人员不具有工作之外的任何特权，也不得谋求这种特权。

（对惯例、内部法[1]等的处理）

第四十六条　对各州及自治体延续至今的惯例、内部法等，需尤加以慎重对待，建设性地吸取来自祖先的智慧。

（请愿、公诉）

第四十七条　如个人及集团依据本宪法的基本理念——慈悲的原理，认为其受到了不当惩处，可请求所属的自治体召集公众商议，取消惩戒。若所属自治体的公众意见不统一，则请求临近自治体予以众议解决，仍未解决则诉诸自治州众议。自治州的众议结果不一致时，由共和社会的公意予以裁决。

（1）内部法：琉球王国时代所制定的法，用于维护各区域和村落共同体秩序，日语里写作"内法"。

（司法机构的废除）

第四十八条　不设立警察、检察院、法院等司法机构。

第 五 章

（城市功能的疏散）

第四十九条　城市中现有的日益集中和膨胀的生产功能，应尽可能地向各州及自治体层次疏散。为达此目的，须从根本上转变生产及流通的结构，重塑消费体系。

（产业的开发）

第五十条　已扰乱了生态系统、破坏了自然环境，或预期会造成此类后果的产业开发，应一律禁止。

（对自然之道的顺应）

第五十一条　应将技术文明的成果从集中和巨型化转化为分散和微型化，以努力适应共和社会及自然之道为要。须将古代人崇拜自然的思想在今天加以活用。

（对自然环境的恢复）

第五十二条　对于已被破坏或正在遭受破坏的自然环境，应迅速谋求复原之策。各自治体应对自然环境的破坏予以密切关注，并主体性地谋求其恢复。当对自然环境的恢复超出单一自治体的能力时，应向相邻的自治体、州以及共和社会的联络协调机构谋求帮助，依靠人民的公意与协作完成目标。

第 六 章

（纳税义务的取消）

第五十三条　取消个人的纳税义务。

（备荒）

第五十四条　将备荒所用的生活物资平均分配给个人及集团，由其分别进行储备。自治体和州的联络协调机构也储备一定量的备荒物资。

　　任何组织及机构都不得储备超出备荒所需的物资数量，不得借此积累财富。

　　超出定量的备荒物资责令交出，用于流通。

（商业活动的禁止）

第五十五条　中心领域内禁止个人、集团及组织等进行私人性质的商业活动。共和社会人民之间的流通须全部以实质性经费为基准进行。

（财政）

第五十六条　在财政上，应利用琉球共和社会的开放性条件，充分利用中心领域内的资源，并与中心领域外的共和社会人民相互协作，开创在以往的国家框架下未曾有的新方法。

为实现此处所定之理念、目的与义务，琉球共和社会人民需付出全力进行奉献与合作。

（初次刊登于《新冲绳文学》1981 年 6 月刊）

〈解说〉

◇这部草案是我在面对 20 世纪 80 年代泡沫时期一些现实状况时若干思考的总结，时至今日，文中有几处地方我是想加以改动的。但考虑到该草案是形成本书讨论的一个基础，所以最终没有加以修订。

◇最近宪法有改恶的动向，我们不应把一切都交给统治机构解决，而是应向自由民权运动时期草根阶层的宪法起草运动学习，鼓励国民竞相制定出建立在公意基础上的、以民众为主体的宪法草案，以与这种宪法改恶的动向相抗衡。

◇必须将作为自然法的宪法与实定法严格区分开。但这一私（试）案中还是有实定法条款的混入，对此需要加以删除和整理。

（2014 年 2 月　川满信一）

《琉球共和社会宪法私案》之由来

——兼论共和国与共和社会之区别

川满信一

一　本案的写作动机

这部宪法私案写于 1981 年，已是三十多年前的事了。虽然过去了那么多年，但每当正视现实时感到的危机感和矛盾感却从来没有变过。那时，战后那些在军装外面套上西装改头换面的政治家们掌握了统治权，提出要修改宪法和重新解释"武器出口三原则"，所谓的"50 年体制"也趋于反动变质，日本这个国家的走向越来越怪异。在这种状况之下，冲绳战中获得的体验，伴随冲绳"复归"带来的美军基地的强化，自卫队基地的扩大，以及日本在越南等地介入战争所带来的危机感，都成为我们在《新冲绳文学》上组织那期特刊的动机。今天我将登在那期特刊上的文章重新拿出来，希望能抛砖引玉，得到大家的讨论与批判。现在有很多人对日本国家的反动倾向有危机感，而这也与我当时的危机感相契合。

在 20 世纪经历了 1960 年的安保斗争和 70 年代的改革斗争后,日本内部批判体制的热情几乎被消耗殆尽。思想与主义分裂,主义不能与选举行动结合,工会组织堕落不振,学生对政治漠不关心,思想处于孤立无援的境地,最为活跃的反而是那些一心追逐利权的政治家,他们满口民主主义,徒有其表。

而现在,我们面对时代状况时所产生的危机感,一是来自国家体制层面的危险动向,二则来自社会结构的矛盾。我们当前面对的紧要课题,不是被动地寄希望于国家自上而下地改善制度,而应该是从社会层面出发,主动地纠正其偏差和矛盾。而宪法的改正就是首要的课题。

从明治初期到明治中期,围绕着如何打造革命完成后的近代国家的问题,从哲学家到政治家,再到平民大众,都展开了热烈的讨论。是依靠平民的力量建设国家,还是选择强军强国的政策侵略他国,思想界为之倾注了全力。当时从社会的底层产生的自由民权运动的思想,虽然最终在国家权力的镇压下失败,但到今天也绝非毫无意义。那时在社会上出现的一种"改变世道"(1)的思想,也延伸到了农民起义和城市爆发的米骚动(2)中,这些思

---

(1)"改变世道"思想:幕末至明治初期在日本社会出现的一种希求救济贫民、实现平等社会的民众意识。

(2)米骚动:指 1918 年由于米价高涨引发的全国范围的城市平民暴动。米价高涨是由于"一战"末期日本政府调节米价失败,以及地主和米商预计日本将出兵西伯利亚而投机囤积大米所致。米骚动是近代日本第一次大规模的大众斗争。

想都以社会底层的改革要求为基础。如果国家的建设不以社会自主的构想为基础，那国家就只能是徒有臂力而无膂力、下盘空虚的假把式，这一点已经被历史所证明。明治以后，由天皇的军队（官军）揭橥的"富国强兵"政策，把富国搁置在一边而单方面推行强兵，其结果是使自己的国家陷入了用竹枪对抗原子弹的荒唐境地。在战中和战后饱尝了衣食住之艰辛的那代人，以自身的经验深刻地领悟到，就算日本在全亚洲取得战争的胜利，也不能解决社会底层民众在衣食住等基本生活上的困难。

而现在的日本，又在日美同盟的名义下强化军事体制，制定《特定秘密保护法》，并将改宪提上日程，这些都是上层强行改变制度的表现，也是在重蹈过去"强兵"政策的覆辙。当上层推出这些罔顾历史、拒绝反省的政策时，沉醉在歌舞升平中日渐麻木的国民们才猛然惊醒过来，但还没来得及做出反应，这些政策已被强行通过成为既成事实。本来，日本在战后推行的以福利国家为发展方向的体制，是在对战败做出反省的基础上确立的，已历经六十余年的考验，因其面向未来的特性而备受世界瞩目。但现在，这一体制的优质部分已从内部遭到解体，被迫走上了质变的道路。

众所周知，往军事国家的方向迈进时，往往先从破坏老百姓的福祉开始。当在东北亚的视野里审视日本的这种现实状况时，冲绳由于处在日本与假想敌对国的夹缝之中，其所能感受到的不安与危机感就更为强烈。是否有什么决定性的办法能够阻止这个脱缰的国家向反动疾行？

可悲的是，日本的反体制运动从来都是在体制一方采取了行动以后空喊"反对"，并不能阻止事态的恶化。要想扭转这种局面，只能在体制一方有所动作之前先有准备，占据先机，但无奈的是，无论是政党还是市民运动都只是被体制的动向牵着鼻子走。

如果说要改变这种局面，希望从曾经的民权运动中学些什么的话，那么我们现在需要的就是像草根阶层制定宪法那样的社会运动，从社会层面入手，培育起有创造性的主体性。希望能够通过创宪运动的展开，面对体制一方占据先机，形成牵制，同时打磨市民的思想，防止企业、社会被轻易地导向军事化的方向。

二 F案与C案的区别

尽管还没有做出总结，但冲绳的"祖国复归运动"已然是个重大的失败。战后由于无法忍受美军的统治，冲绳人展开了反对美军基地的斗争，而革新政党以他们惯用的"日本民族独立"这一意识形态领导抵抗运动，却犯下了将本不过是战术的"复归"置换为目的的错误。在冲绳战中，日本国家已经无情地抛弃了琉球诸岛，而为了战后重建，又移花接木，将本土的美军基地强加给冲绳。当冲绳人意识到运动中的错误，急忙改变运动方针，想要以宪法的理念为依托时，却发现"祖国母亲"已然变成了对他们漠不关心的继母。

冲绳内部的利益结构是复杂的。在施政权的返还中既有获利的赢家，也有期待落空的输家，还有一心想着复归、对军事上的危机状况毫不关心的人，此外还有得到制度的保障之后就闭口不言者，以及从外地来冲绳赚钱和兜售意识形态者。随着来自县外的新人口的增加，冲绳社会的内部构成也越加复杂化。

在 80 年代，当权者已经提出要修改宪法，而言论界虽然做出了反应，但并未抓住问题的要害，又因观点的分歧而导致分裂。面对迷失了方向的冲绳现实，我迫切地感到必须找到一个打开局面的出口，而我所做的鲁莽尝试就是这部《琉球共和社会宪法 C 草案》。

在我整理这部宪法私案之际，《新冲绳文学》为此组织了一次匿名讨论会，会上大家展开了热烈的讨论，这都刊登在了《新冲绳文学》第 48 期上。但是，会上的大多数人都固守着这样的法理思维，即如果不以国家为前提，宪法就不能成立。这种意见占了多数，而我要讨论的恰恰是不以国家为前提而存在的自治社会，因此对于会上的意见，我大多不能认同，于是，最终只能由我自己来完成这部"异类"的宪法了，这就是这部"草案"的诞生。

在这之前，我并未对法律产生过兴趣，为了写这部宪法，我特地到旧书市场找来《六法全书》[1]，逐条查看法律条文，这时我才发现，法律对我来说简直是个异类的世界。宪法总算还能让人明白，但刑法、刑事诉讼法、民法、民事诉讼法、商法，读

（1）六法全书是日本的一种书籍，指收入了宪法、民法、商法、民事诉讼法、刑法、刑事诉讼法六种法典的法令集。

来总有一种尽情开发了人的狡智的感觉，于是掩卷作罢。读完宪法之后，我感觉宪法只要有第九条足矣，依照各人的伦理观在各人心中开设法庭即可，人人心中自有一杆秤，"人在做，天在看"。汗牛充栋的法律条文对于执掌统治权力的人来说可能是必要的，但如果社会得到了良性的组织，哪怕除了宪法以外其余的法律都废除掉，也可以靠临机的应变使事情得到妥善解决。那么这种能妥善解决问题的社会组织是什么样的，就成为我这部草案的中心思想。

毫无疑问，冲绳之所以被强加了美军基地，又因是战略要地承受着巨大的负荷，跟统治者的不关心和日本国民无意识中存在着的歧视有极大的关系。但是，如果完全受反感日本冲绳政策的情绪所支配，而对冲绳内部的结构性矛盾视而不见，则会走向另一个错误。比如，有人就把作为少数民族的琉球民族一揽子定性为隶属民族，呼吁从日本国民这一多数者中分离出来，让琉球拥有少数民族国家的自决权。这种想法在战略的意义上可能具有打开现实状况的功效，因为诉诸"琉球民族"这一少数民族的民族主义是很简单的方法。但如果将重点过于放在反抗性的民族主义上，就会无法充分思考国家内部所存在的问题，这就有性急地滑向意识形态的危险。

成立"琉球民族独立国家"的主张尽管作为战略步骤自有其存在的意义，但一旦它本身成为目的，就终究还是跳不出追随"近代国民国家"的思维模式（民族主义），只不过这个国家是以琉球民族为主体而已。如果是这样，那么我们对未来的设想只能是一种倒退的无益之举。就算"琉球民族独立国家"能够实现，先不说别的，首先要想让这样一种国家制度如同桃花源一样地存在于资本主义体制之外，根本就是不可能的。因为只要资本主义体制在世界范围内还存在，就无法阻止琉球内部再次出现如前一样的阶级矛盾。苏加诺[1]和费迪南德·马科斯[2]这些曾经领导殖民地解放斗争的英雄最后都建立了任人唯亲的独裁体制，这些历史殷鉴不远。

就算少数民族形成了独立的国家，只要还是把国家统治作为不变的前提，就会无可避免地导向支配权力膨胀的结局。历史已经反复向我们警示，以鼓动民族主义为基本策略的近代国家如何导致了相互间的战争以及覆灭，这在历史上已经形成了大量惨痛的教训，我们必须谨记勿要重蹈此类覆辙。国民国家这种制度是否有可能改变，如果我们对未来的设想脱离了这个基本课题，那就失去了摸索宪法私案的意义。国家的专决权与社

（1）苏加诺（Sukarno，1901—1970）：印度尼西亚民族独立领袖，反对荷兰的殖民地统治，印尼的第一任总统。任总统后曾建立独裁统治，使国家陷入危机。1965年印尼"九三〇事件"中被军部右翼势力夺取政权，1967年3月被撤销总统职权并遭软禁。其第四任妻子黛维夫人为日本人。

（2）费迪南德·马科斯（1917—1989）："二战"期间曾参加菲律宾自治军参与反抗日军的游击队活动，"二战"后三次担任菲律宾总统（1965—1986），其间任人唯亲，其妻子、妻子的兄弟都担任要职，议会形同虚设，政党活动遭到禁止，但他和妻子却利用职权营私舞弊、侵吞公款，在国内外积累了巨额财富。1986年大选中马科斯舞弊当选总统，引起国内外质疑，在军人兵变中，马科斯出逃。

会的自决权是不同的，而且经常处于对立与协调的关系中。为了超越国民国家这一统治机构组织强加给我们的历史负面遗产，既然历史上曾经有过创立宪法的尝试，那我们就尝试把社会的自决权放在首位来构思法的制度。F私案与C私案的区别，就在于是以国家为前提还是以社会为前提。

三　名家热议

从战后处于美军占领体制之下到施政权返还给日本，冲绳在这个过程中背负了三重重担。虽然我不经意间使用了"战后"这个时间划分，但是对冲绳来说，从1941年的太平洋战争开始，到1945年的冲绳战，1950—1953年的朝鲜战争，1960—1975年的越南战争，1990年的海湾战争，再到2003—2011年的伊拉克战争，冲绳一直被牢牢捆绑在战时体制上，不管是在"二战"前还是"二战"后，这一点从未改变过。在这看不到终结的战时体制之上，冲绳被迫迎来了巨大的变迁，在所谓的经济振兴计划的推动下，大海被填埋，山峰被削平，农业和渔业也由传统的人与自然的共存共生改变为以资源利用为主导的产业，而社会人口的增加也形成了对传统文化的侵蚀。

于是人们开始高呼"冲绳丧失的危机"，提出了成立百人委员会等方案，还提出了特别县制等设想，但这些仅仅掩盖了思想上的苍白无力，都没有能够对"复归运动"做出总结。既然冲绳在日本国家内部属于少数派，那么在程序民主主义的运作之下，冲绳的自决权是绝对无法指望的。在这种情况之下就算提出"建立冲绳身份认同（identity）"，除了勾起人们对已消逝的岛屿共同体的追慕之情外不可能有更大的建树，顶多最终创造一个只会请愿的政权。以民族主义为基础对近代国民国家的建构早已被视为问题，人们已经开始致力于打破这一建构并创造超越这一体制的未来人类体系，如果在这种趋势下仍然以民族主义为基础来思考问题，就只能再次陷入国民国家体制的牢笼，这就是我对冲绳独立论的立场。

从19世纪末开始的"近代国民国家"，是资本主义体制出于政治上的方便而形成的产物，在人类历史上充其量不过是个过程性的统治组织。历史上也曾出现过试图超越这一组织框架的尝试，如自治社会（commune）[1]以及"共产国际"的世界共产主义。但遗憾的是，这些尝试最终都没有能够充分超越民族主义而以失败告终。在成功地建构起民族并将其组织化的"近代国民国家"里，以工人阶级为首的国民都有着根深蒂固的民族主义，因而世界共产主义的设想只能处于下风。但是，只要资本主义的矛盾仍然存在，国民国家的统治形态得不到改变，处于社会底层的人民大众就难免会经常成为战争的牺牲品，备受生活动荡之苦。

（1）公社：commune 最早在古罗马西塞罗的著作中就已出现，后来指欧洲11世纪到13世纪出现的一种城市的自治共同体，它建立在共同的誓约之上，成员之间不存在隶属与支配的关系，以共同防御和相互扶助为目的。此处所说的 commune 应该更接近后来的巴黎公社意义上的 commune，具有共同目标的人们在一起共生，实行公有制。

如果不找到一种办法，从国家以国境线为界形成对立的现状中摆脱出来，世界上像琉球诸岛这样的少数群体就不可能有光明的未来。像冲绳这样处在大陆夹缝中的小岛，除非能够设想一种放弃武装力量的自治社会来改变社会的组织方式，否则在国家的对立夹缝中不可能有生存之道。所以我特意舍弃了"共和国"，而试图摸索一种"共和社会"的道路（也有可能是因为经历了日本在亚洲殖民地上推行的"皇民化"教育和强制创氏改名[1]来建构民族主义的历史，所以才对"国民国家"有一种惩羹吹齑般的思考反应吧）。

恰好在这个时候，我被任命为《冲绳时报》发行的"文化与思想综合刊物"《新冲绳文学》的主编，于是我马上以"通往琉球共和国的桥梁"为题组织了一期特刊。在这期刊物上有众多名家助阵——中野好夫、色川大吉、井上清、森崎和江、冈部伊都子、松本健一、平恒次、木崎甲子郎、宇井纯、姜在彦等，牧港笃三等当地的评论家，也都从各自的角度进行了讨论。此外，这一期上还刊登了来自"冲绳经济研究会"的《冲绳经济自立的构想》（文责：原田诚司、安东诚一、矢下德治），极具启发意义，以及新崎盛晖与我部政男的对谈、《宪法的周边》以及匿名讨论"看待宪法草案的视角"等，内容非常充实。

（1）创氏改名是日本对于已纳入自己统治下的朝鲜，于1939年发布的要求朝鲜人将本来的朝鲜姓氏改成日本姓氏的命令，被认为是"皇民"化政策的一环，1946年此令废除。

在这期刊物上，还有中野好夫以桃源仙境为设想的《万岁！小国寡民》一文，色川大吉则写了《"琉球共和国"的诗与真实》，赞同将这样的梦想变为现实。其他的执笔者也讨论了将该梦想转化为现实的可能性与困难，基本上都对确立琉球的自决权持赞同态度。

尤其是在匿名讨论阶段，就像刚才所提到的，大家围绕应构思一个"共和国"还是"共和社会"展开了热烈的讨论，最终还是决定将两个草案同时刊登出来，希望将这两个草案作为讨论的基础，以期今后能在此基础上形成一个最终的方案，以此结束了讨论。

四 F 试案中存在的问题

除了 C 案以外，另外一个试行方案就是《琉球共和国宪法 F 私（试）案》。这个方案不是来自像我这样的法律门外汉，而是由毕业于东京大学法学部、担任过法官的法律专家仲宗根勇[1]拟定的。这个方案是以法学领域的正论——"有国家才有宪法，没

（1）仲宗根勇：1941 年出生于冲绳宇流麻市，1965 年毕业于东京大学法学部，任琉球政府法院职员，同时从事评论活动。70 年代时就与新川明、川满信一、冈本惠德一起同为"反复归论"的主张者而闻名。1992 年任简易法院（处理简单民事刑事案件的法院）的法官，2010 年从东京简易法院退休，自 2014 年起任宇流麻市具志川九条会的共同代表。著作有《冲绳少数派——其思想的遗言》《与冲绳歧视做斗争》（2014）。

有国家宪法则不可能成立"的想法——为基础而设计的。仲宗根勇在为宪法 F 案条文所做的注释中，以其青年时代特有的诙谐的文体、前卫新奇的想象力激发着读者的思考。同时他也是冲绳社会运动中的一位同人，在 70 年代他参与了"拒绝参加国政"的斗争[1]，与大家一起展开了冲绳反复归论，并对虚幻的反体制运动发出了激烈的批判。

F 试行方案的特征，首先在于将"琉球共和国"宪法制定的时期设定在第三次世界大战发生之后。仲宗根勇在注释三中这样讲道，"19××年，第三次世界大战爆发，处于人类灭亡危机下的世界各国才终于将人类延续的最后希望寄托在成立地球联合政府的设想上，但存留下来的非困民主义[2]国家顽固地表示强烈反

（1）"拒绝参加国政"的斗争：1969 年，佐藤荣作与尼克松在会谈后发表共同声明，约定美国于 1972 年返还冲绳施政权，作为冲绳返还的准备工作，日本决定于 1970 年在冲绳举行"国政参加选举"，选出冲绳的日本国会议员，帮助在国会通过于 1971 年签订的冲绳返还协定。在此之前日本的国会里尚没有冲绳出生的代表。冲绳复归运动就积极地推动这一选举的举行，而反复归论者则认为这一吸收冲绳人入国会的举动不过是为了并不公平的冲绳返还协定的签订以及在国会中通过做准备，这一返还不过是日本政府强加的返还，与冲绳人所期望的和平返还有着很大距离，因此展开了拒绝这一"参加国政"的一系列运动。

（2）"困民主义"是仲宗根勇宪法草案的核心理念，是成立琉球共和国的革命性的指导思想。仲宗根勇指出，困民主义倡导建立人民参与和自主管理的"无政之乡"，它是针对继民主主义革命之后的社会主义革命最终却堕落为官僚国家资本主义的现实而提出来的。仲宗根勇在其宪法草案中提出，各国都应不是只考虑自己国家，而应遵循困民主义革命的法则，成立地球联合政府，以使人类存续下去。

对。尽管我琉球共和国已经完成困民主义革命，但并不能直接向海外输出困民主义革命，因此在本条款中以间接的方式，暗含了对非困民主义国家的困民主义者表达支持的意思"。

在 F 私案的前言第五条中规定，"该宪法在地球联合政府成立、我琉球共和国加入该联合体的前一日自动归于失效"，在对这一条的注释中仲宗根勇解释道："我琉球共和国作为率先完成困民主义革命的国家，在地球联合政府诞生之前，暂且制定一国形态的宪法，但本宪法终究只具有暂时的性质，一旦共和国人民表示出加入地球联合政府的意志，则不需任何改废手续，本宪法自动失效。"

共和国宪法在第七条中对"可视领土"[1]做出了规定，指出"（虽然最终以废除国家、打破领土界限、实现四海之内皆兄弟为目标，但——译者注）作为成立地球联合政府之前的过渡性措施，该宪法在本条款中对共和国主权所及地理范围做出的规定，在逻辑上具有以国家之力对成立地球联合政府之前的侵略主义进行否定的效果，因此在这一点上仍具有积极的意义"。

此外，该宪法还在条文中对语言的使用做了规定，区分了

（1）仲宗根勇在该宪法私案中在对可视领土做出规定的同时，与之相对，还提到了"不可视的领土"，此为"精神领土"。仲宗根勇把当地语言中用 Niraikanai 所指的地方作为"精神领土"，Niraikanai 是奄美、冲绳地方的人相信在大海的彼岸存在着的乐土，他们相信神每年会从那里降临本地，带来五谷丰登。仲宗根勇用这个不具有确定边界的空间概念，来反衬人们对"国境线"的划分所具有的人为性和欺骗性。

琉球语和日本语，分别将其指定为生活用语和公用语，这些概念也值得关注。但问题是，以民族主义为基础的"近代国民国家"思想已经在历史上被证明存在着局限，但该宪法并没有充分超越国民国家的思想，对地球联合政府的构成也没有做出明确的设计。

虽然在制度论和组织论中国家和社会常被严格地区分开，但依然有很多思考有意无意地忽略二者的区别。也许这种思维的存在，是因为"岛屿共同体"或"国体"的感性的传统在无意识中发挥着作用。虽然不管是共和国还是共和社会，"共和"的理念都是其不可动摇的核心，但在二者之间还是存在着深刻的思想鸿沟。就算地球联合政府作为过渡性的组织被通过，但这一联合是国家组织的联合还是社会组织的联合，会使构成这一联合的权力金字塔的性质存在巨大的反差。

若想区别以国家为前提的宪法和以社会为前提的宪法，在我看来，可以说以国家为前提的宪法是为了统治而制定的制度法，而以社会为前提的宪法则是以个人参与社会为目的而制定的、确定主体基本伦理的法。夏目漱石的宪法只要有"则天去私"这一条就够了，因为漱石的法庭就设在了他自己的心里。我也认为，宪法其实应该是"自然法"，而以统治为目的的制度法则是"实定法"，两者是不同的。

就我个人的经历来说，从我懂事起就处在权力方以统治为目的制定的法律之下并深受其害。美军为了在冲绳实施占领统治，施行了类似美国宪法的"总统行政命令"⁽¹⁾，却又由于任意地发布命令和布告而完全违背了美国宪法的精神，最终成了统治者自己对宪法的嘲弄。为了达到统治的目的、自上而下制定的制度性的宪法，虽然披着"自然法"的外衣，但在这外衣里面却暗藏着"实定法"这一人类狡智的武器，无不破坏着人间的伦理。美军的命令和布告就是这样的典型，现在日本国内的解释改宪也是这样的典型。宪法中规定的反战誓言，在集体自卫权的行使这一骗术下早已如风中烛火般脆弱不堪。不制造武器，不拥有武器，不出口武器，不拥有军队，这些建立在战败的悲惨体验基础上、曾备受日本国民认同的崇高誓言，现在已经成了什么样了呢？今天的日本国民到底是在嘲笑宪法，还是自己成了被嘲笑的对象？

五　难道就这样坐以待毙？

在明治初期摸索国家未来走向的过程中，民众中兴起了自发制定宪法的运动，有许多宪法私案在那时被制定出来。不仅如此，对明治宪法也一直存在着不同的解释，这些不同观点之间争论不息，直到昭和初期军阀政府压制言论自由才被压制下

（1）此处指美国总统关于琉球列岛的 10713 号行政命令，可以说是 1952 年《旧金山和约》生效后美国对冲绳进行统治的基本法，1957 年由时任总统艾森豪威尔发布，规定了在冲绳设立琉球列岛民政府，设置首席行政长官（High Commissioner）作为最高长官管理冲绳（之前是远东军最高司令部管理），该法后经修改，至 1972 年冲绳返还时失效。

去。1970 年，为了分析冲绳战后的思想状况，我在写《冲绳内部的天皇制思想》一文时专门研究了明治宪法和战后宪法中有关天皇的条款。关于吉本隆明的天皇制论，我在翻阅了美浓部达吉、西田几多郎和穗积八束等人的学说后，感到在天皇与国体这样的概念上，我无法有同等的感受，也有很多我无法赞同之处。在以天皇制为主题比较冲绳和日本本土时，可以发现两地对于国体的感性认识和宗教性传统的意识上存在着差别。尽管吉本隆明认为在日本战后，天皇制已"失去了立足的传统根基"，但我在战后宪法中却发现依然存在着问题，"在法制度的层面，天皇的地位以与以前并无多少差异的形式被继承下来，这是为什么？"带着这样的疑问，我将视线转向了冲绳对天皇制的接纳上来。从现在依然在有意无意地使用着属于天皇制附属物的昭和、平成年号来看，只能说日本国家的统治形态仍是君主制的延续。如果不清除明治宪法的这一残渣，那么天皇主权和国体绝对主义就还是会有死灰复燃的危险。正是由于有这样的疑问，我在《琉球共和社会宪法私案》中删去了关于天皇的所有条款。

在之前的东京都知事选举[1]中，据说候选人田母神俊雄在以"网络右翼"为核心的三四十岁的年轻阶层中收获了61万张选票。从大东亚战争到太平洋战争，都是日本追随西方的殖民主义而

（1）指 2014 年 2 月 9 日举行的东京都知事选举，最终日本前厚生劳动大臣舛添要一当选。舛添最终得票 211 万张，前首相细川护熙位列第三，得票 95 万 6 千张，第四位田母神俊雄得票 61 万张。2016 年舛添要一受挪用政治资金等问题影响提交辞呈，小池百合子当选东京都知事至今。

发动的侵略战争，这已是历史的常识，然而田母神却不承认这是侵略，妄言："南京大屠杀和随军慰安妇全是捏造"。尽管田母神最终没有当选，但是抛出如此有悖历史的言论、推动日本快速滑向军事国家的田母神能获得如此多的选票，不能因为他最终没有当选就可以忽视这个事实中蕴含的危险性。这说明从明治时期延续下来的"国体"信仰再度浮现在缺乏方向性的国家与社会的分裂中，它有着很深的思想上的根源。

而日本的国民又是怎样的呢？民众一心蜷缩于生活里不问政治，在高度经济化的社会里随波逐流，而知识分子长于钻营的智慧而无力承担公共责任。看到日本国民在这次东京都知事选举中的表现，估计处在体制管理者位置上的掌权者们都会乐得手舞足蹈——这是一群多么好的"良民"啊！

关于共和社会宪法，有一点需要说明，在这一宪法私案的前言中，尤其是前半部分，我使用了一种颇为奇特的文体，这是受了鸭长明和北一辉的影响。鸭长明在《方丈记》中曾发出这样的感慨："川流虽毫不停息，然其水已非原来之水。浮沫漂于积水之上，此消彼长，并无永存之理。世上之人与居处，莫不如此。"而北一辉在《支那革命外史》中也曾叹道，"金陵历史纵悠久，山河迷蒙烟雨中，清朝立国三百年，穷途末路亦难逃，真让人无语凝噎。古人曾悲叹古今兴亡如一梦，古人之泪又在今人之双颊滂沱。昔之罗马将军西皮奥，举目眺望迦太基城燃起之大火，叹曰，焉知百年后我罗马不会如此？自古以来，步兴盛之道则兴，蹈灭亡之辙则亡。焉知日本他日无迦太基之火、金陵之雨之境乎？"在这些思想影响下的所思所想，都被我写进了宪法前言中。

其中，"倚靠神者灭于神，因凭爱者毁于爱"，这样说法可能会招致非议。其实这里面包含了我对成为西方近代化之排头兵的十字军的质疑，以及对西方已脱离了自然思想的人类至上主义的否定。十字军以对上帝的爱为名义，但既然有爱，作为爱之反面的憎恶与嫉妒也会随之而来。而人类至上主义则切断了人与自然之间存在的轮回。虽说既然要生存就免不了因衣食住而产生的造业，但能否在不违背宇宙的熵的前提下控制人类的欲望呢？只有当我们返回古人倡导的节制、中道的思想，改变社会的存在形态的时候，通向未来的大门才会向我们打开。据说克鲁泡特金 19 世纪在对植物生态的观察中发现了"共生"的原理，他继而从此开始倡导无政府主义。在人类社会中，调整人类相互关系的机构亦不可或缺。但迄今为止"政府"这一组织必然会形成不断增强其权力的结构。我们能否不再依赖以权威和权力运行的统治机构，而设想一个始终致力于调整相互关系的协调机构？正是从这里出发，我尝试不以"国家"为前提，起草了提倡自治体主权的《共和社会宪法草案》。在历史上，这种社会宪法的构思也曾经作为私案被提出过。

面对安倍政权紧锣密鼓推行的宪法改正，要做的不是瞠目结舌地束手旁观，而是不分立场左右，都来自主地制定个人的宪法提案，在对这些草案的讨论中激活自主独立的精神。如果把法律交给顶层自上而下地制定，则与将绞索套在自己颈上无异。

六 连接梦想的桥梁

在松本三之介解说的《〈近代政治意识的先觉〉佐久间象山》（《〈新版〉日本的思想家〈上〉》朝日选书44）一书中，有一段论述吸引了我的注意。象山是在"天保改革"年间持攘夷论但又反对锁国攘夷的思想家，松本三之介在书中提到，在1862年象山向幕府的上疏中竟提到了琉球。在上书中他"力陈将诸外国称为'夷狄'之'无礼'"，并进言，"现若将朝鲜、琉球称为'夷狄'，彼虽小国也未必甘愿受之，更何况将东西洋之大国贱称为夷狄，此犹言吾国无礼而已"。

把目光投向世界的佐久间象山，对国际关系有着充分的把握，他认为对琉球这样的小国也绝不能轻侮，如果贱称为夷狄，反而表现出日本国的无礼。对于这一批评，我感慨良多。

但遗憾的是，自琉球处分开始，明治以后的日本向亚洲各国强制推行的，正是象山所批判的"无礼"的政策。而且，在战败后本应得到深刻反省的那些历史事实却逐渐被忘却，最近竟然还在"积极的和平外交"的名义之下，计划着以解释改宪的方式"行使集体自卫权"和公然进行"武器输出"。政府"参拜靖国神社""领土争端""强行在边野古推进新军事基地的建设""竹富町教科书选书问题""福岛核电站事故及核电重启计划""推销核电站"等动作，无不使人感觉仿佛回到了昭和前期。

在现在的夷狄思想中，是不把美国和西方看作夷狄的，正因为排除在外，才显得更是把亚洲的周边国家视为了夷狄。现在的日本重又走上了象山所批判的对亚洲施以"国之无礼"的道路，这岂不荒谬？

在我们的历史上，曾经有过把军队的强大作为国家富强的前提条件的时期。但不断扩张的军队如何成为国家的重负，这在日本军国主义的覆亡、苏联的解体、美国债务违约以及延期偿还的事实中都得到了例证。而其结果在世界范围内又导致了何种怨言，人们也已经有了充分的认识。

被统治权力的狭隘视野激怒的民众们，尝试了各种各样的抵抗手段，比如冲绳，就提出了"all 冲绳"（冲绳一体）[1]的口号，号召各党派超越分歧一致抵抗，还成立了"琉球民族独立学会"，研究琉球诸岛的"岛屿自决权"，此外还在县议会的倡议下开展了"岛上方言复活运动"，等等。

而在发达国家，由于集中了全人类的先进科学知识和技术，衣食住行的基本问题似乎已经得到解决。但是科学与技术的结合

（1）2012 年美军计划向冲绳的普天间基地配备"鱼鹰"运输机（Osprey），这一决定遭到冲绳县的普遍抵制，时任那霸市市长、2014 年担任冲绳县知事的翁长雄志提出了"all 冲绳"的口号，号召全冲绳的市町村长联名签署反对配备鱼鹰的建议书，当时冲绳县内的保守和革新势力也跨越分歧，并肩战斗。随后日本政府又提出将普天间基地移转到边野古，反对配备鱼鹰的建议书就把反对基地搬迁至边野古的诉求加了进去，"all 冲绳"的口号就在这一时期在媒体上广为流传。但反对配备鱼鹰的人并不全都反对基地迁至边野古，之前形成的一致作战的状态被打破，所以也有"all 冲绳"的说法已经破裂的说法。

却越来越倾向于为资本服务，呈现出越来越轻视社会的倾向。金融资本主义倾注了如同赌博般的热情，地球资源的浪费成为人类面临的巨大课题。

在资本主义的发展初期，阶级矛盾就以失业和饥荒的形式在现实中暴露出来。资本家的压榨导致了他们与工人阶级间矛盾的激化，在这种情况下，共产主义的理念就被提出来，以追求分配的平等。而到了现代，在发达国家的生产现场，科学与技术的结合却专门用于生产超出人类衣食住行需求的过剩物资。也就是说，现在的主要问题不是"共产"，而是"流通"和"共消费"，但现在这些问题却完全被推给了资本和企业方来解决。要超越全球化的高度资本主义社会的矛盾，解决"共生"和"共消费"的问题才是关键。只有当我们将建立一个"共生"和"共消费"的社会当作主题时，世界范围内的资源争夺、发达城市的过度消费和浪费、贫困落后地区的饥饿等根本课题才能找到解决之策。对这些问题的关心也是我尝试社会宪法草案的动机。"共消费的社会"致力于实现人类社会与资源的持久平衡，要建立这样一个社会，前提是要形成一种节制欲望的社会意识。正因为如此，在社会宪法草案中才会反复出现"以慈悲心调节欲望"的基本原理。

对统治权的反抗行动可以用强力加以镇压，但社会意识的演进和改变却是任何权力都压制不了的。正因为如此，我们只能通过社会意识的变革来改造未来，而这种社会意识的变革需要人们付出忍耐。想到这里，我以暂且退一步的方式起草了这部宪法。

想起我在年轻时没有对时代的状况有清晰的把握，仅是出于个人的忧愤就一头扎进了游行队伍中，现在的我在反省过去的同时，也希望能为越来越僵化的大脑增添些补给，为我们所居住的世界能向平安喜乐的方向转变略尽绵薄之力。现在，我创办自己的个人杂志《卡俄斯（Chaos）之貌》，就是在构思一个将济州岛和琉球群岛以及中国的台湾、海南岛连接在一起的"越境宪法"的构想。将这片海域连接起来打造成非武装地带，为大国间的好战动向加上制动装置，这样虽然不能马上消灭资本主义，但可以在资本主义的发展过程中实现东北亚共同体的建立，形成共通的货币圈，扩大深化亚洲文化的共通性，拓宽相互扶助社会的范围，终有一天，我们可以看到资本主义在发展中走向灭亡和实现改革。尽管这可能只是一种痴人说梦。

2014 年 3 月 12 日

指向近代国家终结的路标

....

平恒次 川满信一

如何分解"日本国"?

川满：我从很早就开始读您的文章，比如您早在冲绳复归前的 20 世纪 60 年代发表在《中央公论》等刊物上的文章，到最近您在讲谈社出版的《日本国家改造试论》一书，等等，而今天，我想与您就世界史的发展趋势以及冲绳的自立与独立展开对话。

您曾在《中央公论》1970 年 11 月刊上发表过一篇名为《琉球人在呼吁》的文章。在这篇文章中，您提出希望（在"冲绳复归"的问题上——译者加）将琉球作为一个曾经的独立国家来对待，在这基础之上以国家与国家间对等合并的方式来（考虑冲绳复归的条件并——译者加）重建日琉关系的主张。[1]对于这篇文

---

(1) 平恒次在这篇文章中强调了琉球在 1879 年被"琉球处分"为日本的冲绳县之前，一直在东亚朝贡体系下向清朝和日本的萨摩藩纳贡，在（接下页）

章的主旨大意我是非常赞同的，但在某些地方我又跟您的见解多有不同。

后来我在《现代之眼》（1971 年 11 月刊）上发表了一篇文章，叫《来自微语言地带[1]的构想》，不知是否算是对您观点的一种批判，总之我在文中提出，您在讨论问题时是以接受了现在的国家支配形态为前提的，但这就会导致一个问题，即尽管您提出希望以国家间合并的思路来考虑冲绳复归，但最终这种国家

（接上页）"日支两属"的中道政治下实质上维持了独立的王朝国家的地位。而在 1879 年被并入日本成为一个县之后，冲绳实际上也没有得到与日本本土同等的待遇，而更像是日本的殖民地。当"二战"后美国在琉球的统治结束后，平恒次认为琉球就呈现出了独立国家的面貌。在冲绳复归的问题上，他认为只有以国家与国家间对等合并的立场考虑日琉关系，才能为琉球争得有利的复归条件，实现复归的民主化（因为国家间合并就像联邦国家内部的国家联合一样，其联合必须以双方的同意为前提，要建立在平等的契约基础上），否则就只能是以将冲绳单方面纳入日本国家权力体制下的方式实现复归，而这必将以抹杀冲绳的自主性、琉球独特的历史和文化为代价。

但他将琉球作为独立国家来认识的主张并不能被简单地理解为主张冲绳独立，或分裂国家的做法。因为平恒次在《琉球人在呼吁》一文末尾也提出了可以在琉球成立"冲绳特别自治体"，摸索一种新的中央与地方的关系，并以冲绳为试点向日本其他地方推广，这就是他所说的退让一步。因此他并不是主张冲绳以独立的方式拒绝复归日本。从平恒次对国家的不信任中可以得知，甚至独立本身也并不是他的目标，他在冲绳复归前夜提出将琉球看作独立国家的主张，只是希望避免日美两国私下达成复归协议而完全无视冲绳的意愿。如该对谈中平恒次后面所说，要在冲绳独立的问题上将哲学上的思考和战略性的步骤区分开来。

（1）川满在文章中指出，在日本存在着很多使用范围很小的、被细分化了的方言，而且这些方言大多时候相互之间还很难听懂，他就把这些使用范围很小的方言地带叫作"微语言地带"。

间的合并恐怕也只能停留在一种政治技术讨论的层面上。而冲绳现在面对日本国家所处的状况真的能通过这样一种政治技术的讨论得到解决吗？强调冲绳主体性的那些主张如果不将讨论更深地推向文化的、思想的层面，立足于一个哲学的基础，最终很有可能会走到一种实用主义的功能论上去。这就是我在文中提出的异议。

平：这些讨论后来收在了《冲绳：从根底发出的疑问》一书中了吧？

川满：是的。后来您又在《中央公论》（1971 年 2 月刊）上发表了《人·国家·民族主义》这篇文章。

在这篇文章中您提及中村雄二郎的"自然国家论"，您认为无论从哪方面讲都不可能得出"冲绳天然就是日本的一部分"这种答案。那时我还不知道中村雄二郎的这种观点，后来读过才知道，他认为日本具备了地理环境的同一性，历史条件的同一性，语言、文化、民族的同一性，日本就是在这些同一性的基础之上统一而成的国家，自然的条件是日本国家统一的核心要素，它弥补了政治统一这种人为建构的缺陷，所以日本是一个自然的国家。当我读到这里的时候，一种强烈的反感油然而生。这种说法是明治以来国家权力有意炮制的国家观，时至今日竟如此老调重弹，简直是开历史的倒车。于是我引用了您的批评，指出日本是多民族国家这一点在学术上早已是不可动摇的事实，正因为是这样，所以必须要追问冲绳复归的意义到底何在。

所以我对您迄今为止展开的观点一方面颇有同感，深受启发，同时也感到在一些细微之处还需要和您作进一步的探讨。这次恰逢您许久之后从美国回国，让我有了这样一个难得的机会可以向您当面请教。

这次您来冲绳，在琉球大学做了演讲。我看了您演讲的内容，觉得您一直以来秉持的"日本国改造试论"以及其中对未来国家的设想是这次演讲的核心内容，而且也越来越明确了。但也感到这次演讲中您的观点与过去有一点不同，那就是以前您一直是以地方文化的独特性或民族文化的独特性为依据来主张冲绳独立，并以此为契机来摸索改造日本国家的方向的，而这次则是把视野扩展到了世界史的发展趋势上来。也就是说，以前的近代国家都是向着集权和权力扩张的方向发展的，而您认为今后世界史的潮流将会是超越这样的近代国家，朝着国家分散化的方向发展，我感觉您是从这样的观点出发展开讨论的。我不知我的这种理解对不对，请您就此加以补充和说明。

平：您对拙作读得这样细致，我深感惊喜，也非常感谢。我写东西常常是情之所至，想到哪就写到哪，所以难免给你留下刚才那种印象。如果读者客观地按照时间顺序来看我写的东西，可能会发现在这些年里我的观点并不是呈直线式地向前推进，而是总体上呈一种"之"字形，或是有时又相当程度上偏离了我的基本路线。之所以呈现这种"之"字形路线，也是事情发展的逻辑导致的不得已的结果，因为这些年使我做出反应的客观问题每次都在发生变化。

自从我开始思考冲绳的出路问题以来，已经过去了三十多年。这期间我所产生的许多想法，大致说来还是有着某种一贯性的。比如我最近的《日本国家改造试论》一书收入了我以前写的一些文章，支撑我写那些文章的，是在冲绳复归的决定做出后我的一种担心。在尼克松－佐藤会谈做出冲绳复归决定的时候，我最担心的就是冲绳会以被单方面并入日本的方式实现复归。没有冲绳人参与的会谈，很可能会达成一些与冲绳人的意愿完全不相关的条件，使冲绳被日本单方面地合并，这是我最担心的。我认为当时应该做的是改变日本人的想法，于是在《中央公论》上写了那篇文章。

那篇文章叫《琉球人在呼吁》，这个题目并不是我想出来的，而是编辑部给起的。对此我是很佩服的。本来，琉球人在向谁发出呼吁，这是不明确的，但读这篇文章的就是日本人，所以他们读的时候就会想到琉球人就是在向他们呼吁。这篇文章在某种程度上深入到了琉球人深层的历史和心理，而这是我在写作技巧上不太能胜任的部分，可能作为诗人的川满君会更擅长这个领域，但我想既然写这篇文章的意图就是至少要触动人们的内心，所以就需要一定程度上诉诸人们的情感，我也写得比较感性，在复归的条件上想尽可能地提供一些思考，以帮助得出一些对冲绳更为有利的条件，这就是我写那篇文章的问题意识。而当时间过去，复归的条件越来越像我当初担心的那样被确定下来，意味着琉球已然失败的情况下，我还想能尽可能地把事态往好的方面转化，于是写了第二篇文章。

川满：就是《人·国家·民族主义》那篇吧？

平：是的。于是我就针对盘踞在日本人心中的、就连他们自己都没有意识到的问题展开了论述，也就是说，对于日本这个国家的性质，就连日本人自己都有误解，而这种误解的一个典型代表就是中村雄二郎的"自然国家论"。我的想法是，既然复归已经很明确不可能是双方的对等合并，而只是一方单方面地合并另一方，那就来谈谈怎样一种解决之道能够对冲绳稍微有利一点，所以我是以向后退让一步的方式写了第二篇文章。也许那时川满君读后会以为我的立场完全变了吧。

川满：对，确实是这样。

平：应该说不是变了，而是后退了。关于复归的条件，开始时我还是希望冲绳能积极地参与到对复归条件的谈判中，但在第二篇文章中，就在美国和日本达成了政治交易使得琉球被吞并的时点上，我依然没有放弃希望，认为如果还有可能争取到某种较好的条件的话一定要把握住。第二篇文章是在这种心情下所写的，所以是让步了。后来以我在1974年以这两篇文章为基础出了单行本的时候，我又往后退让了一步。就这样越让步就越是不得不再让步的时候，反而激发了我的勇气。我想，既然是这样，那就必须要完全改变日本这个国家，要担忧的不仅仅是冲绳，还有阿伊努人、部落民、朝鲜人等，要言之，为了生活在日本国家体制内部的所有少数民族、所有利益受损害的群体，必须要分解和重构日本国，不把作为政治机构的日本国家解体和重构，冲绳的苦难就不会在其中浮现出来。到了这个地方可能就跟川满君的想法一致了。

来自功利主义经济学的想法

川满： 也就是说，您思考问题的出发点一直都是您所说的Bumiputera⁽¹⁾（原住民）以及那些被排挤到社会底层的人们，从他们的视角出发看问题并进行思考，是这么多年来一直没有改变过的。

平： 是的。

川满： 为什么作为一名经济学家，您会从这样的角度出发来思考问题呢？

平： 这其实比我对冲绳的思考有更深的渊源。简单说来，可以算

（1）马来语，意为"大地之子"，指原住民。

是一种偏经济理论的思维。因为经济学最重要的使命，就是要形成一个关于公共福利的理想模式的设想，并用系统的理论阐释出来。

在我们学习经济学的时候，在经济学里占据最核心位置的就是这样一种观念，所以那时的经济学讨论了很多这样的问题：比如公共的福利应该如何定义，对这样定义的福利该如何加以实现，与公共福利的理想状态相比现状有何种不足，等等。也会对经济的现状进行观察，思考怎样才能更加接近理想的公共福利状态。于是经济学中就有很多的定理随之出现，其中有一种理论就做出了这样的理论回答，即增进少数处于不利处境的集团的幸福，是为增进公共福利做贡献的一个方法，这个解答规定了之后我对问题的所有思考。

川满：那这样说来，您的这种想法更应该是来自凯恩斯主义经济学，而不是来自马克思主义经济学。

平：是的，而且更准确地说，还不是凯恩斯，而是凯恩斯的老师那个时代的英国福利经济学。也就是凯恩斯的老师阿尔弗雷德·马歇尔和 A.C. 庇古等人的观点。这些人的理论后来又被新的理论所取代，在我们战后学习经济学的时候，就出现了新福利经济学。所以到了我学经济学的时候，凯恩斯经济学实际上已经堕落了，成了财政操作的经济学。但在凯恩斯经济学以外，比如福利经济学，还是会在原理上使人去思考，作为财政操作目标的公共福利到底是什么。

如果谈到公共福利，可以将其理论根源追溯到古典经济学里的"最大多数的最大幸福"，也就是功利主义经济学派的观点了，这就是我思想的基础。后来我又接触到了马克思等人的世界观和人生观，在感情上我对马克思的理论有很多的共鸣，但是在实际操作中，马克思并没有在我的思想体系中占据非常重要的位置。因为在经济分析中，为了增进公共的福利，需要最大限度地保证处境最差的少数人的利益，能够得到这种数理上的回答，对我来说就已经足够了。

川满：如果从这样的观点来寻找解决问题的方法，就一定会遇到现代国家权力支配结构的问题。作为一种解决方案，可以考虑成立琉球共和国或是以北海道为中心建立北方联邦的形式来促进日本国家的改造，但这种以少数民族成立独立国家为思路的设想，也必须要在世界史的视野下，在原理上追问所谓近代的主权国家到底是什么的问题。因为，就算少数民族通过艰苦的努力建立起了独立的国家，但如果他们建立的国家依然以现在的发达国家为模板，与近代的主权国家在原理上并无不同的话，那么这些少数民族国家的未来反而是不会有太大希望的。如果是这样，那么问题就变成了，能否在原理上思考一种与近代主权国家不同的人类组织形式，不是未来的国家，而是不同于国家的集团组织模式。

但在现有的国家当中寻找这种模式恐怕是不容易的。比如，大致看来，以苏联和中国为代表的经历过国内革命的洗礼、属于社会主义阵营的国家，似乎是这种模式的代表，但它们只是看上去与其他国家的形态不同，随着这些国家的发展成熟，还是与以美国为首的资本主义体制的国家在国家形态上有很多重叠。再加上资本主义体制的国家也充分运用了刚才提到的福利经济的理论，反而扩展了本是社会主义性质的福利国家的职能。如果从这样的角度来看，世界范围内的国家发展史其实都是建立在工业革命以后确立的近代国家的原理基础上，所以有人说，苏联也好，中国也好，都是世界性的资本主义体制在走向终极过程中出现的多样性国家形态，这种说法还是有一定道理的。

这样一来，应该思考的就是超越近代国家，或是在近代国家之后取代国家的人类组织形式是什么样子的？应该怎样去摸索这种形式，希望您能在展开日本国改造试论的同时谈谈您对这个问题的看法。

作为战略的琉球独立

平：您提的是一个很重要的问题。在经济学里，严格来说是没有对于国家的讨论的。在我刚才说的福利经济学里，国家作为人类生活的框架是被当作一个先在的前提对待的，国民经济需要建立在市场机制之上，也被作为一个不言自明的前提，是不需加以讨论的。我尊重经济理论，但同时也在思考国家是什么的问题，这个问题就超出经济理论的框架了，但这并不是说与经济理论没有任何关系。因为在经济理论里，国家既是一个无须追问的前提，同时又是不存在的。在经济理论里存在的只有某种类型的社会经济，而在古典经济学里认为只要是市场机制就行，并不考虑说在市场之外还有政府并按它自己的原则进行资源分配这些问题。反过来也可以说，如果把市场机制的经济学也归为一种主义的话，那就是无政府主义。因为市场机制是自发运行的，没有政府也无妨。

川满：这就回到亚当·斯密那里了。

平：是的。古典经济学就是虽然承认政府的存在，但是把政府的作用严格限制在市场机制做不到的事情上。如果亚当·斯密希望政府做的事情，社会可以从自己的立场做到的话，那么政府就可以不要了。这样想来，古典经济学离无政府主义是非常近的。

川满：这非常有意思。

平：所以在提倡市场的经济学家中就出现了很多的无政府主义者。美国的自由主义经济学家在哲学上就是无政府主义者（比如米尔顿·弗里德曼）。虽然现在美国政府的权力越来越大，但对此的埋怨也相当的多。当然，这里说的无政府主义指的是一种**哲学上的**倾向。（关于这里说的"无政府主义"，简单地说就是认为没有政府更好的一种思想。也就是说，如果**社会**平稳发挥功能，经济机制独立自主地运行的话，就不需要政府。）那么，能使市场经济在其中良好运行的**社会**是什么样的，是国家的另一种说法吗？对此经济学里也有相应的解释。这就需要经济学家与哲学家的合作了，基本上经济学家所接受的社会观是卢梭式的社会契约论。卢梭的社会契约论与经济学的市场机制论是非常相似的。

因为，根据卢梭的社会契约论，原先并不需要社会的、完全自由的个人基于他们各自的自由意志构成了社会。因此在卢梭的社会契约论中，生而自由的诸多个人，通过缔结将他们的一部分自由让渡出来的契约形成了社会，从而过上了社会生活。在卢梭看来，人们将构成社会所需的最小限度的个人自由让渡给了社会，这是人的非常重要的选择。这与无政府主义的经济理论就只有一纸之隔。

既然社会是通过缔结卢梭式的社会契约而形成的，那么只要在其中运行的市场机制是自主运行的，就不需要政府的强权。就这样，如果社会上自由行动的个人在市场中能自由地交易，形成自足的社会经济体制，那就没必要有国家。但是不管在任何时代，国家都凛然存在着。如果不摧毁国家，就不能接近理想的社会经济，在这个意义上，我是敌视国家的。（卢梭曾说过，"人生而自由，却无往不在枷锁之中"，确实是这样的。）

川满：原来如此。这很有意思。正是从对底层人民或少数民族的关注中产生了对近代国家形态的一种批判，也正是从这里打开了少数民族的独立这一思路。被称作第三世界的，就是那些在第二次世界大战之后获得独立的原殖民地国家和少数民族国家，它们的出现是对之前在世界范围内肆虐的殖民主义的一种反拨或是修正。所以人们一般都认为第三世界的独立是合理的。但是要看到，这些国家虽然一朝获得了独立，但在它们内部，依然存在着与发达国家同样的内部压迫，也就是说，发达国家中存在的支配、被支配关系在第三世界国家里以更加凝缩的形式得到了再现。所以第三世界的国家在获得独立的时候是应该得到积极评价的，但问题到这里并没有结束，比如在现在的印度尼西亚等国都可以见到这样的情形，民族资本家的支配权越来越大，而人民则受到双重乃至三重的压迫。

这样看来，我们在第三世界等地所看到的民族国家的独立，实际上并不能说是对近代国家的超越，而只是以原样沿袭了近代国家原理的形式对发达国家的追赶。所以当我们提出冲绳的独立、阿伊努等少数民族的独立问题时，应该思考的是，与第三世界的民族国家形式相比，他们能够提出怎样不同的国家逻辑，希望您能联系刚才提到的卢梭的社会契约论来谈谈您在这个问题上的看法。

平：这确实是个很难的问题。因为我原本是在"没有国家才最理想"这种理论和哲学的框架内思考问题的，所以不论是什么样的国家形式，我都认为是非常不合理的。但如果说在这不合理的组织中还可能会有相对较好的形式，那我也可以在这点上让步，但我还是认为，即便存在理想的社会，也不可能存在理想的国家，所以这里面还是会有很大的矛盾。从现实中国家建立和发展的历史来看，很难不让人觉得，国家其实就是一种尽将其不合理的一面发展起来的组织。如果说这就是我对国家的基本立场，那么对于那些打着民族的旗号把国家与民族等同起来的做法，在我看来就是极大的矛盾。所以如果冲绳的独立还是没有脱离旧有的国家的老路，或者确切地说走的还是一条通往主权国家的道路的话，那是与我对国家的基本态度不相容的。所以不是无条件地走主权国家之路，而是要将战略上和哲学上的东西分开来思考冲绳的独立。

从战略上来讲还是要成立一个类似主权国家的组织。这是因为，冲绳被并入的日本是个主权国家，如果不把类似的其他主权国家的主权全部摧毁的话，就无法在世界范围内实现公共的福利。这最好是在各个主权国家中掀起内部分解运动。按照同样的逻辑，日本国内也必须出现分解日本国主权的运动。比如冲绳的独立就应该和削弱日本国家主权的运动在战略上结合起来。如果能够这样把强大的国民国家分解为一个个小的主权主体，这些小的主权主体可能就会是个人的联合，或是与同业公会类似的小型人类团体，到了这个时候，就可以看作近代国家的终结了。这些处于平等地位的小团体再进一步联合起来，并把这种联合扩展到世界范围内，形成自由联合的世界社会，这就是我的主要思路。

川满：确实应该是这样一种思路。所以我在《新冲绳文学》第48期上起草了《琉球共和社会宪法私案》。那个时候我非常坚持的一点，就是如果冲绳独立后依然形成的是一个主权国家，那么最终必然会出现在第三世界中看到的民族内部的压迫。所以就算成立的是琉球共和国，如果是以主权国家为设想，那就离我们的理想仍然很远。

平：确实如此。

川满：所以应该给这个宪法私案起个什么名字呢，我当时暂且用了"琉球共和社会"这个名称。就是要否定主权国家，完全超越以国境画线的思维，促进人类经济和社会活动的相互交流。所以，在经济行为上可以形成一个集团，形成社会，但这个社会并不专门形成国家。

平：原来是这样，我真没有想到，在选择"琉球共和社会"这个名称的时候，您对于国家与社会的对立进行了这样严肃认真的思考，真是非常令人敬佩。

川满：听您这么说，我就更加坚定我的想法了。

平：非常感谢您这么说。琉球的独立不应该只是延续有三百多年历史的民族（国民）国家的逻辑，而是应该成为 21 世纪通向新型人类社会的一个指路牌，否则就没有任何意义。

川满：是的。

平：如果作为短期的战略，冲绳独立成立琉球共和国，获得主权的独立，以此来削弱日本国家的主权，就此来说也还是有其意义的。

川满：确实是这样。应该就是从这样的观点出发，您才在琉球大学做了这样的一次演讲，并提出了北海道联邦共和国的说法吧。

平：是的。从日本撬掉一个北海道联邦共和国与从日本撬掉琉球共和国是一样的道理。同样，其他的地方也都纷纷独立。这样一来，作为强大的主权国家的日本国就会解体和消亡，这也会相应地推动国家时代的终结早日到来。

依照社会契约论描绘出集团的轮廓

川满：据我所知，有这样一种说法，就是苏联等国好像一直在强化国家的管理和统治机构，而与之相对的是，在发达的资本主义国家，其中央政府的权力却在不断地受到制约和削弱，向着地方分权的方向发展。这倒不一定是由于地方对中央政府的反抗而出现的结果，也可能是因为现在这些向中央集权方向扩大其权力的国家和中央政府里，存在着一种不得不向地方分权发展的原理。

如果说中央政府变弱、地方自治体的权力增强是这些发达资本主义国家里存在的原理性运动趋势的话，那么我们的设想就能够进一步推动这一趋势。但如果说在现在的国家内部运行的原理其实还是国家权力的无限扩大强化，现在中央政府的权力变弱不过是由于地方自治体或少数民族的觉悟提高、力量增强而一时性地对中央权力形成了牵制的话，那么我们的构想最终还是难免会被强大的国家所压制。对这一点您是如何判断的呢？

平：从川满君刚才的想法来看，似乎你觉得中央政府的官员们非常聪明，他们能够有针对性地选择运用许多不同的战略。但问题是这些官员真的有这么聪明吗？我并不认为中央政府的政治家和官僚们是铁板一块，他们有长期的战略，而且还能针对不同的情况选择集权还是分权。所以只要在某个时点上，政府的性质发生了变化，那么不管它是中央政府有意为之还是由其他力量导致的，都很难再退回到原来的政体了。

对于川满君所担心的事情，即地方分权化的趋势是否有朝一日发生逆转，重新回到中央集权的方向上来，我认为，一旦分权化的步子迈开了以后，就不会那么简单地发生逆转。比如，就现在的状况而言，日本和美国的中央政府是专门声称致力于建立小政府的，那么这是在怎样的客观形势下做出的调整呢？这就是个很有意思的问题了。有人说，从日本的历史脉络来看，它已经走到了一个不得不实行小政府和地方分权的阶段了。

在日本的历史上，中央集权和国家解体的现象都曾相继出现，其中，中央集权程度最为显著的就是律令体制时期。为什么会出现这种情况呢？因为它要吸收和消化邻国唐朝的高度文明，所以需要集中全国的人力资源进行文明的引进。而下一次产生吸收外来文明的需要的，是明治时代。但就像大宝律令的时代一样，一旦外国文明的压力消失，国内就会出现涣散的情况，然后中央集权的时代就结束了。日本的官僚们可能已经想到，需要对这种涣散的倾向尽最大努力加以整合，所以就出现了很多的自治省。我想也许正是在这样的脉络下，日本独特的政治史中才有了小中央政府的可能。

而美国的情况稍微有所不同。美国原来奉行的是联邦主义，是不需要一个集权的国家的。之所以美国在过去的五十多年间形成了一个强有力的中央政府，一个原因就是在经济大萧条的时期，联邦政府暂且承担了创造公共福利的责任。还有一个原因就是，第一次世界大战也强化了联邦政府的权力。在这之后，为了防止经济危机的出现，美国采用了凯恩斯经济学，促成了中央政府的膨胀。在里根担任总统期间，他试图扭转美国在这五十年里形成的强有力的集权国家的历史，使美国重新回到原来的小政府状态。所以在美国，如果市场机制运作不畅，再次发生经济大萧条那样的情形，就会以此为契机再次出现中央集权的体制。

川满：比如现在，已经进入了所谓的信息时代，生产技术高度发达，使生产力提高到了超乎想象的程度。这种高度发达的生产力在从前的近代国家的框架下是很难维持的。也就是说，高科技的生产力会从内部对近代国家的形态形成破坏。人类的生产活动将从前的国家形态从内部加以摧毁的端倪现在已经出现。我有时也在想，可能从世界史的发展趋势上讲，人类社会已经到了这样一个阶段。

所以您刚才所说的中央集权的问题，并不是仅在日本或美国这些国家才有的特殊情况，也可以说伴随着生产力的高度发展，社会就会自发地向着突破现有国家框架的方向前进。这样一来，当我们在构思对近代国家形成超越的社会集团时，就不需要将思路局限在少数民族或地方，而是可以把它想象成一个生产集团一样的东西，生产集团的经济活动形成的是一个混杂交错的结构，它足以将地球整体都纳入一个自由地带（free zone）。这个社会集团可以按照这样的思路来设想。

平：这是一个非常难的问题。我设想的其实与这个不太一样。因为就现阶段发达国家的经济来看，关于物品的生产问题可以说已经解决了。因为它们拥有的生产能力太强大了，没有什么东西是生产不出来的。那么它们真正的问题是什么呢？我认为真正的问题是，这样生产出来的物品应该怎样在生活中得到充分利用。

川满：对。也就是说，我们一直以来都是从生产这一方来看待经济的，而在发达国家（更先进的思维毋宁是）应该从消费这一方来看经济，也就是说要考虑生产出来的东西都是以何种形式被消费的。

平：是的。要考虑怎么处理生产出来的东西，如果东西生产出来之后得不到利用，就没有任何意义。但起决定性作用的是我们有没有一种高度的精神文化，使我们能将这巨大生产力生产出来的东西加以有意义的使用。这当然也是在技术上可以解决的问题，但更根本的，是需要有意识地对生活的文化进行革新。

要说在技术层面上的解决办法，可以大力发展服务业以及由之而来的高度信息化产业，尽管它们与物质生产不一定有关系，但可以大量吸收从物质生产中解放出来的劳动力、时间和人的智慧。如果仅是这些，在技术层面就可以解决。但如果再进一步追问，这些信息是为什么而服务的，那就来到了以信息为必需的生活方式的层面了，这就必须要革新生活文化，要创造和发展能充分并灵活运用高度信息功能的生活文化。生活的内容必须非常丰富。而物质上的丰富往往也会出现物品极大丰富而生活却空虚无意义的结果。因此就必须大力发展能够填补这空虚的文化活动。这就叫作高度信息化和服务型的经济社会，这样的话，也会朝着多样化和分散化的方向前进，不过方式可能会和川满君所说的多少有些不同。

要想丰富人们的生活，就需要每个人都充分发挥各自作为人的特性。由于服务产业和信息产业是为了满足多种人的多种趣味，所以必然要向分散化的方向发展。这样一来，中央政府或国家这种统一人们意识的机构就变得不再需要了。但这并不是说只要出现了分散化的、满足个人多样趣味和生活结构的服务业和信息业，就能够指望它们发挥有效的政治力量。这种可能性并不是没有，但是如果不出现有意识地促进地方独立的小集团运动，个人就会呈现一盘散沙而无法形成合力。

川满：这样一来，我们就可以为社会上的自主性集团勾勒出一个轮廓了，它们今后要从事经济活动，此外还需要拥有某种共同的文化认同。

平：是啊。你使用了"轮廓"这个概念，非常简单明了，由于高度信息化服务型社会中的个人呈现分散的状态，就需要把这些自由随性的个人纳入一定的框架之中。这样一来，就可以运用社会契约论了。按照社会契约论的解释，由于拥有原始自由的、呈分散状态的个人想要在一起生活，于是让渡出自己的一部分自由交由公共行使，并互相尊重，这就形成了社会关系，从中也会慢慢地产生友爱团体那样的集体认同（identity）。在信息化服务型社会中，自由的个人也可以为了某种目的，把各自的一部分自由让渡给自由成立的集团，由此形成自由的联合。这就是你所说的集团的"轮廓"。但是，这种自由的联合，是在生活场域的地理共通性之上产生，还是通过生产活动的相似性产生，对此我还无法做出预判。

作为理念的"琉球教"

川满：跟上面说的相关，您还提到过这种社会还需要一种东西，您把它叫作"琉球教"，说如果有了它，不管人们走到哪里，在什么地方居住，都可以以琉球教为核心建立起共同的认同。

平：但我苦恼的是，在现实生活中究竟有没有相当于"琉球教"的这种东西。

川满：我在 1956 年曾经在《冲绳·自立与共生的思想》中提出，我们需要创造一个面向未来的社会，但目前来看，无论是苏联还是中国，都不能给我们带来希望。我们已经知道了这些社会主义国家并非超越近代国家的典范，但同时，我们又找不到能取代它们的理想社会的蓝图。所以我才想到，我们可以向佛教和基督教学习。佛教以慈悲为基础描绘了极乐净土，而基督教则以爱为基础描绘了天堂的存在。我们可以依靠现代人奔放的想象力来构想一个理想的社会，这是我们当前应该做的事情。然后把这个理想的社会蓝图变成现代的经典。这个工作是很重要的。

平：这确实很重要。刚才谈到自由主义和资本主义社会中的个人是自由的，那么这也意味着他们可以在自由的意志下进行联合，但至于这个自由联合是以地域为基础，以职业为基础，还是建立在别的亲近感之上，现在还不能做出预判。我希望以琉球列岛为故乡的人们能够通过自由选择形成一个琉球人的世界。但这必须是通过自由意志结成的，而要使这种自由联合能够成为一个琉球世界，就必须要有琉球人的趣味、思想、理想等基础性的共同性（即"琉球教"）为纽带。

幸运的是，从《冲绳时报》《琉球新报》上连载的《世界上的冲绳人》中可以看出，就算不专门在精神上花些功夫和努力，冲绳人不管在哪里都还是冲绳人。

川满：在第一代和第二代人那里还是没有问题的，就是不知到了第三、第四代人那里会怎么样。

平：是的。思想是不会通过基因遗传的，这就是困难的地方。

川满：实际上关于这一点，我在写《琉球共和社会宪法私案》时，也曾经思考过要把这个宪法建立在什么基础上。我们现在处在自然被破坏和可预见的核战争的危机中，这种情况促使我们思考，我们应该把我们的宗教性原理和思想的轴心置于何处，以应对这种危机的状况。那时我就用了刚才提到的佛教的慈悲这个词汇，想以慈爱、悲悯、慈悲作为基础，构想一个共生的共同体。

平：真是一个伟大的构想。

川满：所以，不光是您提到的道教，在亚洲还有其他获得传播的深邃思想，我们接下来需要做的，就是从这些思想中汲取更加丰富的东西，将其上升为普遍性的理念，并在冲绳将其培育出来。我想这个工作在将来会变得越来越重要。我也想过，这可能也就是您所说的确立"琉球教"的工作。

平：我完全同意。这种东西如果不用所有的语言写下来，就不可能抓住三代以后的琉球人的心。

川满：那么，您是不是希望这个课题由富有活动力的年轻人更加认真地接过去完成呢？

平：我希望是这样。但我只是想到了"琉球教"的必要性，但对它的内容我现在还并不清楚。

　　由于不得不触及非常困难的原理层面的问题，导致我们越谈越复杂，但我们在自由人的自由联合这一基本思想上达成了一致，还是非常让人高兴。要想实现一个没有强制的自由社会，但同时又是团结的社会，进而能与自由相容的有强烈连带感的社会，需要用什么样的思想倾向、兴趣爱好和情感建立起来，这是一个让人非常感兴趣的问题。而且这如果能用令人信服的笔触描绘出来的话，就更好了。这就是诗人的作用了。我们这些人是怎么也做不到的，这一点就拜托给你了。

川满：由于我的老毛病，又把话题引到了这么艰深的地方，我必须对此表示抱歉。但由于还是很想跟您请教一些理论上的问题，所以就又谈到这些地方上去了，中间还让您给我们普及了些经济学的基础知识，可能会让您觉得很烦了。感谢您拿出宝贵的时间与我进行这次对话，我真是非常感谢。

（1985 年 7 月 18 日。最早刊登于《新冲绳文学》第 65 期）

现实主义的乌托邦[1]

——读川满信一《琉球共和社会宪法私（试）案》

孙歌

1981 年，《新冲绳文学》杂志发表了冲绳诗人川满信一的作品《琉球共和社会宪法私（试）案》（以下简称"川满《宪法》"），它的诞生是东亚思想史上的一个"事件"。这就是说，它的意义不只在于它本身，它凝缩了同时代史中一些重要的结构特征，是我们进入东亚当代历史的有效向导。而冲绳特殊的现实状况与历史轨迹，使得这个充满了乌托邦想象的文本凝聚了强大的现实精神，赋予了它以浓厚的历史内容。

一　川满《宪法》的背景

在 1972 年冲绳施政权"返还"日本已经成为既定事实之后，

（1）该文章中文版本由作者孙歌本人提供，文中的注释皆为作者原注。

冲绳社会又一次掀起了轩然大波。对于进步势力来说，这个被日本众议院"冲绳返还协定特别委员会"在1971年强行通过的返还协定，意味着冲绳继1879年"琉球处分"、1952年被割离日本由美国军政府托管之后第三次被出卖。与1952年有所不同的是，当时由于被美国军政府托管而使得冲绳在不自由状态下成立"琉球政府"，它激起了强烈反弹，促使琉球社会掀起复归日本的运动；而在1971年签署冲绳返还协定的时候，琉球社会则出现了关于复归的不同取向。根据NHK的《冲绳居民意识调查》，从1973年到1977年，冲绳民众对于复归的赞同度到达最低点，给予负面评价的人数多于给予正面评价者，这个情况直到1982年才开始缓解。[1]新崎盛晖对此的解释是：这是因为复归后美军基地带给冲绳社会的各种侵害问题并未得到解决，而由于此前作为通货的美元兑换为日元流通，美元的贬值给民众生活带来了直接的损害；同时，回归日本带来的唯一变化是社会制度与日本的一体化，这使得冲绳民众的社会生活被组织进了日本的政治秩序中去，这与60年代末美国决定放弃冲绳支配权后冲绳民众通过抗争所获得的相对宽松的社会环境形成了极大的反差。[2]

正是在民众对于日本感到强烈失望的情况下，冲绳的民族自决作为问题浮出了水面。

（1）此数据转引自新崎盛晖：《冲绳现代史》，岩波新书，2005年，附录。
（2）新崎盛晖：《冲绳现代史》，55—56页。

冲绳民族自决的意志，自从琉球被萨摩藩控制，再进一步通过废藩置县成为"冲绳县"之时，就在这个曾经拥有自主权的群岛上播下了种子。但是，它几乎从未得到过充分的发育空间，生长得十分艰难。近代社会确立了以国民国家为单位的统治模式，要想在政治和经济上独立自主，除了采用国家的形态之外很难设想其他形态。而在日本与美国翻云覆雨的政治交易中，现实中作为一个独立政治体实现琉球独立的可能性十分渺茫。尤其是在1945年美军在冲绳强行登陆之后，美军基地就成为冲绳的一个越长越大的毒瘤，它不仅控制乃至摧垮了冲绳的渔业发展，也压制了冲绳的自主贸易经济。在美国与日本政府的合作之下，冲绳原有的经济结构迅速萎缩，畸形的基地经济迅速扩展，这使得原本丰饶美丽的琉球群岛不得不把美军基地的建设和消费以及日本政府的基地补贴作为经济支柱的重要部分。1972年对于日本的复归，并没有给冲绳的状况带来任何改善，相反，它招致了日本本土的美军基地更多地转移向冲绳，并且把冲绳变成了日本大资本集团聚敛财富的基地。这使得冲绳不仅难以获得政治主权，在经济自主权方面也难以具备自决的条件。

但是，冲绳民众并没有因此失掉独立意志。在1952年冲绳脱离了日本之后，这种独立意志不仅表现为他们在抗争美国军政府的斗争中坚持提出自治的要求，而且也促使在50年代初期形成的复归日本的运动中包含了争取自治权的内容，也就是说，对于一部分主张复归日本的社会运动家而言，复归仅仅是争取冲绳社会在美国占领状态下获得更多自治权利的策略而已。[1]由于冲绳社会先后经历了1952年被美国托管与1972年施政权交给日本这样两个截然相反的阶段，所以在这两个时期出现的复归与反复归运动的指向和内容都不相同。如果说，在前一个时期复归日本的运动中还充满了对民主主义日本以及和平宪法的期待，那么在后一个时期里，这种期待几乎幻灭，冲绳的舆论界围绕着应该"带核返还"还是"脱核返还"的问题发生争执，冲绳民众对日本的怨恨情绪找到了一个爆发的突破口。在围绕着是否复归日本的问题上，冲绳社会发生的分歧并不能仅仅归结为复归与反复归的对立，这个对于局外人而言或许是简明易懂的对立图式，仅仅是冲绳社会运动巨大旋涡中浮出水面的冰山一角，一旦进入具体的状况，我们会发现分歧纠葛乃至对抗绝非围绕着这个对立展开，甚至这个对立本身在分歧中已经不再具有真正的意义，毋宁说真正的分歧发生在"如何与日本相处"的层面上。事实上，假如我们调整一下观察视角，从国家层面调整到民众层面，政治归属问题的实质内容将发生根本性的改变：对于民众而言，能否得到相对安全的社会保障，能否有更多合乎需求的谋生途径，能否过上富裕的生活，这一切才是他们选择归属的前提。美军基地在冲绳的持久化，不仅造成了高度扭曲的基地经济形态，而且

（1）参见鸟山淳：《冲绳　基地社会的起源与相克 1945—1956》，劲草书房，2013年，138—147页。

对于当地居民的人身安全造成严重的威胁。持续不断的性犯罪和各种刑事案件，美军基地训练造成的各种事故和环境污染，这一切在冲绳重新成为日本的一个县之后没有得到任何改善；同时，日本政府对于冲绳完全没有体现出政府应有的负责任的态度——在普天间军用机场移设问题上，尽管冲绳民众表示了坚决的和持之以恒的反对立场，但除掉民主党执政时期曾经在短时间内表现出微弱的理解姿态之外，以自民党为首的政府则一贯采取了高度配合美国的方针，以各种形式顽固地推进普天间基地向边野古的移设。

美国和日本，都不是冲绳人希望选择的归属，它们都没有给冲绳社会带来安宁和幸福；但是，现实中也并不具备政治独立的可能性，冲绳人比任何人都更理解，即使具备独立的现实可能性，那也意味着至少要经历科索沃战争之类的过程。在"二战"末期经历了日本唯一的本土战争——美军登陆冲绳的战役，冲绳人比任何人都更了解战争意味着什么。在冲绳这片美丽的岛屿上，至今还鲜活地保留着战争记忆：首里城变成了一片废墟，就连山丘都被削平；普天间的神社前寄托冲绳百姓感情的美丽的松荫大道被无情地毁掉，美军登陆后就立即着手在上面修建基地。假如为了独立而不得不再次付出战争的代价，绝大多数冲绳人不会选择它。

正是由于这样的原因，半个多世纪以来在冲绳社会中越来越活跃的自主自决意识，并没有把现实归属问题作为直接的目标，而是越来越倾向于从主体性的角度确立真正的独立精神。在字面上理解"冲绳独立",至今仍然是不准确的,独立与自决等说法,寄托了冲绳社会苦难而曲折的心情,绝非字面上那么简单。值得关注的是,当政治分离主义在当今世界上日益兴起的时刻,冲绳社会的民族自决意识却并不能简单地归入一般意义上的分离主义。冲绳的思想家们在他们苦难的历史与不平等的现实经历中,并没有驻足于通行的民族独立意识形态,而是从无所选择中进行艰难的选择,从而为我们生产了另类思想资源。

川满《宪法》,为我们揭示了冲绳思想资源的深度。

二 作为思想文本的川满《宪法》

《宪法》前言部分开篇是一段节奏紧张一气呵成的排比句,它导引出一段关于人类兴亡史的论说:

> 以浦添为傲者灭于浦添,以首里为傲者亡于首里。以金字塔为傲者毁于金字塔,以长城为傲者衰败于长城。以军备为傲者死于军备,以法为傲者溃败于法。仰仗神者灭于神,倚凭人者毁于人,依赖爱者毁于爱。

> 以科学为傲者毁于科学,以饮食为傲者毁于饮食。谋求国家者入住国家之牢狱。在集中化和超大化的国家权力之下,在剥削、压迫、屠杀、不平等、贫困、不安的极限处,人们谋求战争。我们不要忘记昔日夕阳余晖中那已然化为沙尘的西域古都,不要忘记惊鸿一瞥之印加帝国。不,

何须回忆那些逝去的文明，我们现在就立足于焦土之中。

……

好战国日本哟，好战的日本国民与权势者哟，你们自去走你们的路吧。我们再也不打算在这条强迫人类走向毁灭的自杀道路上奉陪下去了。(1)

浦添是 12—14 世纪古琉球时代三个王朝的都城，首里是其后琉球王国的都城。川满从琉球历代王朝更迭的历史说起，尖锐地揭示了一个人类社会的深刻困境：当人类以任何一种价值为傲的时候，就将面临因此而毁灭的危险。

去年我在冲绳遇到川满先生，提起想要把他的这部《宪法》介绍给中国的读者，他回答说，那个前言太难解了，需要做些修改，让我等等再安排翻译；但是后来，他最终放弃了这个想法，理由是这个文本已经面世了很多年，现在再改不太容易，还是让它保留历史原貌吧。

这个小插曲透露了一个令人饶有兴味的端倪：川满这部《宪法》的写作是特定历史状况中的产物，它的前言尤其承载着特定的情绪；而前言中最为难解的那段开场白，担负着特定的文本功能，它与正文结成有机体，即使作者本人也无法在三十多年后再度介入其中。

（1）川满信一：《琉球共和社会宪法私（试）案》，文载川满信一《从冲绳出发——复归运动四十年》，世界书院，2010 年，104—106 页。

这段前言的开场白，或许难解在那个"傲"字上。这个字凝缩了人类一个根深蒂固的劣根性：自恃拥有他人没有的优越条件，因此居高临下地轻视他人。这个毛病在个体身上或许仅仅是人格修养问题，然而体现为社会的习性，将会引来毁灭性的灾难。优越感向前迈一步，就会变身为歧视与排他。优越感本身并非必然伴随歧视和排他态度，但它是歧视和排他的基础。当一个社会的歧视与排他之风弥漫的时候，它就具备了发动战争的可能。

耐人寻味的是，在川满开场白里提到的四个"倨傲"的对象里，并没有西方的强势社会与强势文化。他选择了琉球自身的历史与人类四大文明中两个在近代遭到列强蹂躏的第三世界文明，它们共同的命运是在倨傲于自己的文明时遭遇到重创。然而这个通常会引人激愤的历史命运却不是川满希望同情的对象，他毋宁采取了严厉的目光：紧接着这四个对象，他用完全相同的句式评价了"军备"与"法"：当这两个屡屡遭到质疑的范畴与四个曾经遭遇挫折的文明符号并列起来时，语流突然发生逆转，被常识视为曾经辉煌过的"弱者"与当今在任何政治体内部都处于强势地位的国家手段，突然在这个相同的句式中找到了最大公约数——川满的用意似乎在于强调，把文明的衰落仅仅视为外敌入侵的结果，是以偏概全的认识，无论是大的文明如埃及与中国，还是小的文明如浦添和首里，只要它自恃自傲于自身，那就难以避免衰败的命运。

不过最为难解的还在后面。川满毫无过渡地突然改变了句式，不再使用"倨傲"，而把它改成了"依靠"。语流又一次发生逆转，对于神、人、爱这三个对象的依靠，也会让依靠者因此而遭到毁灭性打击。假如脱离了这部作品特定的语境去理解，或许人们容易把川满想象成一个否定一切价值的虚无主义者，我猜想这正是他最初试图修改这段导言的原因吧。

然而，假如我们回到 20 世纪 70 年代中期以后的历史，结合那段历史来理解川满最终放弃修改意图的决定，那么，这段难解的引文就变得容易接近了。如同上一节所涉及的那样，川满写作这部"宪法"的时期正是冲绳与日本都处于极度混沌的时期，冲绳回归日本之后的境遇引起了民众的强烈不满，而冲绳社会的思想精英们面对的现实课题也前所未有的严峻。在认同问题上，现实没有提供选择的空间，在 60 年代末佐藤－尼克松会谈前后，虽然出现了冲绳自治的要求，但是最终主导冲绳社会舆论的，却是以何种方式回归日本的争论[1]。在冲绳自治的要求被回归日本取代之后，冲绳人如何实现自身的主体意志这个根本性的问题，在当时的情境下只能以曲折的形式加以表达。于是，一再遭到背叛的冲绳社会，把如何争得与日本其他县的平等权利作为自己的现实课题。由于美军基地在冲绳与日本的关系中占有最大

（1）例如当时争论最为激烈的一个焦点问题是，冲绳回归日本之后，是否接受美国把包含核武器在内的军事装备配置到冲绳、是否能够享有与本土同样的《日美安保条约》与《地位协定条件》，从而把美军基地从冲绳撤走。当时冲绳社会内部甚至有过极端的看法认为，本土日本人深受原子弹之苦，日本强调自己是无核国家，为此在冲绳配置核兵器，也算是报复了一向不公正对待冲绳的日本。

比重，能否把美军基地赶出去成为问题的关键。在现实层面上，争取冲绳自治的运动一直没有停止，但是也无法得到充分发展，这与美军基地的存在与强化直接相关。面对美军基地不断给冲绳带来的灾难，冲绳社会因此选择了日本，并一度抱以期待，希望日本政府可以在抵制美军基地的问题上起作用。1981年，适逢冲绳施政权回归日本的协定签署十周年，冲绳知识界出现了包括川满《宪法》在内的三部"宪法"，虽然这三部宪法之间有非常大的差异，尤其是川满《宪法》与另外两部宪法（宪章）的指向性存在着重大的区别，但是从整体语境上看，它们都表现了对日本政府的失望，体现了在无法自治的状况下对于现状的批判和对于自治的思考。可以说，这三部宪法是在无可选择的混沌状态下进行的艰难选择。它们的诞生透露了80年代初期冲绳社会特有的时代氛围：这是冲绳社会摸索自治途径的高潮期。

川满《宪法》的诞生虽然透射了冲绳社会的自治要求，但是它却与现实中的自治风潮保持了距离。它的前言部分集中地体现了这种疏离：它不仅仅对于现实中的美、日两国强权政治提出了强烈抗议，而且对于作为受害者的冲绳社会自身提出了质疑。它针对依赖神、依赖人、依赖爱的方式提出的否定命题，极其尖锐地把问题推到了极致：依靠神来拯救，会被神所背叛[1]；依靠人

---

[1] 我认为川满在此并非一般性地否定"神"，而是特指由日本天皇所象征的神道教。事实上，在70年代回归日本的风潮中，主导当时社会思潮的冲绳精英中仍有人笃信神道教，对日本天皇充满敬爱之心。

为主体，会忽视乃至毁灭自然；把爱作为依靠，必将因爱受到威胁而转为仇恨。冲绳复归日本过程中的一些论述，正体现了这样的思想陷阱。这些看似可贵的价值，在人类社会中却往往导致意想不到的灾难。正是在这样一个基点上，川满提出一个深刻的问题：弱者蒙受的灾难，固然与强者的霸权直接相关，但是弱者自身如何才能有效地反霸权？换言之，弱者对所依靠的思想武器，如果不进行检讨，难道不是强者的同谋吗？川满进而提出了"自由名义之下的自发性隶从"[1]问题，并且富有洞见地把倨傲这一日常性的社会氛围与战争这一极端社会状态连接起来，指出任何文明的毁灭都不是因为它弱小，而是因为它倨傲。与这个充满了批判精神的前言相对照，《宪法》的正文则针对川满所指出的"自发性隶从"的现代社会形态提出了理想的社会结构方式。可以说，这部宪法前言部分与正文部分形成了一个颇具张力的结构空间，它有机地构成了对人类生存方式而不是国家存在方式的追问。

　　川满《宪法》为思想史研究提供了令人饶有兴味的课题。显而易见，这部《宪法》没有给现实提供直接的斗争策略。如果把它作为现实主义文本阅读，那么它的前文所提出的这些批评会被对号入座，围绕着它是否主张冲绳独立等问题将会引发

（1）2013年12月，东京外国语大学举办了题为"打破自发性隶从"的学术研讨会，川满应邀出席。这个说法来自法国思想家埃德埃努·德·拉·鲍埃西的《论自发的隶从》一书，但是对于川满而言，这正是他一直以来最为关注的问题。因此，以此问题意识为核心理解川满《宪法》，会加深对这部作品的理解。

一系列反驳；如果把它作为乌托邦文本进行阅读，那么它的正文则会引发不切实际、缺少现实意义等责难。事实上，这两类批评自从这个文本问世之后就一直存在。川满本人也慨叹，他无法如同中国古代诗人那样从容地创作，他的作品全部产生于油锅煎熬的挣扎之中。而对于川满《宪法》的这两种批评，在冲绳的严苛现实状况中也可以理解。问题在于，时隔三十几年，当冲绳社会仍然无法摆脱美军基地的阴影、日本政府的右翼路线也愈演愈烈的时候，冲绳与日本的有识之士又一次记起了这部《宪法》，而它的功能并不在于唤起冲绳独立的现实运动[1]。这是否意味着，在今天的时间点上，这部《宪法》终于获得了作为思想文本得到讨论和共享的契机？

三　冲绳"共同体生理"的灵魂

作为一个思想文本，川满《宪法》并不是一部宪法。它仅仅借用了宪法的形式，承担的却是并不能直接回收到现实政治需求中去的思想功能。

川满《宪法》从标题开始就否认了国家。这部《宪法》是社会总体意志的体现，而并非国家统治的工具。从前言开篇第

（1）　如果从冲绳独立的现实运动角度来看，与其他两部宪法、宪章相比，川满的这部《宪法》所具有的特质是最不利于独立论的，它的反国家性质与彻底的反暴力特征，无法为现实中的独立派提供思想武器。

一句对于浦添、首里灭于倨傲的说法来看，川满并不认为应该仅仅否定强权国家，而是要否定包括弱势国家在内的所有国家，否定弱势国家以对抗强权之名强化自身的逻辑。然而反国家并不是这部《宪法》的真正主题，把川满看成无政府主义者并不准确。这部作品的真正主题是反对任何形式的暴力，它不仅反对国家的暴力，也反对社会的暴力。在这个意义上，川满的"琉球共和社会"并不是"琉球共和国"的对立物，而是各种名义下的暴力支配与自发性隶从的对立物。如果一定要用某种"主义"来为这部《宪法》定位的话，我宁愿把它视为和平主义的杰作。

不过，从和平主义的角度出发去理解这部作品，仍然难免以偏概全。和平主义的理念固然构成了这部作品的反暴力基调，但是却不能揭示这部作品的精髓所在。这部作品并没有关注和平与暴力的关系这一和平主义的核心问题，它关注的是构成和平的基础本身。因此，它并不关注对抗外部强权暴力的方式问题，不涉及绝对和平主义和相对和平主义的区分，在文中几乎不讨论关于暴力特别是军事入侵的对应问题，涉及此类事项时，也只是一笔带过（例如第十三条至第十五条）；而大量的规定，却围绕着如何去除掉每个人心中权力的萌芽、如何防止贪欲的过度扩张而展开。在理念部分，川满明确宣示了依靠包括自然界在内的对于万物的慈悲原理，创造互惠互助的人类社会制度，这当然是他对于以科学意识形态为基础的当今世界以人类为中心的现代化消费社会的尖锐批判，呼应这个理念，第四条、第六条、第三十五条、第三十六条、第五十条、第五十一条、第五十二条、

第五十三条等从不同方面强调了消费与生产不能超过人的基本生存需要，不能以破坏自然界的平衡为代价，要建立人与自然谨慎共存的社会状态；而与此相应，在第六条、第七条、第十八条、第十九条、第二十二条等项中，规定了人们之间杜绝歧视、相互扶助的形式，并且对以夫妇为核心的家庭构成的社会如何贯彻个人的自由，废除各种形式的强制进行了规定。川满《宪法》还顾及了社会生活的方方面面，从废除私有权到劳动分工和教育与个人资质相匹配，都进行了细致的规定。

在这一系列朴素却具有根本性的规定基础上，川满设想了琉球共和社会的组织形态：这是一个没有国家机器的社会。它拥有组成人员不固定的代表制众议机构，并下设联络调整机构；由专家委员会和执行委员会组成的联络调整机构负责向众议机构提供不同自治体之间协调和自治体内部的各项预案，并在得到批准后负责执行。公职一律实行交替制。代表制众议机构发生意见分歧无法解决的时候，需要由自治体成员的公议进行裁决。

如果从狭义的政治学概念出发，或许可以说川满《宪法》是一部取消政治的宪法。这部宪法拒绝了不可调和的社会冲突，拒绝了人类欲望所带来的贪婪、剥夺和争斗。它所依据的"慈悲原理"，与现行政治世界的基本逻辑格格不入。或许这就是川满《宪法》被视为乌托邦的根本原因吧。同时，这部作品洋溢着琉球社会村落习惯法的色彩，与国家法律机构设立的成文法形成了鲜明的对峙。川满自己也明确地强调，他的这部《宪法》并不是研究考察宪法的普遍理念得出的成果，而是基于自己少年时代在村落共同体中的生活经验写成的。换言之，川满《宪法》是一部探讨琉球传统生活中形成的习惯法如何才能被共享的作品。在这个意义上，在1971年发表的冲绳思想家冈本惠德的名作《水平轴思想——关于冲绳的共同体意识》[1]与川满《宪法》形成了最好的呼应。

　　冈本论文虽然涉及了多方面的问题，但是从根本上看也是一篇讨论冲绳民众"习惯法"的作品。它的基本问题意识与川满相通，也是从对于现代化意识形态的反省出发的。冈本在文中对于冲绳社会潜移默化的"近代情结"给予了充分的揭示，并敏锐地指出冲绳复归日本运动的基础就是这种"近代情结"。他指出从开创了冲绳学的大家伊波普猷那里开始，对于日本的认同就与对于现代化的憧憬和对于冲绳"落后"的潜在情结纠合在一起。尽管伊波也明确表示冲绳需要坚持自己不同于本土的文化风土，但是这并不妨碍他认同日本时无保留地把"近代"（日语里的"近代"一词同时包含了现代化与现代性的双重含义）作为追求的目标。与此相关，在对抗本土的歧视政策却不质疑现代化目标的思想状况中，产生了一种思想误区，即认为冲绳人会在受到本土歧视的情境中产生自卑感。这种对于自卑感的诠释方式导致了人们对于冲绳的代表性诗人山之口貘的代表作之一《会话》

（1）文载谷川健一编"我们的冲绳"丛书第六卷《冲绳的思想》，木耳社，1970年11月。中文译文载《热风学术》第四辑，上海人民出版社，2010年。此外，《冲绳的思想》中亦收入川满的论文《冲绳内部的天皇制思想》。

进行误读，将其理解为对于本土的歧视感以及冲绳人的自卑感的表现和抵抗。冈本细致地梳理了自卑感与反歧视姿态的内涵，指出它们均以自己的抵抗对象为前提。换句话说，当人感到自己受到歧视的时候，他感到的是本应得到的从物质到精神的待遇没有得到；当他因此而感到自卑的时候，是感觉到自己不如歧视自己的对方。这是以对于对方价值观的高度认同为前提的。而发生在冲绳回归问题上的有关歧视的争论，以及普遍通行的"歧视结构造成冲绳人自卑感"的认知结构，实质上体现的正是对于日本的现代化模式的认同。

冈本这个分析包含了相当广阔的思想前景。首先，他非常准确地指出了在这种反歧视与反自卑的视角里，作为现代化意识形态的制造者与推行者的日本国家被绝对化了，同时，在憧憬现代性理念（其中最核心的部分即个人的主体性与理性观念）的时候，冲绳社会产生的最大幻觉在于忽略了这个理念是以国家意志为媒介的，从而幻想着可以不凭借任何媒介接近这一理念。这不仅是冲绳"近代"的特征，也是冲绳复归日本社会运动的盲点。其次，仅仅把冲绳社会血缘共同体式的"前近代"生活方式视为对于以东京为代表的充满紧张和个人焦虑的现代化生活模式的对抗是不充分的，更为重要的是，要在脱离对于"近代"的想象这一前提下重新追问，冲绳的"自立"究竟是什么内容。冈本谨慎地推进了一个很困难的思想课题：现实中冲绳社会已经基本上被推到了与日本同质化的境地，而且同质化的程度还在日益加深；而对于国家推行的同质化和歧视政策的批判也一直由本土和冲绳的批判知识分子在持续推进；但是冈本显然认为，这样的批判虽然有价值，却并非问题的关键所在。他尖锐地追问：否定偏见和既成概念是容易的，但是依靠这些论述能够说得清楚什么是"冲绳"吗？

冈本惠德在冲绳回归日本的时刻，追问的并不是"是否回归"或者"如何回归"的问题，而是"冲绳是什么？如何表达冲绳？"。他认为，不追问这个问题，进行任何选择都不会带来真正的自立。为此，冈本勇敢地正视了一个至今仍然存在的思想困境：越是想要说清楚冲绳，就越是找不到合适的话语，越是努力要说清楚，冲绳就越是在这努力中失掉实体；结果，自己的语言最后都被扭曲，只剩了外壳，因为只剩了外壳，就越加扭曲。冈本就是在这一意义上去诠释山之口貘的《会话》的——诗中的主人公在回答心爱的女人问他是哪里人的时候，告诉她许多关于冲绳的意象，告诉她这是一个南岛的国度，却最终也没有说出"冲绳"两个字。这个被人解释为自卑或抵抗自卑的艺术表现，被冈本视为冲绳人最本真的自我表述之苦：不是因为自卑，而是因为找不到合适的表述。回避使用已经被过分约定俗成了的"冲绳"二字，固然可以规避掉许多既定的观念乃至立场，但是如何表述的问题，却并没有就此得到解决；冈本在文章结尾处引用了进入日本本土做工的冲绳女孩的例子：她为了"不给冲绳人"丢脸而勤奋地工作，甚至为此而忍受工厂主超过了劳动基本法标准的剥削。冈本说，批评她觉悟不高是容易的，但是我不打算这么做。我只是感到无力，因为我无法提供使她能够接受的解释逻辑。

《水平轴思想》正是一篇寻找解释"冲绳逻辑"的杰作。冈本与川满一样，并没有满足于仅仅把矛头指向日本与美国政府相互勾结又相互争夺的实态，没有满足于把冲绳视为日本和美国歧视政策的牺牲品，也没有满足于笼统地把抗争作为冲绳原理的基本逻辑。这一切对于他们来说是必要的，却远远不够。他们需要另外寻找思想的进路，开辟不同的思考空间。冈本追问的问题是，冲绳的血缘共同体所打造的秩序感觉，虽然在琉球被强行划入日本之后就被天皇制意识形态所巧妙利用，甚至在战争时期和战后复归运动中被日本的国家意识形态所覆盖，但是这种秩序感觉本身却不等于国家意识形态，它可能在某些历史阶段与天皇制意识形态或者"爱国主义"重合，但是国家秩序并不能取代"共同体生理"。冈本使用"共同体生理"这个生物学意义上的词汇，是为了表达一种区别于内在规范、思想、理性等范畴的共同体生存意志，它的全部内涵就是共同体的生存延续本身。而作为一个活的"生物体"，共同体生理不具有绝对化的例如"神"的权威。但是在共同体内部，每个个体都根据与其他个体的距离规定了自己的动态道德与秩序标准。这是一种水平轴上的秩序感觉，不同于自上而下的外在强制规范，它根据日常性的需求设定秩序结构。冈本指出，"共同体意识"只有在具体的个人与个人的关系中才能得到体现，"国家"（祖国）、"异民族"这一类概念并不是日常生活中的现实存在物，只有当它们以某种方式与共同体的生理发生了连接，亦即只有当它们对共同体的存亡产生了某种影响的时候，才有可能在一定程度上发挥作用。

因此，明治之后日本对冲绳的统治，并不能使国家意志完全渗透到民众生活的深层，而"二战"之后冲绳出现的回归日本运动，之所以引起了诸多的内部争论，也正是由于这个试图摆脱异化状态而自我复归的运动并未准确地把握到共同体生理的基本结构，也缺少对"祖国"的深入认识。它只是为了摆脱"异民族统治"带来的现实危机而把作为其对立面的"祖国"理想化了而已。

为了准确把握这种共同体的"水平轴"秩序感觉，冈本区分了民众视角与知识精英视角在方向上的差异。冈本以冲绳战后期渡嘉敷岛居民被强迫进行"集团自决"的残酷事件为例，提示了对于这一事件民众视角的感觉方式。他指出，在渡嘉敷岛集团自决的过程中，民众体现出的共同体意志在于，当处于不可抵抗的极端状态之中时，既然不能共同生存，那么宁可选择共同赴死，以这样的方式谋求幻想世界的"共生"。这样的选择显然与主张个体自由的现代理性相龃龉，这也是冲绳血缘共同体地域观念一度被视为"落后"的理由。但是，冈本认为共同体生理并不是造成渡嘉敷岛悲剧的根源，悲剧的根源是把战争作为不可抗的宿命加以接受的情境与该岛孤立无援的自然条件以及共同体成员对于强加于自身的日军权力意志做出的无法违抗的判断等。

冈本做出这个分析，并不仅仅是为了澄清历史事实，也不是为了把共同体生理从"落后的血缘关系"范畴中拯救出来，而是为了推进一个复杂的思想课题：发生在战后延续到70年代的复归日本的大众运动，与其说是单纯的"本土志向"，更真实的基础不如说正是这种同生共死的共同体生理。冈本的追问是，如果说这种复归运动所依靠的对于异民族统治的抵抗与生活中的危机感结合，有效地动员了共同体生理的机制，那么，在复归完成之后，这种动员就不再有效了。取代原有社会组织机制的，是对于"进步"的向往，这反过来促进了冲绳与日本本土的同质化。为此，有一种主张认为需要确立阶级的视角，冈本认为这种正确的原理很难作为现实的有效思想工具对抗日本国家曾经和正在进行的巧妙利用共同体生理进行统治的现实。

冈本带出了一个带有冒险性质的追问：以生存感觉为基础的冲绳民众"共同体意志"，在被天皇制国家意识形态所利用的过程中，是否存在着其他的转化可能性？如果存在"冲绳的思想"的话，那么它很难作为逻辑化的体系而确立，而且这并不是一个仅仅属于冲绳的特殊问题，在讨论任何一个社会的大众思想时，都存在着同样的困境。显然，揭露并打破对于"近代"的幻想，拒绝知识精英体系化和理论化的民众论述，谨慎地接近民众生活的逻辑本身，是颠覆已有的国家论述和开启反国家论述的起点。冲绳以它特有的严酷境遇，打造出川满信一、冈本惠德这样的思想人物，他们并没有在苦难中表达自己的悲情，而是反转了冲绳被日本和美国作为交易筹码的不利处境，创造了脱离国家和"近代"魔咒的自由思想。

70年代初期与冈本在同一卷论文集中发表了《冲绳内部的天皇制思想》的川满信一，在十多年后推进了当年他与冈本共享的思想课题。川满《宪法》处理的正是冲绳"共同体生理"的课题。他试图用"慈悲原理"给当年冈本苦于无法言说的"冲绳"造型，试图进而寻找冲绳自立的目标，他并不是在呼唤冲绳的"独立"，而是在追问"什么是冲绳"。正如冈本所说，没有直接参与战争的冲绳战后世代，当他们在把国家相对化的同时思考冲绳自立的思想时，他们的思想基础完全存在于冲绳战的战争体验之中。而川满《宪法》对于以战争为极端表现的权力欲和暴力手段的拒绝，传达了饱受欺凌的冲绳社会的强大诉求。它不仅指向了外在的国家暴力，也指向了冲绳社会自身；不仅指向了统治阶层的权力，也指向了民众共同体生理的内核。当川满、冈本和无数战斗在反战第一线的冲绳人不以被害者自居的时候，他们摆脱了悲情的束缚，获得了精神上的自由。

四 川满《宪法》在人类精神史中的意义

和平与战争、友善与暴力，这是人类精神史上的古老话题。有关和平主义的政治哲学讨论汗牛充栋，有关和平的社会运动起伏消长。尽管和平诉求没有能够彻底消灭战争，但是我们很难想象，一个没有和平诉求的世界上是否还会存在人类精神。

从卢梭的《社会契约论》到康德的《永久和平论》，尽管对待暴力与和平的权重有差异，但在处理国家、战争与和平的问题时，都强调了和平的"人为性格"。换句话说，和平不是自然产生的状态，它需要被建立，它是一种"契约"。康德深知这个触犯当权者神经的话题并不会轻易地实现，所以为他的《永久和平论》打上"哲学规划"的印记，并且在导言中宣称理论家空洞无物的观念不会给国家带来什么危害。

但是和平不会成为空洞无物的观念，它必将转化为现实的能量。在 20 世纪人类经历了两次世界大战之后，战争已经远远超过了卢梭与康德设想的限度，成为人类最沉重的灾难。在第二次世界大战结束之后，对于和平的诉求达到了前所未有的高潮，它的成果之一是"二战"之后的世界联邦政府运动。这个运动并非突然出现，它以欧洲思想中对于世界联合政府的理论构想（其代表者就是康德）和美国联邦主义者们的实践作为基础，借助于"二战"之后全球的反战情绪，把局部的尝试扩大为以欧美为主的区域性行动。

世界联邦政府运动面临一系列现实的问题，而且由于美国活动家占据主导位置，在出现的时候就受到了来自苏联的抵制。这个在实质上试图阻止"冷战"结构形成的运动最后并没有获得现实意义上的成功，而且在很大程度上被"冷战"结构所回收。同时，在它推进过程中激发出的一系列的原则性争论，暗示了这个来自发达国家知识分子与社会活动家的政治设计在事实上并没有真正面对殖民地问题，它依据的原理基本上没有否定由欧美的国家意志所打造的人权概念和国际法概念，因而说到底所谓世界联邦政府不过是欧美联合政府的扩大和修正版本而已。但是尽管如此，这个充满争议的运动在历史上仍然留下了痕迹，值得我们不断重新进行检讨。

在 1948 年世界联邦政府运动的卢森堡大会上，由世界宪法小委员会提交的报告中包括了几份世界宪法的草案。其中最引人关注的是由美国十一位著名的人文学者在充分讨论的基础上形成的《世界宪法芝加哥草案》。它在前言中宣告：地球上人类的共同目标在于发展精神和实现物质的丰富，为此，基于正义而实现世界和平是先决条件。诸国国民各自的政府要将主权委让于单一的正义的政府，把各自的武器让渡给这一政府，从而确立世界联邦共和国的盟约以及基本法。国民的时代结束了，人类的时代必将开始。

《世界宪法芝加哥草案》是一个单一国家的草案。它否定了战争，但是没有否定国家；它否定了暴力，却保留了由法律允许的反暴力侵害的暴力。它否定了对于个人和集体进行人种的、民族的、教义的和文化的征服，但是却强调以哲学和宗教这种"自上而下"的自然法作为世界共和国的成文法。它强调人类生活不可或缺的四大要素——土地、水、空气、能源——作为人类财产的公共性，但是并未明确规定如何才能使它们摆脱事实上不同规模的私有形态。更重要的是，它并没有处理如何有效地解决长期沦为殖民地的后发国家获得主权进入国际社会的问题，而是跨过了这个民族独立的阶段，直接否定了国民国家，进入了人类时代。

曾经一度参加了《世界宪法芝加哥草案》起草委员会的美国著名神学家、伦理学家尼布尔（Reinhod Niebuhr,1892—1971），在中途退出了这个委员会，并在其后撰文对这个宪法草案进行了严厉批评。其中最基本的一个批评是，这个运动忽略了不同种族不同文化的差异性，忽略了以往国家形成的基础是某种程度上的地缘社会的文化、历史共通性，因此，在世界上并未形成社会共通性的时候建立世界政府，就意味着以相反的方向人为地打造这个过程：先依靠人为的力量制造政府，再依靠政府制造社会。这种方式由于无法产生社会内部的结合能力，因此必然导致以强力维持联邦形态。于是，要么为了秩序而牺牲正义，要么为了正义而牺牲秩序。因此，尼布尔认为世界政府是不具备现实条件的"神话"，他提出了与此相对的"世界社会"的理念。[1]

世界联邦政府的理念确实在关键问题上存在着严重的缺陷，这使它不仅仅是一个乌托邦，而且在很大程度上如尼布尔所预言，成为粉饰强势国家确立霸权的工具。然而即使结果如此，这也并非《世界宪法芝加哥草案》的初衷，它仍然是一部值得纪念的作品，这是因为它在发表的时候附上了一段这样的献辞：

"如果在 1948 年 1 月 30 日——注：这是甘地被暗杀的日子——以前举行世界总统选举的话，甘地将会当选吧。'弱小民族'聚集的大多数，与来自西方白人相当数量的投票相较，另外两位来自多数国民拥戴的强有力候选人斯大林和丘吉尔将无法获得这压倒多数的支持，甘地将获得最多的票数。他是作为'一个世界'拟想的首位总统而死的。"[2]

把甘地与斯大林、丘吉尔对立，体现了 20 世纪 40 年代末期战争给一代人带来的深刻冲击。在这个时期，冲绳正面临着《旧

（1）转引自谷川彻三《是世界政府，还是世界毁灭——世界联邦政府运动与世界宪法》，《中央公论》1949 年 10 月。本文所涉及的关于世界政府运动的相关信息，均引自谷川此文。

（2）谷川彻三前引论文，17 页。

金山和约》签署之前的历史转折时刻，世界联邦政府的理想在冲绳的现实面前显得苍白无力。但是，三十多年之后，世界上经历了多次局部战争，占据主导位置的国家试图维持既定格局，处于不利位置的国家试图取得更有利的位置，它们都把战争视为必要的手段。就在这个时刻，冲绳的思想家发出了比三十多年前更彻底的对于"人类时代"的呼唤。这就是川满《宪法》的意义。

当年尼布尔呼唤"世界社会"的时候，他不可能追问这个"社会"的内涵。与世界政府相对的"世界社会"，不可能超越西方社会学意义上的"社会"范畴——相对于冲绳思想家的"共同体生理"而言，它仍然还是"自上而下"的，而且最终目标仍然是建立一个"唯一的国家"。然而川满《宪法》标志着人类精神史上出现了新的社会理解方式，它对于国家和国家机器坚决的不妥协的否定精神，导源于冲绳一百多年来的苦难和屈辱，也导源于冲绳民众以"共同体生理"为基点的奋斗和抗争。

确实，川满《宪法》的乌托邦性质看上去比三十多年前的《世界联邦政府宪法草案》还要强烈，因为它否定了国家，也彻底否定了暴力；但是反过来也可以说，川满《宪法》比后者更具有强烈的现实精神，那是因为，冲绳的斗争现实提供着充分的营养，滋润着这部作品的理念。以边野古反对基地移设运动采取的彻底非暴力抵抗为首，无数和平斗争意味着冲绳人学会了避免使用暴力对暴力进行抗争；以在越战中牵制美军军事行动支持越南为标志，冲绳人培养着在战斗中跨越"国家利益"的人类主义情怀。正是在这样的土壤上，川满《宪法》才能萌芽和生长，才能唤起冲绳人的共鸣。

今天，当川满《宪法》在日本又一次被记起和重温的时候，我们也面对着同样的拷问：冲绳的前辈思想家为我们提供的这笔超越了冲绳的重要思想财富，我们该如何传承？这部作品告诉我们，真正的自立不借助于强大的外在因素，它只能植根于排除了优越感的平等心态；真正的对抗不表现为以恶抗恶，而是对于自身和平价值的坚持。这并不是绝对和平主义的博爱理念，而是冲绳民众积累了上百年的斗争智慧。川满《宪法》告诉我们，有另一种不同的关于自立的思路对待人类、对待战争和暴力，它虽然看似弱势，却是永恒的。正是这种真正的自立精神，缔造着人类的精神品质，让思想可以生长和成熟。

（首发于《人间思想》第二辑，2015 年 9 月）

在法秩序的消失之处到来的共同体

——从"死者的视线"到"异场的思想"

仲里效

对川满思想的最初印象、羞涩与愤怒

对于冲绳的战后世代，尤其是经历了 20 世纪 60 年代后半期到 70 年代初转换期跌宕起伏的世代而言，新川明、川满信一、冈本惠德、伊礼孝、清田政信这些从《琉大文学》[1] 中走出来的人具有莫大的吸引力，我们这代人正是在他们的言行引导下进入了时代的状况之中。此外同样具有强大吸引力的还有上原生男与新城兵一，他们处在我们这代人与上一代人之间，与大家形成了一种批判性的共同战斗的关系。

---

(1)《琉大文学》：由琉球大学文艺部主办的文艺类杂志，创刊于 1953 年。1952年，美国结束对日占领，而冲绳依然处于美国统治之下，琉球大学的学生因之组织该刊物，其基调是反抗美军对冲绳的不公正统治，所以在创刊后不久就受到了美国民政府的弹压，要求停刊和停止文艺部活动，其间几经休刊、停刊，最终出版至 1978 年 12 月。

自近现代以来，冲绳民众意识的形成一直受到日本同化政策的侵蚀，复归思想的形成亦无法摆脱这一趋向。而新川明、川满信一、冈本惠德以文字进行的抗争则冲破了这一桎梏，从复归思想中撕开了一条裂缝，超越了复归论，并形成了坚固的思想战线，他们的言论因之得名"反复归论"。对于我们而言，在两重意义上他们的思想都是绕不过去的，一重意义上它是一扇大门，只有进入它的内部才可以前行；另一重意义上，它又是一道障壁，横亘在我们前方。对于他们三个人的影响力，我曾在反复思考之后用"魔力三角形"来形容（《世界》，2006 年第 12期）。这是指他们思想的强度之大，使人进入后难以挣脱。我们陷入了这"魔力三角形"的包围，被刺上了思想的文身，如何与这吸引力格斗并从中挣脱出来，成为我们这一代人思考问题时的特征。如同刺青一样刺入我们意识皮肤上的时代印记难以抹去，现在还使我们在前行时踉跄不已。

　　但在这三角形之中，川满信一的诗与思想是最令人感到棘手的。说它"棘手"是有两种含义。相较新川明与冈本惠德的思考有明确的轨迹，川满信一的思考充满了混沌与阴影，跳跃与断裂同时存在，裂隙与不明确性遍布其间，错综复杂，难以捉摸。但这不仅仅是复杂难解而已。在川满的身体内部似乎有一种他自己都难以控制的蛮荒之力，从他的身体内冲撞而出，驱赶着他，深深地形塑了他的文字，这种难以捉摸的流动常常使试图接近它的人感到不安，就像是一种在身体内部掀起的言灵风暴。

　　关于我们这代人在川满信一其人及思想中感到的"棘手"

之处，可以从友利雅人的《羞涩与愤怒》一文（《蓝色之海》[1]，1979 年总第 79 期）中找到一些解释。友利雅人原本是要为《川满信一诗集》（original 企划，1977 年）和川满的第一部评论集《冲绳：从根底发出的疑问》（泰流社，1978 年）写书评，但面对川满的诗和评论时，他被川满那"无法诉诸语言的呢喃"和"宽广得无法掌控的错综复杂的内心世界"所震撼，从而开始尝试寻找川满思想的由来。友利也是深陷"魔力三角形"并深受存在论影响的众人之一。他与川满同样是宫古岛出生，后来曾与同样是记者的职场前辈川满信一有过接触，从川满那个时候的待人接物中，友利就感觉到了他身上存在的那种羞涩与愤怒。友利指出，这种羞涩与愤怒脱离了其出生地宫古岛这一生活的小共同体是无法想象的，它们不仅是产生川满"时空意识"的母体，同时，还带有一种将"历史意识与现实中的自我意识重叠起来"的结构。川满深入了冲绳人内心中"那在沉默中封存的怨恨与愤怒所形成的不可见的领域"，并在那里被死者的视线所深深吸引。在羞涩背后激荡着的愤怒和愤怒中涌动着的羞涩相互交汇，从而在川满那里形成了一种独特的文体，它具有独特的起伏和阴翳，这也深深地吸引了友利的注意。

由于川满使用了"怨恨""诅咒""愤怒"等词语，带有强烈的情感色彩，汇集成一股情感的风暴，再加上他以"死者的

（1）《蓝色之海》：月刊，冲绳的本土杂志，由位于那霸的蓝色之海出版社出版，主编津野创一。

视线"[1]自居，使得《冲绳：从根底发出的疑问》读来使人难免感到压抑和痛苦。在这本书中有一篇于"复归"前夜所写的文章《冲绳复归祖国的意义》（《中央公论》，1972 年第 5 期），可以读出川满对"复归运动"那难以抑制的愤恨撕扯在字里行间。这样说并不是要对他进行批判。可以感受到他的愤怒从羞涩的背后刺透出来，凝聚在笔尖，如同刻刀一样，一笔笔地刻出了他的文字。如果说冲绳的"复归"只能是单方面地被纳入日本的国家支配之下，那就只能在远离体制吸纳的地方，"由我们各自孤独地、向着那在沉默中封存的怨恨与愤怒所形成的不可见的领域复归。不这样则我们的'复归'将不会有任何的意义"。川满的行文时而迸发着滚烫的火花。他将民众尘封在沉默中的"怨恨与愤怒""愤怒与救赎的渴望"倾注在他的文字中，由此走上了以文抗争的道路。

以死者的眼光看待生，将生暴露于与死者一样的状况中，并以此作为其思想的核心——可以想见，冲绳的大地上那些因战争和占领而被践踏蹂躏的神灵，一定搅动着川满的灵魂使其不得安眠。在《战后思想与天皇制》（《新冲绳文学》，1975 年第 4 期）

（1）川满用"死者的视线"看问题，是因为在 1969 年佐藤首相与美国总统尼克松达成冲绳返还的协议时，是以冲绳带核返还为题中之意的。川满指出，美国是希望将冲绳军事基地作为前哨，一旦核战争打起来，可以牺牲冲绳的几百万人来换取美国本土的安全，而日本的统治者也有同样的以冲绳换取日本本土安全的想法，在与中苏这些核大国的军事紧张升级的状况下，冲绳人无异于虽然活着却已被登在了死亡者名簿上。所以川满指出冲绳只能以"死者"的身份来想问题。

中，川满指出，"冲绳的所有人都被置于虽然活着但已被登在了《死亡者名簿》上的状态"，"现在的我们都像在冲绳战中虽然活着但已被登在《死亡者名簿》上的人们一样，这样的一种体验和认识应该成为我们战后思想的核心。我们可以从中引申出这样一种思想的方法，就是将自己置于死者的位置上，从现实中的各种关系中摆脱出来，反过来借此看清国家、政治、社会、经济、文化等现实关系的构造"。川满讲述了他的思想的方法，由此也看到了他的思想活动的张力。

川满在其他地方也谈到，"用从现实的各种关系中摆脱出来的、死者的视线看问题，就是将在冲绳战中牺牲了的死者的视线在现在复活，将其沉默转化为语言"，这里所说的"将死者的视线在现在复活"和"将沉默转化为语言的方法"都收入了他的第二部评论集《冲绳·自立与共生的思想——通向"未来的绳文"之桥》（海风社，1987年）中。但这些思路早在他在"复归"前夜所写的《我们的冲绳：遗恨二十四年——从死亡者名簿中发出的异议》（《展望》，1970年1月）和《冲绳——"非国民"的思想》（《映画批评》，1971年7月）中就已出现，并在谈战后责任的时候被提到过。他在这几篇文章中都强调，处于美国占领下的冲绳，其战略位置使得冲绳的所有人都处于虽然活着但已被列入《死亡者名簿》的地位。无论是将冲绳作为战略基地的美国，还是将美军基地作为打击目标的社会主义国家，都对那里还有人存在着、生活着的事实视而不见。那里的人和生活，在军事的思维下是不存在的，于是川满将其作为死者、以死者的视线提出异议，就是从冲绳战的体验和美军占领的结构中，借用死者的视线并将沉默转化为语言，以此作为自己思想的核心，这就是友利所感到的川满"羞涩与愤怒"的特异之处。

根源、岛屿、非国家形态的共生

《民众论》(《中央公论》，1972 年第 6 期) 常被作为川满信一的代表性文章之一被提起，这篇文章的基本思想就是"共生·共死"，即生与死都在一起，这种思想也植根于活着就已经被作为死者登记入册的《死亡者名簿》中。在"历史意识与现实中的自我意识重叠起来"的地方，存在着死者的视线，于是"共生"与"共死"也重叠了起来。川满从宫古岛这一小型生活共同体中获得的历史意识，通过对西欧的个人主义批判获得定位，而后更加明确地以"亚洲式的共生"为题确立下来，这就是他在《民众论》中反复提到的"过去即现在""个人即整体"。这种逻辑像是一种高难度的统一，又像是一种跳跃，由于容易让人联想起法西斯主义的大众心理倾向，它也招致了褒贬不一的评价，甚至遭到有些人的强烈忌讳。

但是，让生与死、个人与整体、过去与现在出现在一起，这其中的危险，没有人比川满本人更加清楚。将冲绳战中"集团自决"的死当成自己的经历对待，意味着让自己现身于这生死合一的地方，置身于这样的极端状况中。然而，死者们的遗恨驱使着川满不畏艰险毅然赴汤蹈火。通过死亡获得重生，或是在活着的时候带着死的觉悟挺身而出，通过这种无偿但极其危险的行为，川满揭露了近代思维的陷阱。同时，这种非常规的方法也包含着根本性的矛盾，人是不可能长期受得了这样激进的做法的，川满自己也是如此。所以在《民众论》和《共同体论》之后，川满不得不将这非常规的方法搁置了起来。与其说是搁置，不如说是通过翻译行为来激活它更容易理解。这种激活就像"未来的绳文"[1]一样，向着探索"理念"的方向转变。

敏锐地意识到这翻译行为的还是友利雅人所写的《羞涩与愤怒》。友利指出，将死者与生者合一就意味着要在面对现实的各种关系时永远站在发出异议的位置上，"而由于只能在自身内部保留这异议，所以他提出的未来性的指标只能在理念的层面上呈现"。友利指出，由于否定了作为整体的现实，所以他所有

---

(1) "未来的绳文"是川满信一一篇文章的名称，后来收入了他的第二部评论集《冲绳·自立与共生的思想——通向"未来的绳文"之桥》中。绳文是日本史上记载的一个时代，从公元前1万年左右持续至公元前4世纪，因出土的这段时期的陶器上有绳子勒印的花纹而得名，这一时期的人们处于狩猎采集经济阶段。但日本的历史常从绳文之后的弥生时代（公元前4世纪—公元3世纪）开始算起，因为弥生时代才被认为是稻作文化开始的时代。但岛尾敏雄指出，这种历史观其实是一种主体民族文化思维的体现和中央志向型的文化史观，即把日本等同于"倭人"的活动史，因此与倭人具有不同文化和生活方式的、包括今天冲绳人在内的少数族群活动的绳文时代就被排除在了视野之外。川满深受岛尾敏雄观点的启发，认为绳文时代人们的生活历经万年而变化缓慢，现在冲绳岛屿共同体上人们的生活就与之类似，这都与后来追求"进步"、追求高速"发展"的思维不相同。川满立足于这种来自岛屿小型生活共同体的时空意识，提出这种绳文文化是在今天超越现代性病症的一种理念上的尝试，所以叫"未来的绳文"。

的思考都在呼唤一种"理念上的认同"，作为实现这种统一性的一种可能，川满在冲绳的生活共同体中找到了"'共生·共死的志向'，从这个志向出发，他所设想的未来的理想社会的图景就如波纹一样一圈圈地呈现了出来"。正是这里所说的"理念上的共同性"和"理想社会的图景"，在两年后形成了《琉球共和社会宪法私（试）案》（以下简称为《琉球共和社会宪法》），在理念上与复归十年的冲绳现实之间搭起了桥梁。

从战前对冲绳深入持久的"皇民化"教育开始，到冲绳战中"集团自决"的惨剧，再到战后日本复归运动中罔顾历史、一心使冲绳追随本土的同化主义，天皇制在冲绳的负面遗产一直存在着，川满在《冲绳的天皇制为何物》一文中对此做出了无情的揭示；在《民众论》中，他又在"生死相通、共赴生死"这一点上提炼出了冲绳的多重历史意识。这两篇文章都收入了《冲绳：从根底发出的疑问》一书中。在这本书中，他彻底地以死者自居，在"死者的视线"之下，他那积郁的愤怒不时地喷薄而出，冲破了逻辑的整合性，而他的愤怒和"死者的视线"所探寻的，就是民众的"共生"与"自立"到底是什么的问题。友利在川满《冲绳：从根底发出的疑问》的"后记"中看到的这样一段话，可以看作对此的一种展现。

　　单从思想的意义上来说，其实"复归"也好，"反复归"也好，都是有其意义的。但是如果真要进入现实的状况中有所行动的话，那么我们只有拒绝自近代以来冲绳的知识分子所迷恋的国家志向和中央志向，加入与之相反的志向并与之相对抗，这就只能做出"反复归"的选择。"本土"与"冲绳"在政治的价值序列上已经被放在了一正一负截然对立的两极上，而我们想要的并不是在本土与冲绳中择其一而从之，而是挖掘在"琉球处分"的过程中被作为负面的东西、被践踏到尘埃里的民众基层的思想。那就是在海洋岛屿上生活的民众因其劳动（生活）场域的宽广而产生的宽广的意识空间，是以劳动为媒介的、非国家形态的共生的志向。

川满的第一部评论集《冲绳：从根底发出的疑问》出版于1978年，自冲绳"复归"后已过去了6年。在这"复归"后的第六个年头，川满回顾了自己的思想轨迹，并试图通过这一回顾来为他的思想找到一个根源，这些尝试都体现在了他这本书的"后记"里。他于是提出了"民众基层的思想"以及海洋岛屿民众向大海开放的广阔的意识空间里存在着的"非国家形态的共生志向"。整日面对宽广的大海劳作的民众们，以劳动为媒介，将海洋的宽广而不受边境局限的特点吸纳进了意识之中，因而才会有这样的共生志向。川满对岛屿和民众的这种认识，在冲绳以"复归"之名被并入日本国家之后的岁月里，随着他寻找自己思想根源的努力而越发深入。川满在上述引文的前面指出，在冲绳内部存在着两种志向，"一种是向着国家的中枢运动的、以本土为志向的一面，它支撑了差别论和本土冲绳差距论的成立；而另一种则是只追求劳动（生活）场域的扩展的面相，它不与国家挂钩，不受国境等的局限，因而能向南、向东海或向北方自在地扩展"。川满自身属于后者，他明确表示他自己所抵达的是与国家和国境无缘的、生活在多样性中的民众的共生的思想。这不仅表明了他对"差别论"和"（本土、冲绳）差距论"诱人进入的国家牢笼表示拒绝，还使他预感到了"非国家形态的共生志向"是孕育"自立"的胚胎。毋庸讳言，他的这种思想在理念上和结构上的完成就是《琉球共和社会宪法》。他后来不以"共和国"而以"共和社会"为图景来描绘未来社会，从这个时候已经可以看出端倪了。

不过，当川满想要将"非国家形态的共生志向"以自立的方式推进的时候，因为对佛教思想的深深倾倒，使他的描绘难免带上了一些迂回曲折和阴翳。但在他 1980 年发表、后来成为其第二部评论集主打文章的《冲绳·自立与共生的思想》（《新冲绳文学》第 44 期，1980 年 3 月）中，虽然《民众论》和《共同体论》中带有的那种不透彻和不清晰依然存在，但其中阐述的亚洲式的共生志向却在一股向心力的呼唤下，不仅通过佛教的理路变得轮廓更加分明，而且成为连接川满信一 70 年代和 80 年代思想轨迹的一个奇迹般的连接点。

母亲的叮咛、传说、伦理的原点

《冲绳·自立与共生的思想》一文是川满以 1979 年 8 月在冲绳经济自立研究会夏季讲习会上的发言为基础整理而成的。在文章的开头，他先讲了一段年少时从母亲那里听来的一个民间传说——"朝向彼岸的墓地林荫道"[1]。这个传说有两个理由值得我们关注。一是它由母亲的口中讲出，是来自母亲的叮咛。母亲常借助寓言或是传说，将孩子长大成人所需的，或是生活在小岛共同体中所需的人伦和人文知识教给孩子，就算这没有什么特别，但在母子之间起连接作用的传说，对于川满信一的"共生的思想"来说一定有特别的意义。而另一个理由，就是每当川满面对现实状况时，就会想起母亲亲口讲述的这个传说。"每当面对现实的黑暗，它就会从记忆的深处浮现上来"，或是"当面对如同怪物一样丑陋恐怖的现实时，就会在不经意间鲜明地浮现上来"，它使得川满思想的伦理轮廓更加清晰。

"朝向彼岸的墓地林荫道"传说以这样一句警示性的话语开头："当走过朝向彼岸的墓地，快到美浓岛村的时候，就再也不

（1）此处"朝向彼岸"的"彼岸"，原文为"唐"。以下为仲里效先生在邮件中对译者加以解释的内容，特译为汉语，作为注解。

"唐"，具体而言是从中国的唐朝而来，但在冲绳，它一般是指中国。这一表意一直到明治的琉球处分、冲绳被日本合并之前一直存在，在近代以后，它依然出现在冲绳戏剧和琉球民谣等的台词和歌词中，也存在于冲绳人的日常对话中。比如在 50 年代后半期创作的冲绳的代表性新民谣《时代的流转》中，有这样的歌词"从中国（支配）的时代到日本时代，又从日本时代到美国时代，冲绳经历了不可思议的变化"，"中国"一词就是用的"唐"。1976 年的戏剧《人类馆》中，讲到冲绳战的"集团自决"时，也有"唐旅"的说法，这里的"唐"，结合远方的含义，转而带有去往另一个世界的意思。"唐"可以说是冲绳与中国交流的经验流入民众意识和文化的一个象征性的词汇。

能往回走了。"这个传说里充满了各种警告，比如，当快到美浓岛村的时候，会有长相丑陋、半人半牛模样的怪物碰你的后背，这时千万不要回头；还有，如果突然有小猫迎面蹿到路中间来，千万不要和它对视，也千万不要发出声来。因为，如果回头看到了那怪物丑陋的样子，你的魂魄就会散落，再也回不到原来的样子；而要是不小心和猫的视线相对或是叫出声来，小猫的体型就会瞬间增加数倍，眼睛有如圆盘甚至满月那般大，寒光四射，吸走你的元神。还有，如果那天正是美浓岛村的忌日，你会听到美浓岛村传来人马四处逃散的喊叫，听到村里的房屋被烧毁、老人和孩子被杀戮时的惨叫，这时也千万不能为其所动。[1]一旦心神为之所动，那些惨遭杀戮的人的冤魂就会缠住你，将你踹落入古井之中。要想战胜这些怪物，平安度过凶险，克服那些让你想回头看、与它视线相交、叫出声或是心神动摇的诱惑，就必须"眼睛坚定地望向山上长的蒲葵[2]树的树顶，意沉丹田，不要说话，脚稳稳地踩住地面，一步步踏踏实实地向前走"。因为蒲葵树的树顶是神灵从另一个世界降临到此世的媒介，而丹田，

（1）川满出生的宫古岛，在14世纪后半期经历过战乱。那时有一股来自岛外的兵力，叫作"与那霸原军"，这股兵力在进军宫古岛的途中，沿途攻击各个村庄，对当地的民众大开杀戒，几乎一度控制了宫古全城。"朝向彼岸的墓地林荫道"传说中提到的杀戮的情节，即指这一段史实。后在1365年，目黑盛打败了与那霸原军之首，统一了宫古全岛。后来，与那霸原军的残部存留下来，与目黑盛的后代所率势力长期对峙，长达百年，直到1474年，由目黑盛的玄孙仲宗根丰见亲统合了两部势力，统一了宫古岛。

（2）蒲葵，冲绳常见的树木，常栽种于庭院和街道。是冲绳市的市木。

则是人的身体中不可动摇的中心。

在这个传说里，"千万不要……"的叮嘱反复出现构成的排比句式形成了一种强大的禁忌的力量，而川满正是在其中发现了一种"规范自我行为的原点般的伦理"[1]。这"原点般的伦理所发出的信号"使得川满"自立与共生的思想"的轮廓更为清晰；但还有更重要的一点，那就是，它是在讨论"废除国家"的文脉里被谈到的。川满这样说道："只有以永不休止的抵抗，向着终极的自立，向着废除国家的彼岸迈步前行。"不难想象，那变成半牛半人样子的怪物和眼睛如圆盘和满月大、射出刺眼寒光的大猫，就是小型共同体所排斥的、既害怕又为之着迷的共同幻想[2]。同时，把冲绳全岛将日本作为"母亲"和"祖国"来看待的那种共同幻想和这种幻想的同化力，比喻成这瞪着如圆盘甚至满月般大眼睛的怪物也毫不过分。川满从"朝向彼岸的墓地林荫道"中获得的"原点般的伦理"，促使他与利维坦这个遍及全世界的怪物在远东的异化形态做着无止境的斗争。面对川满的如上伦理，伊礼孝则从冲绳战末期一个那霸人和一个奄美人——他们在当地人眼中是"外人"——在伊是名岛[3]上被当作间谍和日本兵一起被杀的事件中，发现了"将外人杀死"的层面，因此对川满

（1）川满所说的"原点般的伦理"，有他自己的文脉，指与理性相对的情感层面的东西。川满认为近代形成了对理性的过高评价，没有赋予情感以应有的位置，从而丧失了根源性的伦理。

（2）共同幻想，指国家。吉本隆明曾写《共同幻想论》一书，即为此处所指。

（3）伊是名岛是冲绳群岛西北部的一个小岛，奄美和那霸与伊是名岛分属不同岛屿，分别位于奄美大岛和冲绳本岛。

的伦理原点抱有疑义（《遍及宇宙所到之处的同化思想——试论川满信一》，《新冲绳文学》第71期，1987年）。就算这个疑义不容忽视，但它反而悖论般地凸显了川满那彻底的"非国家形态的共生志向"，它"甚至连国家的幻象都不提供"，从而成为"自立的思想"这一连接川满70、80年代思想的遥远的原点。

海的文体、还相与愚昧

《冲绳·自立与共生的思想》之所以能够成为川满信一前后思想历程的连接点，他在少年时期的另一个经历不可忽视，那就是在集体围渔时进行的成人礼。它与"朝向彼岸的墓地林荫道"这一传说一起，成为他从根源处发出的追问。在川满信一与同样出生于宫古岛、比他小一轮的新城兵一之间的往来书信（《情况》第83期《从原点发出的追问》，载《冲绳时报》1983年12月1—5日）中，有一篇川满对新城的回信，名为《鹅的消失》。正是在这篇文章中，川满指出了这个成人仪式对他的思想所具有的意义。新城的文章题为《对生存之根基的凝视》，充满了对冲绳现状的隔离感和无法与状况对话而产生的沉重感。而在对新城的回信中，川满却一改往日阴沉激越的文风，语气轻松，甚至带有一丝反讽，让熟悉他一贯文体的人颇感意外。

川满的文章里有这样一段内容。在久松村落前向外延伸的与那霸湾[1]同时也是一片富饶的渔场，在退潮的时候渔民们就会集体出来围渔。退潮时，海潮向湾外退去的速度很快，力量大得几乎能将海草扯断，而这急流就成为第一次参加集体围渔的少年通过成人仪式的场地。湾内中央的海潮处就是渔场，坐在独木舟里的人们都争先恐后地向那里划，很自然地，第一次参加的少年所乘的小舟都被甩在了后面。在竞舟中失败的少年会被剥去衣服，赤条条地扔进急流中。而少年们经受的考验从这时才真正开始。由于被扔进海里感到恐慌，大多数少年会想去追大人们所乘的船，但这样做会越来越被冲进海潮的中心。与川满一起被扔进海里的S君就想逆着潮水前进，但他根本无法与海潮抗衡，最后差点被淹死，只好挣扎着向大人求救。少年时的川满开始时也是像这个少年一样，但他终于意识到逆着海潮游是不会成功的，就顺势而为，顺着海流的方向，竟终于游到了海湾入口处的一个海角上。这次经历对于川满来说似乎具有极为特殊的意义，他在《在日本与中国的低谷间》（《新冲绳文学》第21期，1971年）一文中也曾提起过，并且在谈国境意识的时候在新的文脉里重新阐释了这一经验。

川满以他年少时的这一经历为例，把新城比作那个逆着海潮挣扎的少年S，对他说，那些使人内心沉重的诗与思想不要也罢。值得注意的是，川满并没有单纯地对新城的逆时代而行表示否定，而是把新城和曾经的自己重叠在了一起。他并不是简单地表示否定，我们可以这样认为，"鹅已经消失不见"这句话同样也是对

（1）与那霸湾：处于宫古岛西南。

他自己而说的。也许，是一个川满信一消失了，而另一个川满信一诞生了。在这个故事里，那个让少年亲身感受了海潮、风浪和大海特质的成人仪式，实际上也是在拷问他们对时代的认识和对人生的态度。所以重要的是川满通过这个故事想告诉我们什么。

川满说道："我并不是想说因此就可以随波逐流。要是我们有那种精明，现在就不会过成这个样子了。"一身背负诗与思想只是个方法上的问题，他最后说道："就算被潮流裹挟身不由己，但如果内心能不断地向东方的圣贤，向释迦、老子和庄子那开放的世界靠近，能像随风摇曳的树枝、与光影嬉戏的波浪那样，在每一稍纵即逝的瞬间获得惊喜与充实，那么，'生命愈活愈黯淡，死亡不过是更黯淡'的愚暗的轮回，也就多少变得愉快些，现在就是追逐这短暂虚幻的梦想的时候。"

他在这里提到的是不寻常的机缘，那就是与"往相"相对的"还相"。不再逆海潮而行，让身体接纳风、海和海流，这就是将"还相回向"作为方法。与其逆潮流而行，身体愈加沉重而被淹没，不如"像随风摇曳的树枝、与光影嬉戏的波浪那样，在每一稍纵即逝的瞬间获得惊喜与充实"，真正地以"还相回向"为方法，走过"愚暗的轮回"，以此追逐"梦想"。这"愚暗的轮回"和"梦想"，也成了以"慈悲的内海"为原理的《琉球共和社会宪法》——它主动放弃了始终跳不出主权零和困境的国家——兼具解体和建设功能的东方力量。在从孩子变为成人的仪式中体会到的海的文体，与母亲讲的"朝向彼岸的墓地林荫道"的传说相重叠的时候，就成为回想的原点，使川满信一"自立与共生的思想"的连接点更为鲜明。

梦想的力量、对乌托邦的激活

虽然我理所当然地使用了"自立与共生的思想""自立的思想"这些词，但实际上川满对这几个词的使用带有政治性的思考，而指出其中的政治性的正是川满本人。川满拒绝思想行为必须要以达到某种目的为前提，比如为了"政治的""经济的"或"地域的"等目的而生产思想，因为"一旦思想为了某种目的的达成而被迫处于从属性的地位，那么思想的表达就会被它无法掌控的现实状况所束缚，最终思想就会变质。所以思想行为本身必须'自立'"。所以他对自立做了重新定义："不是**为了自立**而思想，而是**思想本身必须自立**"。必须要将"自立—的—思想"转换为"思想—的—自立"。同样地，对于"主体性"这个概念，他也推翻了"国民""党"和"民族"的"主体性"概念中隐含的等级序列，从中拯救出"主体"。

川满不仅对一切隶属关系表示拒绝，他还同时指出了"思想"和"主体性"如何才能真正得以确立。"也就是说，正如'思想的自立'一定会成为对现实状况进行抵抗的据点，那么'○○的自立'这个概念也不是**为了**修正体制中存在的矛盾而提出的，而是说，以自立为志向的行为本身就是对体制的最根本性的抵抗，所以必须把自立看作与抵抗同等的行为。"这也意味着，即便是以苏联为中心的社会主义政治体，由于其在自身内部也设立了集中营并以"过渡性阶段"为名义将其正当化，尽管它看上去拥有"主体性"，但依然是一种必须予以清除的国家主义暴力。川满曾引用过这样一句话，"自立就是既不在个体内部建立国家，也不在个体外部拥有国家"，从中可以看出他的非国家、非国民思想的彻底。这是一种带有不可能性的"终极的自立"，它从以印度的佛教思想为中心的亚洲智慧中获得灵感，从而在川满的思想地图中绘出了峰脊。

对于那些曾与川满并肩作战的选手和在受了川满的影响后成为其追随者的"在岛上迷失了故乡"[1]的人们来说，川满对佛教思想的如此推崇难免使他们感到困惑。但是，正是这"与原点般的伦理间的交互"铲除了渴望国家的一切萌芽，在"同化于宇宙自然之道"[2]以及"宽恕与慈悲"的基础上产生了无产和

（1）"在岛上迷失了故乡"：日文为"岛惑"，是伊波普猷的造词，据推测是从冲绳方言中"迷路"（冲绳方言中写作"物惑"）一词中获得灵感，指由于故乡在战争中遭到毁灭而找不到方向的混乱的心境。

（2）"同化于宇宙自然之道"：也可以译作"深入宇宙间万物依存的法则"，是川满在《冲绳·自立与共生的思想》一文中的观点，原文是"同化于宇宙生理"，简单说来，就是人不能执着于一己之欲求，还应认识到在宇宙的范围内，人只不过是有限的存在，与宇宙万物之间是相互依存的关系，即便微贱如蝼蚁，也在人的存在中发挥着人所不知的功能，所以，人应放弃"万物之主"的自大和狂妄，认识到死亡的不可避免，从而对存在的意义有更深刻的认识。这"深入宇宙间万物依存的法则"的观点先是来自川满对近代以后的理性迷信发出的质疑，他从佛教中得到灵感，提出了该说法，实际上是以清醒地意识到死来透彻地领悟"生"，这就需要节制在近代被解放了的人的欲望，用佛教里所说的"宽恕与慈悲"之心，去整理自己内心中包括嫉妒、反叛等在内的不健康的情感。就是在这里，川满将佛教中的"遍计所执性""依他起性""圆成实性"等用语运用到了他的论述中。

无边界限制的乌托邦。川满曾回顾自己的实践与思想历程，对冲绳战后的阶级斗争做出了这样的总结，"50 至 60 年代的阶级斗争属于知识主导型和教育主导型，而 60 至 70 年代则是情念的主导型和情念的反叛型，70 年代后半期则是以情念的变革为主题"，他自己所关心的是"情念的变革"[1]。虽然这种总结难免有些断裂和跳跃，但他试图以威尔海姆·赖希的《法西斯主义群众心理学》作为认识论的工具，对从"情念的反叛"到"情念的变革"的过程做出分析。或者更为恰当的说法是，川满在指出赖希的局限性[2]之后思考的是"情念的变革是否有可能从阶级斗争（理论）的自然演变史中摆脱出来"[3]，他的关心就是

（1）这段话来自川满《冲绳·自立与共生的思想》一文。川满总结五六十年代冲绳的阶级斗争属于知识主导型和教育主导型，是指那时阶级斗争的领导者多是知识分子，在他们眼里，工农大众是欠缺知识的阶层，只配当教育和引导的对象，而不认为他们身上有值得学习之处，所以热衷于向他们灌输马列文献和理论，试图用马列知识去武装他们。这个过程中难免会忽略不同劳动者所面对的现实问题，也没有将民众的民族主义情绪作为值得对待的课题，于是后来就受到了民众个人及集体层面的乡土情念和民族主义情绪的反叛，这就是川满所说的情念的反叛。

（2）指出赖希的局限性：指的是川满虽然基本认可赖希对人的心理所做的三个分层，但他认为赖希还是存在"理性过信"的问题，认为赖希过于相信理性能帮助人整理第二层的情感，而川满从战后参与冲绳民众运动的经验中得出一个教训，即认为冲绳五六十年代的阶级斗争恰恰是因为"理性过信"才犯了教条主义的错误，所以才在六十年代出现了知识分子和左派政党无法带动大众的情感从而领导力下降和陷入民族主义狂潮的问题。

（3）川满提出阶级的理论和阶级斗争要从思想的自然演变中摆脱（接下页）

从这个问题中产生的。我们看到，像千禧年王国和空想社会主义这些已经被科学社会主义埋葬了的设想——这可能也是他会引起物议之处——以及佛教里以丰富的想象力描绘出的净土世界和极乐国土等，都激发了他的想象力，使他重新激活了作为无阶级社会理想蓝图而设计的"乌托邦"。

我们要想更加真切地感受到现实社会的丑恶[1]，认识到其中因缺乏理念性而存在的问题，就需要尽一切的可能释放我们作为人具有的资质——梦想的能力，扩展我们无边的空想能力，汇集由此激发出的所有想象，描绘出一个"乌托邦"的图景，以此作为20世纪末现阶段的"理想社会"的理念基准。当阶级斗争中的人们能真正地打造出一个理

（接上页）出来，其意思是，按照自然演变史，空想社会主义因其"非科学性"而被科学社会主义扬弃，宗教也被辩证唯物主义所扬弃，但川满恰恰从被推翻的空想社会主义和宗教设想的未来乐土中扩展了想象力，描绘出一个人类理想社会的蓝图，它没有科学主义对理性的过信，而充满了对宇宙自然之道的尊重，以及对近代以权利和自由之名忽略伦理而发出的批判。

（1）川满认为当时的阶级斗争理论和实践都存在一个问题，就是尽管批判现代工业社会，但对于在近代获得解放的"欲望"却没有做出超越，不管是追求生产资料的平等分配也好，追求生产关系与生产力的协调也好，都没有质疑人的欲望这个前提，因此斗争就只能在追求提升工资、向资产阶级看齐的低层次上展开。如果不从根本上处理物欲的问题，无止境追求欲望的行为不找到一种根本的伦理加以制约和改变，实际上无异于对现实的追随和接纳。所以他认为人们对理想之邦的想象力变得枯竭，因此才提出要"更加真切地感受到现实社会的丑恶，认识到其中因缺乏理念性而存在的问题"。

念上的"乌托邦",并清楚生活于其中的人的状态的时候,他们就会成为自遥远的未来派遣而来的"理念的使徒",像那降落在泥淖中的白色天鹅一样,以其纯白无瑕使那尚未觉醒的人们为之倾倒。

这是否听起来很可笑呢?面对这密布在空想之邦上空的高强度的想象力,人们也许会对他的异想天开望而却步,心生警惕。但我们马上就会注意到,在19世纪时,空想社会主义曾在科学社会主义和唯物史观的批判下被推翻,然而在这里,这一推翻被重新翻转过来,可以说这是个双重的翻转。"梦想的能力"和"乌托邦"在这双重的翻转之后浮现而出,这个过程充满了悖论,而且"理念的使徒"这个说法似乎又带有些共产党的味道。但是,对于将讲述"朝向彼岸的墓地林荫道"故事的母亲的叮咛当作"与原点般伦理间的交互通信",并以最终废除国家为目标的川满而言,"理念的使徒"就是他奋斗的轨迹,而他也正是在这其中看到了奇迹。川满在对共同体进行定义时这样讲道,"乌托邦"和"理念的使徒""对于我们来说,既不是应该创造出来的一种状态,也不是拿来规范现实的某种理想",而是"对现在的状态进行扬弃的现实运动"(马克思《德意志意识形态》)。

那么我们就要问,川满信一的"乌托邦"能否借助川满信一的"非国家的共生志向"得到翻转获得新生呢?当我们这样问的时候,川满在《民众论》和《共同体论》中一再返回的地点,即马克思所说的"人的本质是一切社会关系的总和",就有了新的意义。当"乌托邦"和"理念的使徒"与"改造现实的运动"及"社会关系的总和"重新会合的时候,"从阶级斗争(理论)的自然演变史中摆脱出来"的关键点就浮现了出来。

在这里,我们看到了"还相回向"这个词,它是这个重新会合以及"从自然演变史中摆脱出来"在方法上的要谛。川满信一的"非国家的共生志向"要想能够激活川满信一的"乌托邦",它的潜能也正是来自这一"还相回向"。如果说"往相回向"是"将自己的善行功德回向与他人,作为他人的功德,愿共同往生极乐净土"的话,那么"还相回向"就是"已往生净土者,为救济众生,普施教化,而再生于世间"。吉本隆明在《临终的亲鸾》中曾说过,"越是穷尽对'知'的探究,还相之'知'就越是无尽地接近'非知'",川满借用这句话对"还相回向"做出了新的理解。"乌托邦"必须通过这样的"还相"和"非知"才能被激活。这样我们也可以很清楚地看到,"理念的使徒"是在什么样的文脉中被谈到的。所以川满大胆地放言,"在80年代,我们所设想和描绘的所有理想、理念和空想世界都必须是为了人性的真正恢复,同时我们也有必要尽一切的努力,对于被科学社会主义击退的那美丽的空想社会主义,描绘出它的现代版本"。而被召唤来返回"非知"的"被科学社会主义击退的那美丽的空想社会主义的现代版本",无疑正是翌年川满起草的《琉球共和社会宪法》。

复归与变化的内情

我们需要对为什么会有《琉球共和社会宪法》的诞生，以及为什么这一宪法的目标不是"国家"而是"社会"做出进一步的思考。这部宪法起草于1981年，这个时间点很特别，因为第二年就是冲绳被以"复归"之名合并到日本的第十个年头。在"复归"后冲绳的社会发生了很大的变化，而反映这些变化的往往是对县民意识的调查。在这些调查中，最能反映冲绳人意识的特征和动向的，是对"复归""自卫队"以及"天皇、皇室"的态度这些指标。让我们从这些调查中对"复归"的评价所发生的变化来思考冲绳社会的变化。比如《琉球新报》在"复归"前的1970年和1971年所做的调查中，有一项是"你对复归感到不安吗"，对此回答"是"的比例分别是56%（1970年）和65%（1971年），远远超过了回答"不是"的16%（1971年）。而在NHK于1973年至1977年所做的县民意识调查中，认为"复归了好"的只占约4成，而认为"复归了不好"的多至5成，而且尽管正反评价的比例之后也有不少变化，但一直到1981年，对冲绳"复归"的评价一直是负面多于正面。但自1982年起，也就是自冲绳"复归"后的第十个年头开始，对复归的评价开始转为正面占多数。

对"复归"的评价由"不好"到"好"的逆转，无疑象征性地反映了冲绳社会内部的变化。应该说在这十年之间，包括政党和工会在内的几乎所有组织和团体都在自身内部实行了与日本本土同步化和一体化的方针，这应该对"复归"的评价产生了不小的影响。同步化和一体化对冲绳已经形成的固有的战斗力和文化创造力形成了削弱。比如，战后冲绳民众运动的源头——"复归协"（冲绳县祖国复归协议会），还没有对自身做出实质性的总结就于 1977 年匆匆解散；而"全军劳"（全冲绳军劳动组合联合会）——曾在"复归"前后的激变期凭借顽强的战斗从基地内部动摇了基地的存在根基，并一定程度上改变了冲绳以复归运动为集中体现的反抗的本质——在 1978 年 9 月与"全驻劳"（全驻留军劳动组合）实现了组织的合并。在两个月前的 7 月，冲绳的交通规则也向日本本土看齐，变为"行人靠右、车靠左"的方式，据称走错了还会受到处罚。也是在这个时候，人们带着自嘲的意味说，没有被同化的只有 Orion 啤酒[1]和暴力团体琉旭会了。

冲绳国际海洋博览会的召开和石油基地的建设则急剧改变了冲绳"复归"后的社会环境和经济环境。由于来自日本本土的企业在冲绳大肆收购土地，进行大规模的开发建设，冲绳的海洋被填埋，山峰被削平，不仅冲绳的自然样貌被改变，人们的心理也不可能不受到这种鼓励开发的大环境的影响。于是，有人惊呼"冲绳出现了崩溃的危机"。冲绳的"复归"不过意味着冲绳被国家单方面合并，而国家则在统治系统内部有条不紊地对冲绳实施着同化与一体化，这样的"复归"到底给冲绳带来了什么？对此川满早在"复归"前夜的 1971 年就在《本地先锋政党的再生》

（1）Orion 啤酒：冲绳本地的著名啤酒品牌。

一文中敲响了警钟。他在文中抨击本地的先锋政党丧失了在战后冲绳固有的政治风土中形成的战斗性，提出了希望这些政党通过解散来获得新生的激进的想法。除了川满的这篇文章以外，冈本惠德的《在"崩溃"的根底》一文（《新冲绳文学》，第26期）写于1974年，恰是以"大海——令人向往的未来"为主题的冲绳国际海洋博览会召开的前一年，那时整个冲绳社会都如浮萍般飘摇不定。不仅冲绳的风景发生了变化，其文化的根基也受到了很深的损伤，对此的危机意识成为他们写作的共同基础。而另一方面，国家投资的振兴开发冲绳的各种项目，又在整个冲绳社会遍撒了足以掩盖这种崩溃迹象的财力和物力。冲绳"复归"不过十年，但这十年间冲绳发生的变化与同化程度之激烈，就像冲绳已经历了百年风雨一般。而反映出"复归"后十年的变化的，就是在意识调查中对"复归"评价出现的逆转。

当把《新冲绳文学》的"通往琉球共和国的桥梁"这期特刊置于"复归"十年后的冲绳社会现实中看待时，就会明白这是针对本土以经济手段同化冲绳所做的一次伴随着反抗的根本性回应。令人深感兴趣的是，这是川满信一从新川明手中接任主编之职后所做的第一期专题策划。在《新冲绳文学》的最后一期，也是"对新冲绳文学做出全面总结"的停刊专集（1993年5月，第95期）上，刊登了对历代主编的访谈。其中，川满回顾了他担任主编后组织第一期特刊的情形，"复归十年后，正是对复归开始出现强烈反思和绝望的时候。我觉得这正是提出冲绳的真正自立是什么的最为合适的时机"。然而，川满的如上问题意识在编委中却没有得到共识。川满提到，"我说我也起草了一部琉球共和社会宪法的草案，并想在《新冲绳文学》中做这样的一期特刊，但编辑委员中却有人说，'把它当作一个纯粹知性的反讽之作是可以的，但它不能算是一个严肃认真的作品'。但我却说：'不是这样的。就算它在面对现实的时候只是一种反讽，但在思想上却是认真的作品'"。川满提到的这一插曲值得我们注意，因为它不仅显示了川满在结构《民众论》和《共同体论》时一再思考和提示的问题，而且让我们得以管窥当时冲绳思想界中存在的分歧。可以说，川满的"认真"在当时可能只是一种孤独的行为，但是，这一期特刊引起了巨大的反响，后来在"让你印象深刻的特刊"的问卷调查中获得了最高的评价，就是因为它真正抵达了危机的根源。

特刊"通往琉球共和国的桥梁"是在什么样的意图下策划实施的，对此川满自己也时常写到和提起，我们不妨再来看一下。比如在 1997 年 11 月 23 日举行的"连接冲绳与日本"研讨会的第一场（会场在冲绳）中，川满做了这样的发言："从冲绳被返还后的问卷调查来看，那时回答'还是复归了好'的已达半数以上。像我在《琉球共和社会宪法私（试）案》里那样厌弃日本国的坚决态度，是与当时的时代状况毫不合拍的。但我觉得，不用这种正面回击的方式则不能打开未来的局面，所以就算它是个观念性的东西也没什么，观念就观念好了。"（《在冲绳这奇妙的岛上》，载于《合并 25 周年与冲绳自立的展望》，1998 年）27 日，研讨会的第二场移至东京举行，川满又在《反复归——独立论的现在与未来》中明确指出了他与《琉球共和国宪法 F 私（试）案》及"异质文化论"所倡导的冲绳独立论的区别，指出，展望冲绳的未来必须从超越"日本国家的特殊性、扭曲性以及近代国家的局限性"出发，而且冲绳问题中包含了"仅用日本 vs. 冲绳的图示无法处理尽的问题"。

2008 年 5 月，研讨会"为了未来的自我决定权——冲绳·宪法·亚洲"举行，与之相呼应，《冲绳时报》在文化版面刊登了川满与佐藤优之间的往来通信《关于冲绳的对话》（此外还有孙歌与仲里效、松岛泰胜[1]与平恒次、崔真硕与新川明的对话），川满在对话中提到了他起草宪法草案与当时的政治问题的关联，"修宪的步伐依然没有停止，自卫队在向着升格为国家军队的目标突进，宪法第九条也被用得越来越诡异，已经可以感受到一种迫在眉睫的危机感。既然日本放弃了战后的理念，那么只有断了念想，由冲绳来进一步发展这一理念了，宪法私案就是在这种抗拒心理之下所作的"。

在与比屋根薰的对谈中，川满谈到了他做这一期特刊时的心路历程，自从"拒绝参加国家政治"的斗争[2]开始，他便始终思考着"国家是什么"这一问题；当"复归"实现后，舆论逐渐倒向对"复归"的肯定，他们的工作并不能得到普通人的理解——

（1）松岛泰胜：出生于冲绳县石垣市，龙谷大学教授。

（2）"拒绝参加国家政治"的斗争：见本书川满信一《〈琉球共和社会宪法私案〉之由来——兼论共和国与共和社会之区别》中的译注"'拒绝参加国政'的斗争"。

"那些高呼'反对复归'的'跟大家不一路的人'到底怎么回事？"所以川满带着一丝自嘲讲道："推出这个宪法草案，其实是在失败之后的一种破釜沉舟。幸亏我那时被任命为《新冲绳文学》的主编，这才有机会把它登出来。"（收入《从冲绳出发——复归运动四十年》，世界书院，2010年）在这个对谈中讲到特集得以办成的理由时，他指出，就算制定出新的宪法，但只要仍然是以民族和国家为前提，就会再度被领土的思维所限，并会因此引起与周边的对立关系。所以要想深入《琉球共和社会宪法》的核心，"就要通过社会层面的交流，打破现在的国民国家边界的藩篱，以此为目标来确立自己的位置，这就是'琉球共和社会'的根本"。

无边界自由拓展的思维

这是川满信一在担任主编后做出的第一期特刊，也是由于他担任主编才得以问世的一期特刊，然而其间的过程却充满了艰辛，这在刊登于该期卷首、阐明策划主旨的一篇文字中可以读出，其中有一段用了"对'日本国'的断念"的标题："不再对日本国抱有幻想，立志建设一个理念上的'琉球共和社会'，这是为了将绝望转化为希望而做的不可回避的尝试。但是这个尝试遇到的最大障碍，是日本国家权力的强大和冲绳内部的无气力。"与"日本国家权力的强大"同时形成障碍的"冲绳内部的无气力"，可以说就是向着说出"把它当作一个纯粹知性的反讽之作是可以的，但它不能算是一个严肃认真的作品"的编委而发出的。

前面我们主要谈了特刊"通往琉球共和国的桥梁"的策划背景和意图，下面让我们来关注《〈琉球共和社会宪法草案〉的思想》这篇文章，因为它可以看作对《琉球共和社会宪法》本身的注解。这篇文章发表在杂志《占领与文学》上（《占领与文学》编辑委员会，ORIGIN 出版中心，1993 年 10 月），是川满在"占领与文学"国际研讨会上所做发言的总结，在这篇文章中，川满依据他 1971 年所写的批判复归运动中反美民族主义的《冲绳——"非国民"的思想》一文，展开了如下论述。

他在文中的主张可以总结为以下四点。第一，在经历了 50年代的土地斗争后，冲绳的能量到 60 年代都集中到了祖国复归运动上，但川满指出，冲绳复归运动由于缺少了对国家问题的反思，所以存在着蜕变为将日本作为"母国""祖国"来对待的非常情绪化的运动的危险。由于持这种观点，在 60 年代后半期他与曾经在《琉大文学》时代并肩战斗的同人之间产生了意见的对立。第二，他强调，不能仅关注复归本身，而应同时具备反思国家问题的视角，思考作为冲绳复归对象的日本到底是什么，这样才能对复归运动做出真正的批判。川满指出，日本在历史上存在的以天皇为中心的宗教国家这一特质被直接运用在了近代国家的塑造中，统治体系炮制出了"一个民族、一个国家"的意识形态并向民众灌输，使之成为近代根深蒂固的意识形态，日本近代国家这一特殊的结构必须得到反思。第三，如果日本真是所称的"一个民族、一个国家"，那么冲绳又在其中占有何种位置？在明治时期日本进行了"琉球处分"，一部《分岛条约》将冲绳岛以北划作日本领土,宫古、八重山划作清国领土,战败后的《旧金山和约》又将冲绳置于美军的占领之下, 这样一个说不要就不要、说收回就收回的琉球(人、民族)对日本来说到底是什么?对此川满难以不带有强烈的质疑。第四,为了不再被当作国家统治的工具, 超越国家意识形态的束缚, 冲绳内部出现了"冲绳异族论"和"反国家论", 但川满指出, 如果这些主张还是使冲绳变为另一个国家独立出来, 那就还是摆脱不出近代国家民族主义的框架。

《冲绳——"非国民"的思想》这篇文章揭示了"复归运动"因缺乏对国家的反思而存在的问题, 并摸索如何超越它, 同时也是川满对"冲绳异族论"和"反国家论"的充满个人色彩的回应。

像现在这样被当作日本国的边境重镇,一条国境线在冲绳侧近赫然划过, 使得冲绳如同被缚住了一条臂膀一样不得自由。就像被缚住后只能划出一个半圆一样, 我们的生活场域也因此受到了束缚。这是不合理的。如果要想打破这一束缚, 我们只需要采取"非国民"的立场。如果采取非国民的立场, 国境线之类就都不存在了, 我们的思维也可以向东向西向南自由自在地扩展。这种非国民的思想使我们具备向东南西北自由扩展的思维, 从而创造我们自己的生活场域, 这就有了一步一步向前迈进的可能性。

这是一种不追求排他性的主权、不设国境线、完全依靠"社会"的自由联合而形成的共同体，考虑到现代世界的政治地图早已悉数被国民国家的体制所覆盖，从这种意义上来说，川满信一这种"非国民"的思想几乎不具备实现的可能，这难免使它的乌托邦色彩显得更为浓厚。然而，有一点不容忽略，那就是，这种"非国民"的思想并非毫无现实根基，它是深入了冲绳历史中的黑暗面、倾听了苦难者的悲歌、参透了共生与共死之后才形成的思想。我们也不应忘记他那"死者的视线"。在《〈琉球共和社会宪法草案〉的思想》的结论部分，川满再次回到了他立论的根基，指出：由于"冷战"时期的冲绳基地同时也是东洋的一个战略据点，因此它将一直成为核打击的目标；由于冲绳是《日美安保条约》的核心，从国家的角度来看，冲绳的居民早已形同不存在，也就是说，冲绳居民无异于"还活着就已经被登在了死亡者名簿上"。于是川满再次回到了"死者的视线"："我们这样还不算是非国民吗？连国籍也没有，不过是一部死亡者名簿而已。当这样想的时候，我们就能够不被国家炮制出的任何意识形态所蛊惑而展开自由的思想。"这种"如同还活着就已经被登在了死亡者名簿上"以及"不被国家炮制出的任何意识形态所蛊惑而展开自由的思想"，才正是《琉球共和社会宪法》立足的根本原理，也是它的斗争现场。之所以要由来自"社会"的力量进行自由联合，就是因为这种联合下形成的民众交往，民众相互之间是互为主体的，因此其交往就不会受国境的限制而单方面地向着拘泥于国家和主权的方向运动，而是可以向东南西北各个方向扩展，实现多元的接触和互通。

慈悲、非固定场域、与国家相对抗

在宪法私案的前言部分，就像在复调音乐中的赋格一般，川满反复向人们发出警示，无论是"浦添""首里""金字塔""长城"，还是"军备""法""神""人""爱欲""科学""美食"甚至"国家"，在权力与欲望的膨胀及异化之下，都会因各自的骄纵傲慢而最终走向毁灭，因此他提出了"废除国家"的理念（第一章第一条），并将该宪法作为"为废除一切法律而设的唯一的法"（第二条），这都是《琉球共和社会宪法》理念的非凡之处。第一章从第二条到第七条所倡导的"慈悲的戒律"和"慈悲的内海"形成了这一章的整体基调，"慈悲"是未成文的律法，它是一种借助"类似'非知'的还相之'知'"而形成的共同认识，在"社会对抗国家"时它也正可以形成某种缓冲。值得注意的是，宪法中有"我们的双足如今依然踏于焦土之上"的说法，这表明该宪法是透过冲绳战中"死者的视线"而产生的，而且这也是构成了该宪法的不动根基。而最鲜明地体现"非国家形态的共生志向"的，是第十一条"共和社会人民的资格"中提到的，"琉球共和社会的人民不限于在中心领域内居住的居民，只要认同本宪法的基本理念并有志于遵守者，不论是何人种、民族、性别、国籍，在其所在地即可获得共和社会公民的资格"，以及第十七条"对待流亡者及难民等"中的"当各国的政治、思想及文化界人士提出避难申请时，应予以无条件地接纳"。人种、民族、国籍等，这些都是奠定所谓国民国家主权基础的重要元素，然而这些限制在川满这里却遭到了以"无"作为根据的解体，受到了无条件的接纳，正是在这里，川满思想彻底的非国家性体现得一览无遗。

川满自己也承认，这部宪法无疑是个"乌托邦"。但是，就凭里面"我们的双足如今依然踏于焦土之上"这一句就可以知道，这个"乌托邦"具备自治社会所带有的批判力量，它不断对现实发出异议，从而使这种"乌托邦"成为一种"打破现存状况的现实运动"（马克思），并因此反过来不断地推动着"现实运动"的进行。至于形成《琉球共和社会宪法》基调的"慈悲的原理"和"慈悲的内海"，尽管听来不免让人觉得有些怪异甚至成为被嘲笑的对象，对其的评价也褒贬不一，但不要忘记，它来自冲绳战焦土之上的所有记忆，其起源可以远远地追溯到幼年期听到的母亲的叮咛"朝向彼岸的墓地林荫道"的传说。

正是在这个意义上，思想史学家孙歌对《琉球共和社会宪法》的"乌托邦性格"做出了如下评价，"它并非远离现实社会，而是在现实政治中嵌入了几个'要素'，从而产生了颠覆既有现实秩序的效果"（《内在于冲绳的东亚战后史》），认为它同时具备批判现实的力量。或者像让－吕克·南希（Jean-Luc Nancy）的《在乌托邦的场域/取代乌托邦》中指出的那样，"乌托邦"一语的词源是在希腊语的 topos（意指特定场域、场所、特殊地域意义上的场域）之前加上了意味着"不是任何人，也不是任何特定之物"、具有否定意义的 ov 作为前缀，"乌托邦"相当于"非特定场域"或"在特定场域之外"。它不断地在现实中打开缺口，也可以说"乌托邦在这个世界之中打开了非特定的场域，而这非特定场域则形成了一种不包含任何（给定的）意义（从意义中脱离）的类似伤痕一样的东西"。南希认为乌托邦是"从意义中脱离的类似伤痕一样的东西"，并且在其中加上一道分隔符，提出接下来要问的问题，"因此，**在乌托邦的场域／取代乌托邦**而到来的是什么，这才是真正的问题。我们应该在两种意义上理解这个问题。一个是能够代替乌托邦，取乌托邦而代之的会是什么；第二个是这个乌托邦的内容，换言之，在这非特定场域或是特定场域之外的是什么光景"。如果追问这两个问题，我们就会注意到，《琉球共和社会宪法》不是将"国家"而是将"社会"作为构成宪法的政治体，从而"共同"分享了"死者的视线"和"非国家形态的共生"。将共和的政治体从"国家"置换为"社会"，就说明《琉球共和社会宪法》在不断地而且动词性地向我们展现了"非特定场域"或"特定场域之外"的存在。这一宪法的潜在能量无疑就在国家这一"场域之外"，也就是对国家的"取代"。

无人岛、主权的力比多、法秩序之外

川满常发出一些从世人的常识来说难以理解的言论，出人意料，既充满了冲击，又像是一种傲视和嘲弄，这常使他周围的人感到困惑甚至震惊。如果说这是由于川满是诗人因而富有奔放的想象力也无不可，但这种不拘于常规的想象力恰恰是使《琉球共和社会宪法》具有跨越边界性质的驱动力，如果能将它看作

"不被国家炮制出的任何意识形态所蛊惑而展开"的"自由思想"的流露，那么这种超出常识的发言也许就不那么难以理解了。

川满曾为杂志《情况》2012 年 1、2 月合刊的"冲绳・尖阁[1]专集"写过一篇名为《何谓尖阁・钓鱼岛？》的文章，副标题很奇特，叫作"把信天翁的乐园还给信天翁"，这篇文章也是川满彻底的非国家、民众共生志向中产生的思想产物。在这一期专集中也刊登了新川明的文章《"尖阁"归属冲绳》与松岛泰胜的文章《尖阁诸岛是"日本的固有领土"吗？》。川满信一在文章中的观点与新川明和松岛泰胜的"尖阁诸岛应归属冲绳"的主张形成了对照，由于 2013 年 5 月琉球民族独立综合研究学会的成立以及冲绳独立论的兴起，围绕国家和冲绳独立的问题愈加白热化，而川满的文章恰恰针对这些最热点的问题发出了追问。这些难题并非事不关己，而是时时刻刻地考验着我们。

在这篇文章中，川满回顾了尖阁诸岛（钓鱼诸岛）的历史以及日本、中国大陆和台湾围绕尖阁诸岛（钓鱼诸岛）而产生的关系史，提到了冲绳在夹缝中生存的不易，指出正是在联合国亚洲及远东经济委员会[2]调查发现其可能蕴藏了丰富的地下资源后，尖阁诸岛（钓鱼诸岛）的领有权问题才开始走上东亚政治和外交

（1）即我国的钓鱼岛。——编者注

（2）联合国亚洲及远东经济委员会：Economic Commission for Asia and Far East，简称为 ECAFE，1947 年成立，是联合国经济社会理事会下属的几个区域经济委员会之一，1974 年该委员会更名为亚洲及太平洋经济社会委员会（ESCAP）。

的前台，川满整理了其中存在的问题，并提出了尝试解决的办法。在这其中值得注意的是，他针对日本政府声称"尖阁诸岛（钓鱼诸岛）不存在领土问题"的主张，提出了三点加以质疑。"一是《日清条约》[1]前后的约定，二是对尖阁诸岛（钓鱼诸岛）进行开发的历史，这形成了实际控制的依据，三是使冲绳脱离美军占领的《旧金山和约》"。第一点中提到的"《日清条约》前后的约定"，前面也曾提到过，指的是日本和清国将琉球列岛一分为二，北边归日本、南边归清国的"分岛条约"，他指出如果这一条约真的被实施，那么别说尖阁诸岛（钓鱼诸岛），就连宫古岛和八重山都早就成了中国的领土。[2]

川满常常提到这一"分岛条约"，因为假如这一条约得到实施，那么宫古岛出生的他可能就变成了中国人，川满将他的思考投向这一在历史中湮灭的"假如"上。借助这种也许有可能成为现实的可能性，他从群岛人的立场出发，对主权在圈占领土中所具有的暴力进行了批判。借助"假如"这一假设的力量，川满将这些过去的事情与国家的问题关联起来，并不断地将过去与现在及未来联系起来重新进行思考，他一方面尊重将领有权

_____

（1）《日清条约》：1895 年中日在甲午战争后签订的条约，即《马关条约》，日本称《下关条约》或《日清讲和条约》。

（2）"分岛条约"是对 1871 年日本和清朝之间缔结的《日清修好条规》的修订，由于日本要求获得与西方列强同等的最惠国待遇和在中国内地的通商权，所以双方对《日清修好条规》进行了修订，商定由日本将琉球的宫古、八重山群岛让给清朝，换取在中国的内地通商权和最惠国待遇。后来该修订未能实施，最终两国在甲午战争后的 1895 年签订了《马关条约》。

打上括弧、"搁置争议"的处理方式，另一方面力陈建立东亚共同体的必要，以改变迄今为止的资源开发模式，推进能源革命和共同开发。在此基础上，他设想建立一个将济州岛、琉球诸岛和台湾串联起来的非武装缓冲地带，"在遇到问题时只会想到用战争解决的反动政治之下，生活在群岛上的人们明知他们的愿望难以实现，也还是像梦中呓语一样地发出他们的声音。如果说还有什么办法能够避免领土权的争夺战的话，那就是——让恺撒的东西归恺撒，把信天翁的乐园还给信天翁，把 20 亿日元[1]用于岛上自然环境的恢复"。"明知他们的愿望难以实现，也还是像梦中呓语一样地发出他们的声音"，这是坠入"愚暗的轮回"的追梦人的心声，但这是只有领悟了"非知"与"还相"的力量的人才能说出的话，既刚烈又无所畏惧。

"把信天翁的乐园还给信天翁"——对于这逸出常轨的言语，我们就像是听到了不该听到的话一样，只能报以微微的苦笑，或是对这说法的逸出常轨装作不予理会。近代的思维和国际政治的现实主义都将国家和主权作为不可动摇的前提，而川满的这一逸出常轨的思考则直击其虚幻之处，是"明知他们的愿望难以实现，也还是像梦中呓语一样地发出他们的声音"。这是群岛人——这是为了"国体"的保全而被恣意更改了生活边界的一群人——"将历史意识与现实中的自我意识相重叠"，彻底以"死

（1）20 亿日元：指 2012 年日本将钓鱼岛"国有化"时日本政府为"购买"钓
　　鱼岛所支付的金额。

者的视线"看问题时才到达的地方，当想到这里，对于宪法前言中貌似不经意间出现的那句"我们的双足如今依然踏于焦土之上"，我们难免不会为之所动。这是对以国民作为对人定义的唯一标准的思维的摒弃，在这句逸出常轨的话的背后，既有对国家恣意分割琉球弧诸岛的反抗，又有对可能成了中国人的虚拟现实的呈现，也有对战败之后为什么与那国岛与台湾岛之间可以自由往来等问题的根本性的追问。这句话既可理解为无条件的赠与，也可以理解为对主权的放弃，这与《琉球共和社会宪法》的"慈悲的内海"正是相通的。比如，第五章第五十条"产业的开发"中，"已扰乱了生态系统、破坏了自然环境，或预期会造成此类后果的产业开发，应一律禁止"，以及第五十一条"应将技术文明的成果从集中和巨型化转化为分散和微型化，以努力适应共和社会及自然之道为要。须将古代人崇拜自然的思想在今天加以活用"的"对自然之道的顺应"，第五十二条"对自然环境的恢复"，都蕴含了对以国民作为定义人的唯一标准的思维方式的改变，而第十三条的"反战"、第十六条的"外交"则是对绝对和平主义的讴歌。

但与其一条条列举这些具体的条款，不如来思考自主放弃国家主权的《琉球共和社会宪法》中的"社会"有何激进之处。比如，卡尔·施密特曾在《政治神学》中有过这样的定义，"所谓主权者就是在例外情形下做出决策的人"，如果这"例外情形"表现为法西斯主义、斯大林主义这类极权主义的极端情形的话——它们同样孕育产生于为西欧的近代奠定了基础的利维坦这一母体内，那么如何能够祛除隐含在这极端情形中的阴森可怖的暴力？川满的思考最终抵达的是"还相回向"和"愚暗的轮回"中的无为之力。"例外情形"使主权权力神学中隐含的暴力挣脱了束缚，针对这种**法外**的状态，川满则活用"还相"与"愚暗"这种**法外**的力量，通过自主地放弃主权权力与国民主义而将以上的暴力祛除。这其中发挥作用的不可能是"国家"，只能是"社会"的原理。

日本、中国大陆和台湾地区围绕尖阁诸岛（钓鱼岛／钓鱼台）的领有权问题产生的对立，恰恰凸显了《琉球共和社会宪法》的现实性及现代性。《琉球共和社会宪法》应该成为我们质疑尖阁诸岛（钓鱼诸岛）领有权问题的参考，而且要通过对领有权的质疑提醒人们警惕国家和主权的陷阱，尖阁问题（钓鱼岛问题）正可以使我们从根本上追究国家——被比喻为利维坦这种海怪——的力比多。为什么一个无人居住的小岛激发了国家主权如此强烈的占有欲？为什么它会被作为国家的核心利益来主张，如此过剩地吸引人们的关注？在东海上被各方都声称为自己的"固有领土"而掀起轩然大波的无人岛屿，正是因为其上没有人居住反而映照出国家的欲望。可以说，"无人之岛"，正是悖论性地刻画了主权和国民主义的欲望的一面镜子。对于利维坦来说，是不允许有主权掌控不到的"无人之岛"存在的。岛屿不能无所归属，必须被先占，被领有。在利维坦那里，主权的力比多还以法的形式表现出来，岛屿被国家（nation）所凌辱。在这里，我们亲眼看到了以"无主地先占论"为首的、现代国家在确立领土、领海、领空时的法秩序（nomos）的神话。如果《琉球共和社会宪法》

是"为废除一切法律而设的唯一的法"，而且在这自我肢解的法中，"社会"所具有的非国家共生志向能够被共同拥有，那么这一宪法对这个世界就将一直会是一个岛屿或是始原之场域的"乌托邦"。

"异场"与越境宪法、重回非特定场域

《琉球共和社会宪法》在"前言"中指出，尽管日本国民在历经破坏与杀伐之后拥有了一部主张"放弃战争"和"反战、不拥有军备"的宪法，但他们对此并没有深刻的反省，所以他早已不再对这样的日本国民抱有任何幻想，而是发出了"好战国日本啊，好战的日本国民及其掌权者啊，你们尽管走你们的路吧。我们再也不会在你们强行通往人类灭绝的不归路上奉陪下去了"的呼声。在日本的经验之外，再加上台湾岛在"二二八事件"、济州岛在"四三事件"中遭受的国家恐怖主义的迫害，他将济州岛、琉球和台湾岛沿着岛弧连缀在一起，勾画出了一个自由的新空间。这一跨越国境的思想历程，从20世纪70年代初在《民众论》提出"共生—共死"的思想开始，到后来在《冲绳·自立与共生的思想》中提出"还相回向""愚暗的轮回"的方法，再到在80年代起承上启下作用的《琉球共和社会宪法》，终于在世纪更替的21世纪的第一个十年，川满以"异场的思想"抵达了"东亚越境宪法"这一地点。

"异场"是川满信一自创的词汇，所谓"异场的思想"就是

"从日常进入非日常"，"将思考和感性立足于包含了时间和场域的历史中，立足于异于日常的地点，从那里再返回现实进行思考"。川满以亲鸾作为理想，他指出，要想在此基础上抵达亲鸾所说的"'非僧非俗'之地""与不二[1]的阿弥陀佛相遇之处"及"彻悟与涅槃的境地"，要有四个层次的"异场的思想"作为方法。第一个层次是"现在，这是一个共时的层次"，第二个层次是"沿着历史的时间向上追溯，在时间序列上的发现"，第三个层次是"在历史的事件和未经之地的'事态'中的空间上的发现"，第四个层次是"在彻悟这一圆形时空中的形而上的发现"。因此"异场"绝非是静止的，而是在不停的思考中实际存在的场，它不是名词，而应被理解为动词。

如果说，川满的话语（jargon）由于建立在其佛教素养之上而有些难以理解，那么不妨把"异场的思想"置换成"他者的思想"，这样也许就好理解一些了。它指的是在对待其他阶级、民族和地域时不以自我民族为中心，不存据为己有之心，不把它们变成固有之物，也不把历史时间禁锢在进步主义史观之下，这样，时间和空间、自我和他者就得以相互产生关联和相交，自我也借助于他者而被激活。至此，"自立"就借助于"异场的思想"而同时具备了"他律（他立）"的成分。这样的话，川满的"异场"就相当于让－吕克·南希的"不是任何人，也不是任何

（1）不二：指超越善与恶、自与他、生死与涅槃、出世与入世等二元的分别，
　　反对以二元对立的思维看待世界。

特定之物"意义上的"乌托邦",而川满则是用了"非特定场域"或"特定场域之外"的说法。毋宁说,他们都有着对"共同体"的持续不断的关心,南希的"无为"和"共同出现"分有了"共同体",而川满则借助"死者的视线"和"愚暗的轮回"对"共同体"发出召唤,两人的思想如同行星一样相邻。

因此,我想对《琉球共和社会宪法》作一番新的解读——它是在"异场的思想"下"被构成和设定的法"。"被构成和设定的法"是动词性的存在,它虽然是法,却具备能超出法本身的运动性,因此可以向法以外、向与己不同的他者运动。该宪法的"前言"和总共六章、五十六条的条文,以不是法律的法向法以外不断地开放,是将法借以成立的"场"(topos)自我解体地重组后出现的"场",因此它也对"异场"持欢迎和开放的态度。也可以说,这是法超出了法本身,即法在自己内部动词性地对法制定时所含有的暴力发出批判。第一章"基本理念"中的第二条"该宪法是为废除一切法律而设的唯一的法"这一行字,表明了这一宪法正是"异场"的思想。它不以"国家"而以"社会"为前提,意味着这一"为废除一切法律而设的唯一的法",也不是为任何特定场所而设的(atopic site)。第一条"国家的废除"已经描绘出了它的极限样貌。它的场不针对任何固定的场域,或者说,是"在特定场域之外",是"对特定场域的取而代之",也就是"异场"。

如果宪法本来就是为"国家"制定的根本大法,那么以"社会"为前提构成的宪法,自始就伴随着可能损害自我认同的两难之境。但是,如果说这一困境改写了国家与国民的边界,是从冲绳被欺骗性地纳入日本同时又被排除在外的历史和经验中产生的，那么"异场"就可能成为一个中心。《琉球共和社会宪法》对奠定近代基础的法秩序不断地发出了质问，并向国家与主权之"外"打开了大门。

我们应该再次悉心倾听。"把信天翁的乐园还给信天翁"——在主权权力和国民主义的领土上打开一个缺口，思考近代诞下的怪物利维坦（国民国家）的局限，并在这局限之中生存。可以说在自发地放弃国家主权和领土的执念之时到来的共同体，正是构成了《琉球共和社会宪法》的力量根基的"非特定场域"或"特定场域之外"的存在，它不能还原为任何主权的力比多，仅是作为应该到来的东西而被各种现实所分有。《琉球共和社会宪法》正是放弃国家之时到来的共同体。

独立不是静止的状态，而是必须被发明出来的东西。因此，这样的身份认同就不再是能够被绑架到国民和国家的圆环内部的东西。这样的《琉球共和社会宪法》已成为冲绳战后思想的极点，至今仍以质问的形式打开并考验着我们的思考。在少年的成人礼上将大海与潮汐的考验化为身体语言的"还相回向"以及作为母亲的声音讲出来的"朝向彼岸的墓地林荫道"，成为通向"终极自立"的道路，从那里，借由"死者的视线"，将目光从冲绳战的惨剧延伸至不公正的冲绳占领，直到"异场的思想"，川满信一的"非国家·非国民"的思想在《琉球共和社会宪法》中，终于以法外的形式结成果实。它还是向着"废除国家"前进的永久革命和"为废除一切法律而设的唯一的法"，并在不固定为特定时间的时间和不拘于特定场域的场中，将未生完全裸露出来。这裸露出的未生尽管是未生，却解构了圈占大地并试图圈占海空的律令，并在其消失的点上将其实质暴露出来。在放弃国家的地方，我们还是应该倾听那个声音——"我们的双足如今依然踏于焦土之上"。《琉球共和社会宪法》正是通过这一从身体深处发出的声音，将琉球弧的"弧"转投回亚洲的历史和记忆中，转向了现代史的尖端。

第二部

竞技场内：

交叉与交响

"孤岛之苦"与"流动之苦"

——《琉球共和社会宪法私案》的根据与可能性

丸川哲史

序

　　我最早对川满信一的《琉球共和社会宪法私案》(以下简称为《私案》)有强烈的印象,是在 2007 年的 9 月。当时我与本书的执笔者之一仲里效等友人去中国社会科学院学者孙歌的家中拜访(当时正在北京进行帐篷剧公演的樱井大造也在场)。在大家品茶聊天的时候,仲里效有些突然地谈起了《琉球共和社会宪法私案》。[1]《私案》发表在《新冲绳文学》上是在 1981 年,

---

(1) 2007 年 9 月,适逢樱井大造的帐篷剧《变幻伽壳城》在北京演出,仲里效在观看该剧公演之际,与本文作者丸川哲史一起去学者孙歌的家中拜访。席间,丸川哲史问起仲里效对孙歌《从那霸到上海》一文的看法,因为孙歌在文章末尾提到,"我在那霸曾经遇到过一位喜爱竹内好的冲绳知识分子",指的就是仲里效。而仲里效没有直接回答,而是提起了川满信一于 1981 年写的《琉球共和社会宪法私案》作为回应。丸川对此感到些许困惑,因此说仲里效提起《私案》"有些突然"。

已经过去了 26 年之久，为什么仲里效会在北京提起这部《私案》呢？我事后推测，这可能要追溯到两年前，在中国的北京和上海各发生了参加者达 1 万和 2 万人之众的反日游行，再加上时任日本首相的小泉纯一郎公开参拜靖国神社，以及日本谋求成为联合国常任理事国，当时中国民众的反感终于伴随着大型示威游行喷涌而出。可以说，中日两国之间的摩擦和矛盾，包括今天的领土问题在内，还处在以都市的群众行动为表现形式的初期阶段。值得一提的是，在当时游行群众的标语中，有"归还琉球"的字样。当然，这不是政府层面提出的要求。就算这一口号的提出自有其渊源可循，但这对于（包括仲里效在内的）冲绳人而言，不难想象会造成不小的困惑。在今天来看，在中日间引发矛盾的尖阁诸岛（钓鱼岛）问题，冲绳本岛的美军基地问题，以及石垣岛等岛屿被日本作为国境防卫的据点等，使得琉球弧上的诸岛已经成为东亚内部的特异场域，问题不以人们意志为转移地日益凸显出来。而带有如上问题的琉球，人们对它的印象也从边境、孤立、孤军奋战一下子转变为斗争、介入甚至四方支援，经历了巨大的转变。可以说，琉球弧现在已然成为东亚的准纷争地带。

使我现在关注《私案》并认为在今天依然有讨论它的必要的，就是如上的背景。但是如果就个人的缘由来说，还有仲里效先生的热情以及孙歌先生的回应使然。《冲绳时报》的读者也许都知道，仲里效与孙歌曾在通信中就这部《私案》有过对话，如今他们之间的往来通信已经刊登在了《冲绳时报》上（2008 年 4—5 月）。仲里效对该宪法私案的热情已经从琉球弧继续西进，找到了中国大陆这个新的起点而再次将该宪法提了出来。而反过来，我则感到，《私案》已经不能够单单回收到日本 vs. 冲绳的构图中，而是到了一个新的阶段，开始了一种新的命运。从行动上来说，我则提议将《私案》迅速翻译成汉语和韩语。

"慈悲"的逻辑

此后仲里效在一次市民运动组织主办的演讲会上，总结了《私案》的三个关键词，分别是"非暴力""慈悲"以及"民众自治·自立"。我认为这一总结准确地把握了《私案》的核心精神，是进入其思想脉络的最有效途径。其中，就"非暴力"和"民众自治·自立"而言，在某种意义上，从日本的市民运动的层次上可能更好理解。首先，就"非暴力"一词来说，会让人想起领导印度反殖民地斗争的甘地的思想。此外，这个词还让我想起曾经的琉球王国，尚氏王朝在历史上灵活地运用了两属制[1]而维持了王国的独立，也因之没有像样的武装力量而遭遇了"琉球处分"的悲剧，我想，"非暴力"也展现了一种在深层次上接纳这种悲剧的态度。也就是说，它表现了一种主体性，是琉球弧承受自近代以来被强加的无数次暴力的主体性。其次，是关键词中的"民众自治·自

（1）两属制：1609 年琉球被日本的萨摩藩征服后成为其属国，被迫向其纳贡，但同时，琉球还维持着明朝以来的做法，继续向清朝纳贡，这就是两属体制，琉球在这样的体制下维持了国家的独立。

立"，这也让人想起 70 年代以后的"新社会运动"潮流，尤其是
在冲绳，它是对战前所遭受的高压文化统制（同化）经历的反映，
建立在反抗以强硬武力作为背景的大国逻辑的基础上，与刚才的
"非暴力"有着很强的亲和性。另外，将这两个关键词连接起来
的是"慈悲"，这个关键词与其他两个词处于不同的层次上，它
属于有着很强宗教性的范畴。实际上，相较其他两个关键词，"慈
悲"占据着的是一个更高的位置。

"慈悲"在《私案》中，不仅作为宗教性的范畴与"原理"和"戒
律"之类的词汇相连接，而且还与"海""内海"相连接，这是
它最大的特色。"慈悲"本是佛教用语，是两个梵语组合并译成
汉语之后的表达。"慈"是"maitrī"，即"给予幸福"之意，而"悲"
则是"karunā"，意为"去除苦难"。我在这里并不是要强调《私案》
的作者如何受到了佛教的影响，吸引我注意的，其实是促使作者
选择了"慈悲"的某种必然性。因为从普通老百姓的层次上来看，
佛教在琉球弧的影响力并没有那么大。在尚泰久即位到传位给其
子尚德的时代，京都的五山僧[1]曾游历冲绳，佛教也就是在那个
时候在冲绳得到了广泛传播。但是，当时尚王朝的主要目的与其
说在于佛教本身，不如说是看上了五山僧们在贸易领域的强大
能力。考虑到尚王朝的繁荣主要是靠居中贸易带来的，在这种

（1）五山僧：五山指禅宗临济宗的五座最高规格的寺院。京都五山，分别是天
　　龙寺、相国寺、建仁寺、东福寺、万寿寺。有的五山僧精通中国文化，在
　　日本与明朝之间的勘合贸易中发挥了外交顾问的作用。

脉络之下，可以说"慈"（给予幸福）这个要素是与这种交易的历史相适应的。但是照这样类推下去的话，其实会发现，《私案》的作者更加靠近的是"悲"（去除苦难）这个要素。促使他向"悲"深深靠近的逻辑非常重要。

而且川满还将"慈悲"与"海"一起使用，这是在地理的脉络下谈到了"岛"的逻辑，由此显示了《私案》的最大特色。因此我们需要关注《私案》的"前言"。

"岛"的逻辑

《私案》的"前言"在第一段开头便是"因浦添而傲者因浦添而灭，恃首里而骄者因首里而亡"，接下来，"倚科学而骄者，因科学之故而灭""渴求国家者，终将陷入国家的牢笼"等类似的排比句反复出现，在第二段的最后以"我们的双足如今依然踏于焦土之上"结尾。这依稀使人回想起宫崎滔天在1919年朝鲜"三一独立运动"被镇压时表示抗议的词句——"仰仗强力者必因强力而倒，仰赖刀剑者必因刀剑而败"。不管怎样，这种文章形式向我们展示了历史的反复。它没有单纯地采取琉球弧本是和平之岛而被近代日本暴力入侵这种构图。上面提到的尚泰久引进佛教的另一个理由，是他在继承王位之前，由于继承人之争引发战乱，导致首里城被烧毁，这一宪法私案中就潜伏着这种"战后"的文脉。历史上在琉球弧内部，像宫古岛、八重山等地，从人类学史上来说都曾发生过多次小型战争。虽然处于不同的层次，但就内部感觉来说，"焦土"的景象就处在这历史的反复中。于是在"前言"的最后，作者宣告，"我们再也不会在你们强行通往人类灭绝的不归路上奉陪下去了"。

通常所说的宪法明显是近代的产物，但从这一文脉中可以明白，《私案》所蕴含的历史的反复超越了近代这一时间范围，它在这一广阔的视野内选择了"人类"作为关注的对象，从而引入了"慈悲"这一宗教性的范畴。

这也让人想起柳田国男[1]在1921年赴日内瓦就任前访问冲绳、宫古、八重山时提出的"岛"的逻辑。柳田对冲绳的兴趣在他战后写的《海上之路》中已为人所熟知，但那个时候，从日本去冲绳还并不容易，而且柳田当时对"南方"的强调在于他认为那是日本的起源之地。但在20世纪20年代的时候，盘旋在柳田脑中的，一个是由日本的山人研究所引申出来的问题意识，另一个问题意识则与对南太平洋上的岛屿进行国际管理有关。按照《游动论》的作者柄谷行人对柳田的解读，那就是，当内部的矛盾累积到一定程度的时候，生活在大陆上的人只要往旁边迁移，问题就解决了，而生活在"岛"上的人则某种程度上只能在原地忍受，这就形成了岛屿内部特有的力学关系和纷争。从这种内部纷争中逃离出来的人们在日本列岛上的生存形态就叫作"山人"。而据柄谷所言，柳田提出的"岛"的逻辑，就是在琉球弧

（1）柳田国男（1875—1962）：日本民俗学家，日本民俗学的创立者。1921年赴
　　日内瓦担任"国联"的委任统治委员。

的视野下从另外的角度对"山人"的存在形态做出重新思考的结果。柳田并且对此赋予了一个新的概念，这就是"岛"上的人们因为地势的原因品尝的"孤岛之苦"。但柳田也指出，这并不仅限于琉球弧，也是日本列岛本身存在的问题。

　　这不是一个单独的历史现象，而是诸君所说的人文地理的现象，只要比较南太平洋上一些较大岛国的近代化道路就可以明白这一点。如果是在大陆地区，沃野千里，人们一定会在情况变得紧迫之前往远处迁移。或者是在国家从封闭和沉睡中觉醒的时代，宗教振奋了我们祖先的精神，人们也会乘着小舟欣然前往未知的海域。最初来到岛上时那种让人愉悦的安逸和幸福，会成为每个家庭的记忆并流传下去，人们无论如何都不会不爱自己所居住的岛。但当不赶些人出去就住不下的时世到来之时，堂表兄弟之间、叔侄之间以及他们的后代之间，在同一血脉中间也终于产生了争斗。

　　在日本的历史上，这样的证据并不少见。自南北朝时期以后的整个足利时期，在大家族保持繁荣的同时，其所统领的土地也被尽可能地分割完毕，当然本家还是有规矩的，要是连这都没有也就不再成其为本家了。但每一家都必定有着两组以上的中心，争斗不休，直至骨肉相残。应仁之乱就是这种事态发展到极端的一个表现，但没过多久同样的事情又重复发生。如果把这归结为一种民族性，那就大错特错了。岛屿必须在周边宁静的情况下才容易稳定，然后才会繁荣，才会有人口增长的弹性。因为去外面并不容易，所以自然会采取锁国政策。于是就容易发生内部纷争，若是要进行和平处理，就必定伴随着阴谋和虚伪。而一旦到了外部势力参与进来的阶段，就一定会有新一类型的痛苦出现。（东京高等师范学校地理学演讲会，1926年，收入《青年与学问》，1926年）

就柳田而言，他认为琉球弧所负载的"孤岛之苦"是地势所致，不能还原为抽象的"民族性"之类的概念。从这个意义上来说，《私案》第十一条对共和社会人民的资格规定为"不论是何人种、民族、性别、国籍"，就非常合情合理，我认为"慈悲"作为《私案》的原理，也正是从这里派生出来的。而且就像柳田所说的那样，不管是否情愿，当"岛"因为"外部的势力"到来而进入新的阶段时，就又开始了"新一类型的痛苦"的反复。

在思想史的脉络里来看刚才柳田的问题意识——将琉球弧所包含的历史条件不仅限于琉球，而且与对日本列岛的分析相结合——可以发现竹内好继承了这样的思路。之所以这么说，是因为竹内好将冲绳看作日本的缩影。竹内好这种想法的产生，是在1960年安保运动之前的时期，而且当然跟美军基地的问题相关。竹内好在这个时期提出了"冲绳预示了整个日本未来的命运"（但在1960年安保运动以后，日本本土的美军基地骤减，如果还以美军基地作为讨论问题的起点，那么这一论断已经不再恰当）。但是，竹内好在这一时点的思考，并非由美军基地问题而产生的一时的想法。竹内好一直在进行中国（大陆）与日本（岛屿）的比较。如果把琉球弧放在与中国大陆的关系中来描写，那么这必定会对日本而言形成一个参照系。琉球王朝是跟中华缔结了朝贡关系的。而且竹内好曾经对日本的"转向"文化的论述，也并不是单单在批判"脱亚入欧"。竹内好论述的日本的真正独立，也包含了摆脱中国而在文化上的独立。

众所周知，在日本近代化的过程中，经过了国家暴力机构的"处分"之后，琉球王朝宣告结束。一方面，日本在与清朝协商整个琉球弧的归属问题；另一方面却由于在日清战争中取得胜利，日本最终完成了对整个琉球弧的实际支配，琉球弧因而被纳入日本内部。在这个意义上，琉球弧的命运是在与外部的关系中被动地决定的。而竹内好所说的"命运"就是以日本作为近代国家的确立和成长为前提的，可以说这是日本对琉球单方面的影响。但尽管如此，日本其实与琉球处于同样的近代史的"命运"中——从佩里率领其舰队登陆浦贺之前先顺路抵达冲绳等事实来看，这也是不能否定的历史的一部分。而且第二次世界大战末期，冲绳是日本发动战争后的唯一一次地面战争的战场。从这些历史的脉络里来看，对琉球弧来说，日本很难说是纯粹的外部。

与日本国宪法的关系

在此我想考察的是，《私案》一方面对日本国宣告"你们尽管走你们的路吧"，表明了与之诀别和分道扬镳的决心；另一方面，《私案》中也回响着日本国宪法（即战后宪法）的余韵，并与之形成了一种对照关系。

战后宪法的最关键点，就是在第一章中对"天皇"地位的规定。实际上，战后宪法就是作为对钦定宪法明治帝国宪法在法理上的修正而成立的。这个修正的要点，就是把天皇重新规定为国民统合的"象征"，并将"主权"改为属于全体国民。这在早已不存在王朝政治的琉球弧那里是不成其为问题的。但对于战后的日本而言，关于这个"象征"的问题——到底是什么象征了什么，以及这种象征是否正当——在思想上多少还是形成了一些挑战。这个"象征"尽管是广义上的，但在进入了90年代以后，其所带有的暴力性却一步步成为现实的问题。之前一直没有得到法律认可的《君之代》与"日之丸"，在90年代被赋予了国歌和国旗的法律地位，日本社会开始发生变化，没有表明其忠诚态度的人们马上被贴上"非国民"的标签受到打压。

90年代，日本由于在海湾战争中不能出兵海外而受到美国的批评，此后，一半是美国的要求，一半是借机挣脱战后体制，日本政府开始积极倡导日本的"国际化"。《君之代》、"日之丸"的法制化，就是这种"国际化"趋势造成的一个结果。当细数日本社会这些变化的时候，《私案》对于"象征"的处理方式就显得意味深长。它在第十二条（"琉球共和社会的象征旗帜"）中规定，"由于'姬百合学徒'沦为荒唐战争之牺牲品的深刻历史教训，特将琉球共和社会的象征旗帜设计为白色的百合花一朵"。

并在第十三条"反战"条款中对这一象征旗帜进行了活用,"即便在……遭到……侵略的情况下,也不以武力加以对抗和寻求武力解决。可高悬象征旗帜,向对方显示并无敌意"。

这让人脑海里依稀浮现出一些景象。那是经常被媒体引用的、由美军拍摄记录的冲绳战影像。一个是"姬百合学徒"的一个成员从突出海面的断崖上飞身而下的场景,另一个则是挥着白布从岛上的洞穴中走出的小女孩的身影。不管哪一个,都是冲绳这个岛群蒙受的极限痛苦"孤岛之苦"的近代战争版本。而《私案》的全部,就是在"慈悲"这个概念之下将冲绳战的苦难结晶化的产物。

接下来让我们来思考就日本这一方来说,这个广义的"象征"意味着什么。比如日之丸这个"象征"。其实重要的不是它在日本人中间的作用,而是它在日本列岛之外拥有什么样的功能和历史记忆,这才是关键。刚才提到进入90年代以后的"国际化"策略为何在东亚遭遇了失败,就是这一问题的佐证。再打个比方来说,对处于战争链条最末端的日本士兵来说,即便他有投降的意图,恐怕也会被日之丸的"红太阳"图案所干扰而无法将它当成一个白旗来使用。此外还有昭和天皇的声音。日本的投降是从昭和天皇宣告"为万世开太平"的"玉音放送"开始的。"为万世开太平"这个被明显地消去了身体性的概念来自朱子学,于是岛国借用的中华王朝的文化被用来帮衬了一个巨大的骗局(在这里回响起竹内好所说的对中国的文化上的独立)。让我们把刚才介绍的仲里效对《私案》归纳出的概念之一"非暴力"放在这里。

"为万世开太平"明显是君主的欺骗，是对自身暴力的遮盖。我们听到的"玉音放送"，是抹杀了柳田说的"孤岛之苦"感觉的一种"虚伪"。战后日本的秩序不就是天皇与GHQ合作之后推行的"阴谋"史吗？

此外，《私案》中还有很多处能够让我们思考它与日本国宪法之间的对照关系。其中，尤其使人注意的，是它与战后宪法的理念之间的差异，大致说来有以下两点。首先第一点，是《私案》中写入了对私有财产和商业贸易的限制。从思想上来讲，这是对资本主义的否定。另外一点，是《私案》中取消了纳税的义务，并明确规定不设置司法机构。这从思想的立场上来讲，是对近代国家的否定。如果单纯地来称呼这种思想倾向，恐怕要算一种无政府主义，或是不以国家为媒介的社会主义、联合主义（associationism）[1]。而这的确是战后日本宪法中不存在的成分。但是这里说的无政府主义也好，联合主义也好，其实都是欧洲思想中的分类范畴。反而是仲里效关于《私案》的理念指出的"民众自治·自立"，才是说明其思想内涵的最合适的概念。但《私案》中的"民众自治·自立"思想，比日本的市民运动所能想到的更加深远，它把劳动、衣食住行以及教育问题有机地结合在了一起。

但笔者在这里无心就《私案》里的"民众自治·自立"的成分进行讨论，因为在这之上做出进一步的分析已经超出了笔者的

（1）associationism指超出了地域的限制、因共同的关心而联合在一起的思想和主义。

能力。但有一点可以确定,那就是《私案》的作者身上潜藏着"慈"（给予幸福）这种"岛"的记忆,它是"民众自治·自立"的根源,并且在这记忆中还存在着"悲"（去除苦难）,那是民众生活被连根拔起、被破坏的感觉。也就是说,《私案》的作者是想要在"宪法"这某种意义上说是近代的框架中扬弃并恢复这样的根源。

东亚的逻辑构造

在 21 世纪的第一个十年间, 由于内部都存在着美军基地的重编问题,冲绳与韩国之间曾有过广泛的交流。这说明,东亚内部在摸索一种超越"冷战"国家体制框架的联系。尤其是在韩国,由于济州岛要建立美国海军基地,从而引发了民众的反对运动。这发生在世界性的"冷战"结构发生重构之后的 1993 年,在进入 2010 年之后的今天,伴随着美国所谓的"重返亚太",这种反对瞬间变成了压倒性的力量浮现出来。当然,美国在韩海军基地除了对北方的朝鲜的监视之外,还有很强的牵制中国崛起的意味。而与之形成反证的是, 对于济州岛上的基地建设以及对此的反对运动的发生,日本的媒体自始至终几乎都保持了沉默。

与朝鲜半岛的这种不稳定状况同时存在的, 是中日之间围绕尖阁诸岛（钓鱼岛）产生的领土问题,这已成为 21 世纪最初十年的重大悬案。对于这个问题,当然不能任由军人或从事安保工作的一小部分人去处理。在这个意义上,《私案》尽管写于三十多年前,但重新读起它, 会发现它其实与今天东亚所面临的课题有着非常正面的交叉，而且也必然会有交叉。不过虽说如此，《私案》毕竟写于1981年，那时北边的朝鲜尚未开始核开发，中国也与苏联处于激烈敌对的关系中，因此才会在与美国和与日本的关系中优先考虑协作，而且日本社会也乐于接受与中国的协作。在80年代日本的舆论调查中，对中国的好感度实际上超过了70%。

不管怎样，当我们直面现在的东亚危机时，《私案》应当成为我们重新阅读的对象，而其中的关键，就在于柳田和竹内曾经以"岛"的逻辑在日本与琉球弧之间建立关联。我们今天能否发明出与之不同的另外一种操作方式？直截了当地说，就是如何将"岛"与"大陆（中国）"有效地加以对比并在二者之间建立关联。刚才提到过，柳田国男曾先驱性地对于大陆的逻辑作了这样的勾勒，"如果是在大陆地区，沃野千里，人们一定会在情况变得紧迫之前往远处迁移"，而今天重读《私案》其实正与柳田这样的问题意识相连。刚才也提到过，在大陆地区，那些难以忍受的压抑和累积可以通过横向的移动来消除，但也正因为如此，大陆也常常出现过剩的流动性。中国历史上的革命以及时而显露出来的社会性混沌，可以说就是起因于此。如果说柳田用"孤岛之苦"来表现"岛"的逻辑，那么对于大陆地区，恐怕可以使用"流动之苦"这样的概念。而且作为压抑"流动之苦"的结构，党和国家（中央政府）的存在也被民众自身认为是必要的。从这个意义上来说，刚才介绍的仲里效与孙歌之间的往来书信便显得尤为可贵。孙歌在其中这样说道：

从冲绳那里，我们学到了要获得自由需付出多么沉重的代价。而我也想用这样的视野来看待中国社会。中国其实绝非不存在地势学[1]上的问题，但今天，全世界都只会将中国社会硬性塞入"人权问题"和"言论自由"的解释框架之内。在这种情况下，如果不立足于仲里氏敏锐指出的"如何不以国家为中介、在民众层次上打造与异集团接触的思想"，那么别说是地势学了，充其量只能止步于一种"反体制"的地缘政治学，除此之外再无生产出更多原理性精神的可能。

拥有庞大人口的中国，处于"冷战"时期形成的不平等的国际环境之中，在全球性资本的牵制下，一方面承受着巨大的国内差距，另一方面又存在着与其他国家的巨大差距，于是面临着一种双重的极限状况。但是，被那高悬在上空、实则不具有操作功能的"人权意识形态"抹杀了的"民众"意志，反而只能经由国家的中介才能显现出来。如果说从冲绳的沉重的自由中能够产生亚洲性的话，那么在中国大陆这混沌的空间中，只有通过对"内化了的近代"的反抗，才能产生出沉重的自由，并向亚洲开放。(http://www7b.biglobe.ne.jp/~whoyou/ofukushokan0805.htm)

（1）地势学：指从地势原因探讨其对人类社会关系和生活方式的影响的学问，可参照上文柳田国男的研究。

虽然已经具体地提出了要与中国进行对话，但要选择生活在大陆的普通民众（老百姓）作为直接的对话对象，恐怕还是比较困难。因为他们为生活劳碌奔波，还没有充分的条件去想象大陆以外的逻辑。但中国的知识分子（指广义上的知识分子，民间的活动家也包括在内）在今天这种情况下依然能够作为对外部开放的行为体发挥一定的功能，他们与普通民众（老百姓）形成了复调的旋律。我们首先应该思考今后如何与这样的知识分子展开有效的对话，把这作为一种过渡期的对话形态加以追求。

　　与此同时，回顾在日本与东亚之间不久的过去发生的事情，可以观察出东亚共同体这一构想遭遇挫折的过程。这一构想在几年前鸠山政权的时代还有很大前进的可能。而鸠山政权崩溃的主要原因，就是位于冲绳的美军基地的搬迁问题，我们不能忘记这些教训。而其中的关键，也还是与中国大陆之间的关系（当然，与中国台湾地区的关系也不能忽视）。

　　让我再重复一遍，大陆与"岛"，看上去是毫无类似之处、完全无法连在一起的迥异的社会。如果要将这并不类似的两者连在一起，我们有曾经在朝贡模式下的交流记忆，但这里更重要的是设定共同的理想，而且重要的是这个理想的内容。如果这个理想的内容确定下来，那么就离转变相互之间对对方的认识不远了。孙歌所提出的通向这一理想的一个程序，是对"内化了的近代"的反抗。而这实际上也是《私案》所寻求的。

代跋

在篇首我曾介绍过，我开始意识到《私案》的重要性是在2007年，很不可思议，在那之后的第四年，即2011年，我在北京见到了《私案》的作者川满信一本人。那一年为了纪念鲁迅诞辰130周年，北京的鲁迅博物馆展出了收藏于冲绳的佐喜真美术馆的珂勒惠支的许多作品，并且召开了研讨会。川满作为发言者参加了这次研讨会。众所周知，珂勒惠支的版画作品曾于20世纪30年代由鲁迅及其弟子介绍到中国，成为反抗帝国主义运动的象征，但实际上在中国收藏的珂勒惠支作品很少。所以鲁迅博物馆就向收藏了很多珂勒惠支作品的佐喜真美术馆借用了展品，组织了展览会和研讨会。当天我作为一个旁听者也在现场，并被川满的如下发言深深震撼。

回顾历史，会发现民众天生没有记性，总是会犯自掘坟墓的错误。对于民众的这种愚昧，必须加以辛辣、悲痛的鞭笞。但是从另一方面看，民众又是希望之所在，是思想的宝石。在田间、山林、大海山川中寻找食粮的民众，恰恰体现了人类的生存这种纯粹的喜悦。但这种纯粹也容易被用于狡诈的阴谋，最终落得个自掘坟墓的悲惨下场。鲁迅先生对民众的这种深切的哀惜成为我的血，成为我的肉，决定了我的思想和生存方式。从《阿Q正传》中大家学到什么了吗？

　　……日本的思想如果不对侵略亚洲殖民地做出深刻的反省，不立足于亚洲共同体面对国际关系，那就很难避免亚洲危机的产生。由于冲绳是存在于东亚的战争火种，所以必须对国与国的关系这样的重大问题保持关心并发声。在那困难的时代，鲁迅先生从德国购入珂勒惠支的作品，为青年们带来了生的希望。到了今天，尽管有些迟，但他的思想和勇气，我们必须加以继承。期待这次的鲁迅诞辰130周年纪念展能成为一个机会，能大大开放亚洲的文化窗口，在历史中发现未来。（摘自研讨会当天分发的资料）

　　"从《阿Q正传》中大家学到什么了吗？"川满的这一疑问得到了怎样的回答，很遗憾我没有印象了。但我却切实地感到，这一疑问的提出本身，已经预示着东亚的新时代的到来。但是，在这一研讨会的第二年2012年，中日间爆发了领土问题。就像川满所说的，（就算不采取所谓的政治家的方式，）现在也已经是对于"国与国的关系这样的重大问题"无法回避的时代。

　　我对于《私案》的解读就是在这样的脉络中进行的。我想，《私案》就是对于"国与国的关系这样的重大问题"，从"岛"出发所给出的回答。不管怎样，川满的这种回答方式中隐含了鲁迅的思想；这是（从我此时的经验来看）毫无疑问的。也就是说，在冲绳的抵抗思想和中国的抵抗思想中，存在着共同的根、共同的理想。我就是这样阅读川满的《私案》的。

疲惫的口哨

....

大田静男

山峰化为泥浆

海水吞噬着陆地

高楼轰然倒塌

军事基地发生爆炸

核爆炸终被引发……

遮天蔽日的火雨倾泻而下

人类

猫

狗

花草

树木

一切都在岩浆的吞噬下

化为泥沼

世界终于走向终点……

○○亿年

这颗包裹在云层中的死亡星球

在银河中漂浮时与流星群相撞

碎成木屑微尘

成为黑暗宇宙中的垃圾

从此再也找不到人类存在过的证据

记不清有多少次，我都从这样的梦魇中惊醒。在退休以后，我一直都坚持作画，但就在那时发生了"3·11"东北大地震和海啸，这给了我巨大的冲击，我画不出画，被一种无力感所击倒。其实，从壮阔宇宙的历史来看，人类的历史短得几近于无。在一个飘浮于暗夜的蓝色星球上，人类过着昏暗平庸的生活。我相信如同人有生就有死一样，地球也会有死亡的那一天。可人的生命尽管有限，却在这有限的生命中不断地重复杀戮的历史。也许是我对于伊甸园寄予太多梦想了。曾经，冲绳的"复归运动"把日本国当作伊甸园，甚至不许人对此有些许的怀疑。后来，当我终于认清"日本并不是我们的祖国"的时候，我将"日之丸"旗扔进燃烧着的秸秆堆里，再也没有回过头。当这样的我在二十几年前读到了反复归论和川满信一的《琉球共和社会宪法私案》（以下简称《宪法私案》）时，一时为这观点的新奇兴奋雀跃，但过后又清醒过来，认为这不过是痴人说梦、空中楼阁而漠然处之。不得不说那时的我是幼稚的，也是无知的。当时的我醉心于无政府主义，没有认真读他们的文章就武断地把川满和新川明等人的

"反复归论"看作在吉本隆明的"异族的逻辑"[1]之上加上些冲绳历史和无政府主义的主张。但几年前，当我读到当时的自卫队教官高井三郎关于尖阁诸岛（钓鱼诸岛）领土问题的发言以及他在右翼杂志上预言一旦日美中之间爆发战争，石垣岛将会首当其冲成为攻击对象的时候，我震惊了。若这米粒般大小的岛屿一旦成为攻击目标，岛上的人将会悉数灭亡。我认为如果敌人攻来，能做的就是不做任何抵抗，高举白旗投降。我在当时自己负责的月刊杂志的栏目中写道，"只有生命最宝贵"[2]。

后来，当我整理资料的时候，发现了《宪法私案》的复印件。读后很是感到震惊。里面讲到："（第十三条）即便在共和社会的中心领域遭到武力或其他手段侵略的情况下，也不以武力加以对抗和寻求武力解决。可高悬象征旗帜，向对方显示并无敌意，汇

（1）《异族的逻辑》是吉本隆明在冲绳复归日本之前的1969年所写的一篇谈论冲绳问题的文章，载于《情况》杂志1969年第12期，收入《吉本隆明全集》第11卷。吉本隆明在文中指出，尽管冲绳的军事基地以及美国将冲绳作为面向东南亚和中国的战略据点而给冲绳带来的生活上的威胁和经济畸形是非常紧迫的政治课题，但是依然需要在思想上追究这样一个问题：琉球或冲绳真正的存在理由是什么？他认为不追究这个问题，即便冲绳"复归"了日本，即便将美军基地撤走，在国家中心的思维框架下，冲绳也依然摆脱不了被作为一个边远行政区而边缘化的命运。吉本认为，琉球或冲绳的真正存在理由，应该是那里原样保留了弥生文化以前的绳文时代甚至更早的文化，这对天皇制国家建立在弥生式文化即稻作农耕社会基础上的正当性论述形成了挑战，琉球（冲绳）的存在理由就应该是以更早的文化的存在将天皇制国家的支配逻辑相对化，颠覆日本以本土为中心、国家为中心的历史论述。

（2）"只有生命最宝贵"这句话在原文里是用冲绳方言说的。

集全体人民的意见，予以临机应变的解决。"这是彻底的民众视线，是在以国家为中心的视线里绝对不会出现的思想。这是因为，国家权力是即便让国民死去也要力保国体的，这就是他们的口号。军队不保护国民已经成了理所当然的事。

因为这些，我再次和这部宪法草案相遇了。

近年来，琉球（冲绳）独立论、冲绳自治论、州论等成为在媒体上热议的话题。然而这些议论的出现，总是在"东亚不平静"的时候。也就是说，在时代的转换期它们必然会兴起，而一旦不平静过去，就如同蓝花[1]一般消失，蒙尘在书架的角落里结了蛛网，间或在一杯泡盛[2]的作用下被谈起。一旦局势重又开始暗潮涌动，就又如同亡灵一样悄悄地显身。大宜味朝德的琉球国民党[3]、野底

（1）此处所说的蓝花指冲绳本地传统的蓝染工艺，用蓝草做原料，加入各种配料进行发酵后，表面浮起的泡状物就叫"蓝花"。冲绳的蓝染原料与工艺都与日本本土不同，叫作"琉球蓝"。

（2）泡盛：琉球群岛本地的一种特产白酒，由大米制成，度数较高。

（3）琉球国民党：前身是 1947 年 9 月 10 日大宜味朝德为党首成立的冲绳社会党，主张冲绳应交由美国托管，最终实现独立。当时大宜味朝德的这种主张在战后初期渴望复归日本的冲绳社会氛围下缺乏群众基础，冲绳社会党仅成立四十多天即宣告解散。50 年代，冲绳掀起了复归日本运动，当时中国台湾的蒋介石国民党当局在获知冲绳将被美国"返还"给日本后，认为根据《开罗宣言》和《波茨坦公告》，日本应放弃所侵略的领土，因此曾经是独立国家的琉球不应该被移交给日本，而应该被作为独立国对待，于是暗中支持冲绳的独立运动。而大宜味朝德就在 1958 年 11 月在蒋介石国民党当局的支持下，成立了琉球国民党。该党与台湾有着千丝万缕的关系，其总部设在冲绳本岛，在台湾设立支部，大宜味朝德为总裁，台湾人蔡璋为副总裁。

武彦的琉球独立党⁽¹⁾、"冲绳人创造冲绳"之会⁽²⁾，无不如此，冲绳的近现代史就这样如同地下的暗流一样交替浮沉。当历史来到转角处，在日本获得了冲绳的施政权也没有改变美军支配的现实中，反复归论和《宪法私案》登场了。

但即便如此，琉球独立的话题依然经常出现。有《宇流麻⁽³⁾尼西亚》这种讨论琉球弧自立和独立的杂志出版，去年还成立了一个"琉球民族独立综合研究学会"。在这个学会的第 2 条会则中有这样的说明："本学会依靠琉球民族，并服务于琉球民族，是在琉球诸岛上拥有民族之根的琉球民族自己的学会，我们不踟蹰在琉球是否可能独立的问题上，而是以琉球的独立为前提，在进行有关琉球独立的综合研究的同时，通过发表会员对此的研究成果和相互交流，为琉球独立的实现做贡献，此为本会的目的。"而且还规定学会的"会员仅限于在琉球诸岛上拥有民族之根的琉球民族"（第 4 条）。读到这些主旨，我很吃惊。我禁不住妄加揣测，如果在他们开会的时候有日本内地人加入进来，会员们就会抱

（1）琉球独立党：1970 年在"'冲绳人创造冲绳'之会"的基础上成立，是冲绳的地方政党，主张冲绳独立。现在更名为"嘉利吉俱乐部"（Kariyushi Club），活动范围开始扩展到首都圈。

（2）"冲绳人创造冲绳"之会：1968 年成立，主张琉球独立，在本地政府的压力下成立仅 3 个月就解散，后在 1970 年以此为基础成立琉球独立党。

（3）宇流麻：Uruma，琉球的古称，在当地的方言中 Uru 意为砂，ma 意为岛，也就是砂砾岛的意思。现在的冲绳本岛上还有一座名为 Uruma 的城市。日本卷烟公司（JAPAN TOBACCO INC.）还专门面向冲绳市场生产了一种名为 Uruma 的卷烟，味道很重，在冲绳县的中老年吸烟者中很受喜爱。

怨会开不下去了吧。难道这仅是一个"琉球民族"的学会？或者，是个"排挤日本人学会"或"基于琉球民族主义的学会"？或者，首先是想仅让冲绳人来思考冲绳的问题？不知为何，这让我想起了县人会、同乡会、只跟能谈得来的人组成小圈子来往的人，还有破罐子破摔的心态。

　　学会的代表、龙谷大学的松岛泰胜教授这样说道："琉球民族主义是什么？在拥有共同的历史与文化、土地与习俗的民族（nation）中，有的民族有自己的国家（states），有的民族没有自己的国家。而现在，琉球就是不拥有自己国家的民族（stateless nation）。直到1878年前我们还是拥有自己国家的民族，但在第二年琉球被吞并后，我们就丧失了国家，现在我们是日美两国的殖民地。琉球在日本是少数民族。日本国的多数是日本人，正因为琉球人是少数，才会被强加了美军基地。不能把日本民族主义与琉球民族主义混为一谈，前者是中心对周边进行支配的暴力，后者是为了抵抗而采用的武器。琉球过去和现在都处于殖民地的状态，但它有着独特的历史和文化，如果这样的自我意识能够被所有的琉球人所共有，那么我们就能够自称民族。琉球人不应当按照日本人定的标准而存在，而是琉球人自己称自己为民族。"（《宇流麻尼西亚》第12期）

　　琉球人的国家被合并，民众被歧视，被置于一种殖民地的状态。而日本人则支配着琉球，歧视琉球，琉球人是殖民地上的被支配者。两者的关系如同水与油一样不能交融。如果琉球人同时成为日本人就是自我分裂——他这样断言。

如果对冲绳的近现代史有所了解的话，是能够明白松岛的心情的。但是，对于像我这样的懦夫来说，却不能下这样的断语。

　　对这种言论我曾经提出过严厉的批判。"尽管现实中存在着具体的被支配、被歧视的实际状况，但还是有不少身为琉球人的知识分子和文化人指出，'琉球民族主义是危险的'，'需要站在世界主义的立场上对状况进行冷静的思考'。我们需要直面殖民地和琉球的现实并寻求摆脱这种现实的方法，然而上述言论实则是缺乏这种主体性的表现，也是一种与日本知识分子一起摧毁琉球人抵抗之芽的行为。"松岛到底是对什么如此愤怒呢？在日本的知识分子和民众当中，也有人为了冲绳在抵抗，在行动。不应该唯我独尊。

　　学会想做的是什么呢？是想采取民族自决，从日本独立出来以后，建设一个琉球国家吗？如果是这样的话，它是否已经准备好了琉球民族国家的蓝图，也就是宪法这样的核心要件了呢？如果我们想要的不是国家，还能描绘怎样的社会形态呢？是否是川满信一提倡的非国家型社会呢？

　　我们可以将琉球民族独立综合研究学会设立的宗旨与川满的《宪法私案》做个比较。《宪法私案》对共和社会人民的资格有如下设定："琉球共和社会的人民不限于在中心领域内居住的居民，只要认同本宪法的基本理念并有志于遵守者，不论是何人种、民族、性别、国籍，在其所在地即可获得共和社会公民的资格。但需向中心领域内的联络调整机构提交申请，表明对琉球共和社会宪法的认同，并提交署名材料。"比较这两者可以发现，在致力于从日本独立出来的目标上，两者的方向是似是而非的。可以说，一个是封闭，一个是开放。（这样比较也有一定问题，但在这里暂且这样提出。）

《宪法私案》的特征是告别日本国家和国民，不是成立一个独立国家，而是提倡废除国家，建立非国家、自治社会、公社。它提出废除私有财产，撤销作为国家权力基础的军队、警察、国家管理机构、官僚体制、司法机构等权力集中的组织体，实行直接民主主义，在琉球弧所涵盖之地设立许多个州，建立统括联合体的众议机构。废除私有财产——这听起来也许令人想起共产主义社会，但即便不是共产主义，《宪法私案》所构思的也绝非资本主义发展到高级阶段的社会图景。那么如何实现一个自治的社会呢？我想起在第一次公选主席[1]的时候出现过的"吃红薯·光脚板"争论[2]。持这个论调的人说，如果冲绳复归日

（1）此处所指的是1968年11月10日举行的琉球政府行政主席的公选。战后冲绳在行政上由冲绳本岛、宫古、八重山、奄美大岛四个群岛组成，四地各有一个知事。1950年知事开始由公选产生，1952年四个群岛合并形成琉球政府，主席由美军政府任命。处在美军政府统治下的冲绳人民开始发起运动，强烈要求主席公选，要求复归日本，参加国政，有渡航的自由，恢复审判权。最终革新势力的代表屋良朝苗（1902—1997）高票当选，超出受日美政府支持的候选人、前那霸市长西铭顺治三万多票。屋良朝苗竞选时提出的口号是要求冲绳"即刻无条件全面返还"，反映了长期处在异民族统治下人权得不到保障的冲绳县民的民意，他成为1972年返还之后的第一任冲绳县知事，为冲绳的发展做出了贡献，被称为"祖国复归之父"。

（2）"吃红薯·光脚板"争论：当时保守势力的论调认为，如果冲绳复归日本，美军基地撤出，冲绳就会丧失经济来源，就会过回以前吃红薯、光脚板的穷苦日子。

本，就会倒退回战前的穷苦日子，重新过上天天吃红薯的悲惨生活。而为什么吃红薯时过的就不是好日子，据我所知，在那个时候并没有人解释过这其中的逻辑。大概人们是害怕再次尝受"苏铁地狱"[1]的饥饿吧。也就是说，人们其实盼望着通过"复归"能过上富足的（欲望）生活。而《宪法私案》看来却是即便导致生活水平下降也要废除国家。虽然没有明确提出，但它指向的是反近代的社会。

《宪法私案》前言从骄纵者的兴衰荣辱的历史开始写起。在对美军建设的庞大军事基地展开非武装抵抗的时候，川满曾试图"向开篇即提出'放弃战争'和'反战、不保留军备'宣言的《日本国宪法》和遵守这一宪法的国民寻求帮助，并对此寄予了最后的期望"，但是，结果却遭到了无情的背叛。"我们对此早已不再抱有任何期待。／好战国日本啊，好战的日本国民及其掌权者啊，你们尽管走你们的路吧。我们再也不会在你们强行通往人类灭绝的不归路上奉陪下去了。"显然这里反映出川满在冲绳战中的体验以及战后的体验。这是隐藏在每一个冲绳人心中的情感。被这样的日本呼来喝去，受它的威胁和欺骗，被侮辱，被歧视，

（1）苏铁地狱：指20世纪20年代发生在冲绳的饥荒。苏铁即通常所说的铁树。冲绳在"二战"前以种植甘蔗为主，受第一次世界大战后经济危机的影响，冲绳出现了饥荒。虽然"一战"后的经济危机波及了日本全国，但在生产基础薄弱的冲绳县情况尤为严重。因为日常作为主食的红薯和大米的匮乏，人们不得不以铁树为食，但铁树含有毒性成分，毒性没有去除干净时，有人吃了后就会中毒死亡。因之叫"苏铁地狱"。

这样狡猾的、猜疑心重的日本国（日本人），我们已经不再指望了，这是凡是琉球人都会有的一种心情。《宪法私案》在"基本理念"中提出，"我们琉球共和社会人民出于对历史的反省和悲壮的誓愿，决心根除自人类产生以来由于权力集中而产生的一切恶业的根源，在此高声宣布废除国家。/ 共和社会人民只有依据对万物慈悲的原理，不断创造互惠互助制度的行为，才能得到本宪法的保护和承认。/ 对于逾越和脱离慈悲原理的人民、协调机构及其在职者等，本宪法不保障其任何的权利。"

《宪法私案》宣告废除国家，向人民寻求慈悲的原理。那么慈悲是什么？"①在佛教里，慈悲指菩萨对众生的怜悯与慈爱之心。另一说则是，给众生以药为慈，解除苦厄则为慈悲。②慈爱（怜）之心。慈心"（《广辞苑》）。这是"心"的问题。是人们心中的黑暗产生了国家权力，但国家权力的增大反而无法受到控制并终于将人扼杀。《宪法私案》就这样否定了关于国家的幻想，试图建立一个慈悲的社会。《宪法私案》通过慈悲的原理，"废除军队、警察、一切国家固有的管理机构、官僚体制、司法机构等一切权力集中的组织体制，今后也不设立此类组织。共和社会的人民必须认真铲除每人心中的权力之芽"（基本理念第二条）。《宪法私案》提出废除权力体制，不设立任何这样的机构，并认为要做到这一点就要去除潜藏于每个人精神中的权力之芽。这表明了琉球共和社会对精神的重视。

"不管出于何种理由，都不允许杀伤他人。慈悲的戒律是不立文字，自己破的戒必须受到自己的裁决。法庭设在每一位人民心中。须不断倾听如父母教诲般的达摩之声，依据慈悲的戒律，纠正自身与社会及他人的关系。"（第三条）因为这样的社会废除了司法机构和警察，所以就不是由别人来做出裁决，而是由自己对自己进行制裁。《宪法私案》对人赋予了高层次的伦理观和自我意识，其程度之高几乎令人感到恐惧。这是无政府主义者普鲁东所说的"由各人自己对自己进行统治"的世界。

《宪法私案》在第二章"中心领域"的条款里规定，"将地理学上琉球弧所包括的岛屿与海域（依照国际法的惯例所指的范围）定为象征性的中心领域"。以未来为指向的宪法是否也有必要划定自己的领土（海、空）呢？近代国家始终像黑社会一样热衷于地盘争斗，不论在陆地还是海洋都拉起看不见的铁丝网，而与之相对，有着反近代倾向的、以废除国家为目标的宪法，是否还有划定领土（海、空）范围的必要呢？把土地和海域称作领土、领海，划成自己的地盘，这不是近代思维和国家权力的思维吗？"飞机、船舶等进入或通过共和社会中心领域，需事先获得许可。获得许可的条件另行规定。严禁一切与军事相关的飞机、船舶及其他进入或通过。"（第十四条）许可制这样的制度，与否定军事、充满和平魅力的自治社会并不相符。川满在去年（2013年）针对尖阁诸岛（钓鱼诸岛）曾讲过"把信天翁的乐园还给信天翁"（《情况》2013年1月2月合刊）。共和社会必须是一个鸟儿可以自由飞翔、鱼儿可以自由遨游的地方。

《宪法私案》还在其领域内设置了州。"中心领域内设置奄美州、冲绳州、宫古州、八重山州共四州。各州由相应规模的自治体构成。"（第九条）这种设想与近世琉球曾经的藏元制[1]、战后美军在西南的奄美、冲绳、宫古、八重山等岛屿上设置民政府和群岛政府一样。各个岛屿各有自己独特的历史和文化，这成为如此设置州的原因，也是理所当然的。《宪法私案》声称这是一个实行直接民主主义制度的社会，"自治体、自治州、共和社会不可背离直接民主主义的理念。可在众人合议之上，各自设立与自身组织规模相适应的代表制众议机构，代表制众议机构为不固定。众人合议时禁止权力相争，采取合意制。当代表制众议机构无法达成一致意见时，应再在自治体范围内共同协商加以解决"。（第四十二条）

宪法里对州的设置、联络调整机构的设立以及直接民主主义的提倡等，都让人联想到是受了无政府主义的直接行动和自由联合思想的影响。代表制众议机构并不固定这一点，让人想起战前的无政府主义与布尔什维主义的争论[2]。这一争论的焦点集中在目的与手段的关系上，以及是否承认过渡性的权力和无产阶级专政。《宪法私案》中"众议机构并不固定"的见解，可

（1）藏元制：琉球王国时设置的地方政厅。

（2）无政府主义与布尔什维主义的争论：1920 年左右在日本社会运动内部产生的争论。一方面，"一战"后随着克鲁泡特金思想的影响，以大杉荣为首的无政府主义思想在日本的社会运动中影响力增强；另一方面，随着以山川均为首的对俄国革命的研究，布尔什维主义也在日本获得了影响力。两种思想尤其在工人运动的组织上存在意见对立，无政府主义者提倡自由联合，不支持由政党领导工人运动，而布尔什维主义者则主张中央集权的组织。后来无政府主义衰落。

以说已经与无政府主义的无政府论——认为已确立和稳固了的国家权力不会自己消亡——和永久革命接近了。

那么，对于琉球独立，或说自治州论中最大的问题——经济问题，要怎样处理呢？《宪法私案》中说"取消个人的纳税义务"（第五十三条），就是说可以不用交税了。再也没有比这更让人振奋的了，大家会希望这不是梦想而是现实。可以被用作生产手段的"土地、水源、森林、港湾、渔场、能源以及其他基本生产资料皆为共有"（第十九条），要确保人们——从儿童到老人——能有适合各自的劳动机会，劳动应自发地、主体性地进行。但劳动也要有限度，"超出饮食基本需要的杀伤违背慈悲的戒律。因此不论个人还是集团，为温饱和生存所需而对动植物的捕杀，都只能在慈悲的内海所允许的范围之内进行"（第四条）。

这一条文从生活在岛屿上的人的智慧中得来。因为生物一旦被捕猎殆尽，人的生活根基也就濒于崩溃了。把禁止无限度的杀生作为戒律也是出于这个原因。"须将琉球共和社会建设成丰足的社会。须在衣、食、住、精神等生存的所有领域实现丰足。但是丰足的意义必须时常观照慈悲的戒律躬行不怠"（第六条）。丰足的意义需时常观照慈悲的戒律，俯耳恭听达摩的精神。这一规定使人联想起生活在东南亚湿润地带、常绿阔叶树林地带以及太平洋岛屿上的人们的生活和精神社会。人类对饱食以及毫无敬畏之心的原子力等怀有的深不见底的欲望，在此受到了无情的痛击。虽然不能带动生产力的高度提升，但该宪法讴歌了精神的富足。现在重新审视这部《宪法私案》的意义也在于此。日本作为一个没有资源的岛国，处在美、中、俄、欧盟这些超级大国和组织的夹缝中，位于处在上升期的印度和东南亚诸国的缝隙中，它所追求的发展方向不应是一个军事国家。自安倍内阁诞生以来，日本在迅速地走向右倾化，慰安妇问题、靖国神社参拜问题、尖阁诸岛（钓鱼诸岛）领有权问题、竹岛问题等的出现，使日本与中国、韩国、朝鲜的关系日趋紧张。对此甚至连同盟国美国也表示了担忧和批判。在日本国内，一系列荒腔走板的政策被推出：宪法的修改，集体自卫权的解禁，相当于战前的《治安维持法》的《特定秘密保护法》的通过，对"武器出口三原则"的修正，在福岛核电站的核反应堆和第一核电站的放射能处理都没有完成的情况下就急不可耐地重新开启核电站和核输出等。据说还要在这届国会上提出教育委员会制度的改革。如果这个法案得以通过，地方自治体的行政首长就会掌握教育长的任免权限。"如果连教育都被压制，那就全完了"，这是战前从事教育运动的人曾说过的箴言。因为国家会通过教科书对儿童洗脑，对他们彻底地灌输国家权力的意志。对权力发出质疑的人会被扼杀，这是权力的常用手段。在冲绳，尽管有县民的强烈反对，但鱼鹰机的配备、边野古的基地建设、高江的直升机基地建设，仍然在国家的支持下得到强行推进。在这其中，我们见识了马前卒仲井真知事、自民党国会议员团和自民党冲绳县联的出尔反尔和背信弃义。在这个迎接太阳升起的国度和迎接太阳落下的岛屿上，由于在军事层面尖阁诸岛（钓鱼诸岛）领有权问题的存在和"中国威胁论"的推波助澜，日本的中期防卫计划正在推行，在与那国岛、石垣岛等地部署自卫队的计划正在稳步进行中。由于海上自卫队有四艘舰艇将于 4 月 2 日首次进驻石垣港，听说石垣市商工会（我喜屋隆会长）、石垣市观光交流协会（宫平康弘会长）等地方工商界人士及八重山防卫协会（三木严会长）等已经组成了实施委员会，将为此举行盛大的欢迎仪式。在与那国町，用于建设自卫队基地的土地收购协议已经达成，建设计划在飞速进行中，兵力的部署只是时间的问题。在教育领域，2011 年 8 月，八重山地区的教科书采用协议会将育鹏社⁽¹⁾出版的公民教科书作为选定教材，对此竹富町教育委员会提出，由于石垣市教育长玉津博克暗中进行了操作，该选用决定在程序上有问题，因此以《地方教育行政法》⁽²⁾的规定为依据，决定不选用育鹏社的公民教科

（1）育鹏社：由出版了扶桑社右倾历史教科书的"新历史教科书编纂会"中孵化而来，明确声称自己是继承扶桑社的教科书事业的出版社。育鹏社出版的历史和公民教科书将侵略战争美化为自卫战争，在领土问题上态度强硬，加大对周边国家的负面描述，有诱导学生认同改宪和否认侵略历史的倾向。但这样的教科书在致力于教育制度改革的安倍内阁下受到力挺，在日本 4 年一度的教科书采用中，采用育鹏社教材的地区逐渐增加，到 2014 年，在日本全国 582 个公立学校教科书采用地区单位中，采用育鹏社教科书的比率为历史教科书 3.8%，公民教科书 4.2%。

（2）《地方教育行政法》：即《地方教育行政组织及运营法》，该法认可各市町村的教育委员会有自行选用教科书的权利，而《教科书无偿措置法》则规定一个教科书采用地区内的市町村要使用同样的教科书。二者在规定上形成矛盾，却同时存在。如下文所示，竹富町拒绝采用保守的育鹏社教科书，就是以《地方教育行政及运营法》的此项规定作为依据。而文部科学省自上而下地行施压竹富町，就是以《教科书无偿措置法》的如上规定为由。2014 年 9 月，《教科书无偿措置法》得到修正，将教科书选用地区的（接下页）

书，而采用东京书籍出版社的版本。9 月，八重山地区的全体教育委员重新协商，最终决定教科书不采用育鹏社版而选用东京书籍版。[1]但对这一决定，与那国町和石垣市却表示拒绝。文部科学省以竹富町教委违反了《教科书无偿措置法》[2]为由拒绝下发教科书。所以竹富町开始将町民们赠予的东京书籍版教科书

（接上页）单位由"市郡"改为"市町村"，即将统一使用教科书的范围缩小到了市町村，这样竹富町事件中的以上矛盾就在法律上得到了统一。但竹富町教科书事件之所以成为问题根本上是由于安倍内阁加强了对教育领域的管制和行政干预教育的倾向，如上修改并不能杜绝此类事件的再次发生。

（1）八重山教科书问题：此即为"八重山教科书问题"的开始。2011 年，冲绳县八重山地区 [石垣市、八重山郡（竹富町、与那国町）] 的地区教科书采用协议会将育鹏社出版的教科书选为当地中学的公民课教材，并向所辖的三个地区下达了这一决定。石垣市、与那国町表示接受，而竹富町则以程序有问题为由，选用了东京书籍出版社的教材。因为地区教科书采用会之所以选用育鹏社的教材，石垣市的教育长玉津博克从中起了很大作用，他以八重山地区教科书采用协议会会长的身份从中活动，甚至为此修改了"教科书由教员推荐和决定"的制度，以让保守倾向的育鹏社教科书被选用。竹富町拒绝育鹏社教材的另一个理由是，育鹏社的教材对领土问题有较多的反面论述，而东京书籍版的教材涉及了冲绳的军事基地问题，作为冲绳县的教科书，东京书籍版更为适合。但这就导致了同一个教科书采用地区内的三个地方选用了不同的教材，与《教科书无偿措置法》的规定有冲突，为此三地的教育委员会全体委员重新对教科书的选用做出表决，最终东京书籍版教科书获得通过。但 2012 年 12 月，第二次安倍内阁成立，安倍一直致力于在全国推广扶桑社和育鹏社这种保守论调的教科书，在他的影响下，文部科学省进行干预，判定育鹏社版教科书的选用符合程序，对冲绳县教委发出行政命令（2013 年 10 月），要求竹富町改正教科书的选用。冲绳县教委没有听从，于是文科省又于 2014 年 3 月直接对竹富町施压，要求改正。

（2）见《地方教育行政法》注。

分发给学生使用。在当时的民主党政权之下，文部科学省大臣说不能向町无偿分发教科书，但也不能因此就判定町自己的教科书采用行为无效，因为在法律上并未禁止由町自己购买并分发教科书的行为，而不发教科书就会侵害孩子们受教育的权利。

而当自民党掌握了政权后，文部科学省加大了对竹富町教育委员会施加的压力，2012年3月14日竟越过了冲绳县教育委员会，直接向竹富町要求更换教科书。对此竹富町教委表示拒绝，并决定将东京书籍版教科书分发下去。文部科学省的做法分明是政治对教育的干涉。我们每天都在切身地感受到国家在各个方面施加的重压。

当黄昏来临，我站在小岛的沙滩上眺望群岛时，想起共和社会宪法，心中不禁泛起一种空虚感。在近世时期，八重山岛屿由于面积狭小，无法承受日益增长的人口时，为生活所困的人民就向别的岛上寻找耕地，并定居在了那里。当人头税制度实行后，岛上没有田地的人们为了逃避征税而冒险渡海寻求生路。有的人就逃到了南与那国岛[1]和南波照间[2]这传说中的岛上。到了近代，又有人迁往中国台湾地区和南洋地区。如果没有这些人在外打拼寄回的积蓄，八重山的经济恐怕难以为继。到了战后，陷入无政府状态的八重山虽成立了八重山自治会，但在经济上还是处

（1）南与那国岛：传说中位于冲绳县八重山群岛的与那国岛更南边的岛。在与那国的方言里，这个岛的名字叫作 haidonan，正与"南渡难"谐音。

（2）南波照间岛：传说中在冲绳八重山群岛的波照间岛更南边的岛。

于不依赖中国台湾地区和黑市物资就无法生存的状态。而现在，八重山又在依靠日本政府的巨额资金补助生存。在这样的情况下，要想实现共和社会宪法，需要在生活层面有巨大的觉悟和非常的决心。而我们能指望现在琉球弧的人具备这样的觉悟吗？很遗憾，我觉得这几乎是不可能的。民俗学者谷川健一曾遥望冲绳的大海，为冲绳的日常与非日常空间尽收眼底而感慨。而他认为"kanashi"是最适合表达这一状态的词语。因为它既是"爱"的发音，也是"悲"或"哀"的发音，是个爱与悲哀交相混杂的词，"这个词里不仅有对现世的爱和对另一个世界的悲哀，还包含了现世的悲哀以及对祖灵所在的另一个世界的思慕之情"（谷川著《日本人灵魂的走向》）。海滨就是连接现世与另一个世界的地方。一方面，我对处于日本压制下的现世以及共和社会宪法感到羡慕和渴望；另一方面，我也为它与现实之间的巨大落差而愕然。在当今的世界上，民族主义愈演愈烈。我们必须锻造与暴力相对抗的语言，但宪法私案真的能抓住人们的心，具备与暴力相对抗的力量吗？我望着日渐西沉的落日，一种无力感袭上心头。

多少盛衰枯荣，湮没在历史的巨浪中。还是让我们相信明天吧。如果有命数的话。

对《琉球共和社会宪法私（试）案》的思考

....

大田昌秀

未来社这次组织探讨川满信一于1981年5月15日起草的《琉球共和社会宪法私（试）案》的思想意义，在当今的时局之下显得尤为合宜。

川满于1987年2月出版了《冲绳·自立与共生的思想——通向"未来的绳文"之桥》一书，笔者也获赠了一本。现在我要加以讨论的绝对和平主义的社会构想——《琉球共和社会宪法私（试）案》就收入这本书中。此案与《琉球共和国宪法 F 私（试）案》一起刊登在1981年的《新冲绳文学》第 48 期上，二者形成了一种表里一体的关系。因此将它们放在一起阅读，会更加有助于对《琉球共和社会宪法私（试）案》的理解。

一读之后，笔者为作者感性之丰富、对自身内部拷问之直接与彻底深深折服。同时，我也为川满直面了战后冲绳的苦难而深深感动。如战后对日本实施占领的统治者美军政府于1953年颁布了《土地征用令》这一恶法，名副其实地用"刀剑和推土机"

强制征用农民的土地，对美军基地进行扩建和强化，其中最典型的就是宜野湾市伊佐海滨的事例，而川满就参加了当地居民对此的抵抗运动，亲历了其中的种种苦难。川满这一宪法草案的起草，正是来自战败后冲绳所经历的所有苦难体验，尤其是冲绳"复归"日本后的悲惨境况。这在川满为数众多的诗作和论文中已如实地得到了体现。

同时，对于自己起草宪法草案的动机，他曾这样说道：

> 迄今为止，当局在政治上对冲绳所做的一切，使我们的诉求和行动统统面临事与愿违的结果，在这个过程当中，我们的精神中逐渐孕育出一种异样的疯狂。为了不让这种疯狂把自己拖入精神病院的铁窗之下，我才找到了这种用哪怕是只言片语的方式来将自己对象化的方法，以此作为控制这种疯狂的一种手段。也就是说，我早已不再抱有任何美好的期待，认为可以通过对政治权力的揭发、弹劾和抗议使事态得到改善。用文字将自己对象化，是在我因这些揭发和弹劾更快地滑向疯狂的边缘时艰难地将自己拉回来的一种精神发泄。（第 129 页）

比如 H 氏，曾就读于中央大学学习马克思主义，在 50 年代的土地斗争中表现出卓越的理论指导才能，因而被期待成为某政党的理论支柱，可现在，却在那霸市近郊的精神病院的铁窗内，空洞的目光望向空中，突然之间就会像被什么蜇到一样地捶打墙壁，怒吼着，癫狂着。

川满继续讲道：

> 还有 60 年代曾在琉球大学文艺部里写诗和俳句的 M
> 君，早在很久之前就已自杀。
>
> 还有与他同一世代的 K 君，曾在冲绳的诗人中有着最
> 大的影响，并出过一本非常出色的诗集，但由于顽固地拒
> 不接受今天的状况，甚至在日常关系中也贯彻了这种拒绝，
> 于是在他所到之处，一切用人单位都将他拒之门外，而这
> 则使他的疯狂愈发的严重。
>
> 战后的冲绳一时间涌入了各种各样的价值观，这些价
> 值观搅动着岛上的生活共同体，搅乱了社会意识，也是加
> 重这种疯狂的一个原因。（中略）在激烈变化的政治危机的
> 步步紧逼之下，我们除了挺身直面刀刃之外别无生活之法，
> 于是我不得不讲些不说为妙的话，而且还越来越慷慨激昂。
> （第 130 页）

这样的时代状况并不是仅体现在川满个人的体验中。在笔
者的朋友中，既有人毕业于一桥大学后来又去美国芝加哥大学
深造，也有人被美国的 CIC[1] 盯上而自杀。这就是冲绳最为真实

（1）CIC：Counter Intelligence Corps，美国的反谍报部队，1942 年建立，隶属于
美国陆军，负责调查和监视对美军的反抗、破坏和间谍活动，在日本战败
后被配置在日本各地，60 年代改组。在美军统治冲绳的时候，CIC526 部队
的报告直接上达美国国防部。

的现实。

在过去的冲绳战中，冲绳县内总共有 12 所男子中学和 10 所女子学校，所有这些学校的学生都被推向战场，他们都才只有十几岁。最终在 2344 名男生中有超过 1545 人在战争中死去，包括 67 名男教师。984 名女生中，包括 33 名女教师在内，共有 545 人以上成为战争的牺牲品。这些十几岁的学生是在没有任何法律依据的情况下被军队动员到战场上的，一半以上的人被毫无价值地夺去了宝贵的生命。（日本本土颁布义务兵役法是在冲绳守备军有组织的抵抗结束后的 1945 年 6 月 22 日，在这一法律颁布后本土才开始将十几岁的青少年作为战斗人员送至战场上。）

笔者也曾在学业中途穿着短袖短裤的军装，带着配备的一支三八式步枪、120 发子弹和 2 发手榴弹参加了战斗，经历了名副其实的九死一生才得以活下来，因此对川满的绝对和平主义思想，很多我都深感赞同。

川满继续讲道：

致力于在日本复活新军国主义的佐藤内阁试图修改宪法，并将在 1972 年将军事预算高达 6 兆日元的第四次防卫力整备计划付诸实施，他将会与美国结成军事同盟，并借《日美安保条约》自动延长的名义，在推动冲绳返还的过程中建立起日本的核安保和亚洲安保体系，为此与美国的谈判已经开始。而媒体也已透露，在佐藤与尼克松举行会谈之前，日本政府已经同意了美国 B52 远程战略轰炸机常驻日本，承认了海外出击的态势。这完全是应美国要求的冲绳返还。一边在大浦湾⁽¹⁾建造搭载核弹头的反潜导弹"萨布洛克"⁽²⁾的巨型储藏库，在知花⁽³⁾弹药储藏地区修建军用道路和巨型设施，一边大言不惭地说冲绳返还后与本土的待遇一样，对这种谎话我们再也不能容忍。

我们要解决的课题，就是既不被体制一方牵着鼻子走，也不被没落了的反体制思想所左右，而是要打开一种新的思想境界，不被这两者所牵制，设想一个以市民自己的权利为基础的冲绳自治社会，用来表达我们自己的思想。这就需要我们追本溯源，深深潜入冲绳的内部和根部，以这种追究本源的意识为强韧的媒介，打开思想的视界。

川满尽管有着强烈的现实感，却又没有单纯地沉溺于现实，

（1）大浦湾：位于冲绳县北部的名护市。

（2）萨布洛克：SUBROC，制式为 UUM-44。

（3）知花属于冲绳市，所在地区有美军的弹药库，与嘉手纳飞机场相邻。知花弹药库在战后曾储藏了包括致死性毒气在内的大量美军弹药，1969 年 7 月知花弹药库内储藏的毒气发生泄漏，有美军受害者被送至医院，美国的报纸报道了此事件，自此世人才知道美军在冲绳储藏了毒气弹。此前知花弹药库附近的民众出现了各种皮肤病和眼痛等症状，并有植物枯死的现象，但都没有得到重视。据称美军在美国以外储藏毒气弹的地点只有冲绳。事件发生后，知花民众发起了要求撤走化学武器的运动，最终美军于 1971 年将毒气弹撤出了冲绳岛。在冲绳复归时，临近的 9 个弹药库被统编，形成嘉手纳弹药库地区。但是根据 2013 年日美政府间的协议，嘉手纳弹药库地区计划于 2016 年被迁至知花地区，这遭到了知花民众的反对。

他同时遥想了未来的人类社会，从而拟出这样的宪法草案。《新冲绳文学》不仅专门在第48期策划了以"通往琉球共和国的桥梁"为题的特刊，刊登了平恒次等人的十几篇论文，还组织了"看待宪法草案的视角"座谈会。在座谈会上，《琉球共和社会宪法C私（试）案》的起草者川满这样讲道：

> 首先，让我们来设想一下百年以后的冲绳会是什么样子。冲绳现在是以建立工业化社会为目标，就像中城湾等地的开发建设那样，工业发展导致的问题已经显现，照这样发展下去，一百年以后冲绳会是个什么样子？我希望来思考这个问题。思考了这个问题以后再从这里回过头去确立一个对现在的状况进行根本性批判的立足点，我希望把这个作为思考宪法草案的前提。

笔者在这里还想举出与起草者的想法相通的两个人物——色川大吉和太田龙。色川大吉在同一期《新冲绳文学》上发表了《"琉球共和国"的诗与真实（基本构想）》一文，建议琉球共和国宪法中至少应该纳入以下十项条款。

> 一、废除常备军，并进一步彻底撤除军备。向世界宣告和平的生存权。
> 二、土地共有，预告国境线以及国家在不远的将来将遭废除。

三、废除一切位阶勋等、序列标示，根绝封建遗制。

四、各级议会、委员会完全由普选产生。

五、无条件保障基本人权，消除一切歧视待遇。

六、确保一切官员由人民公选，由人民任免，承认人民有不服从的权利。

七、法官公选，限制检察官的公诉权，采用陪审制。

八、保障人民的学习权，免除教育费用，废除入学考试制度。

九、废除死刑，废除拷问及其他残酷的刑罚。

十、保障言论出版集会结社的自由、表达的自由。

这些建议虽然在表达上有所不同，但很多都已被两份宪法草案吸纳。

另一方面，太田龙在自己所著的《琉球弧独立与万类共存》（新泉社，1983年）中提到了《琉球共和社会宪法C私（试）案》，在很多方面对其表示了赞同。对于赞同的动机他这样讲道：

在国家权力形成以前，人类尚懂得自然中同时存在着创造的现象以及破坏的现象，并对这两种性质的平衡有着很好的理解。但**随着国家的形成，疯狂就产生了**。这是因为，**所谓国家就是对生态系统的暴力**。国家就是以农业畜牧业为基础，对野生的生物（包括野生的人类）赶尽杀绝的一种暴力。就是在抛弃了自然创造的一面，仅将自然破坏的一面绝对化了的地方，产生了国家意识形态。

始于西欧近代文艺复兴的现代科学又将这一方向进一步推向极端。但在西欧至少还有基督教能对其产生牵制作用，而在明治以后的日本，尤其是在经历了战败、接受美军占领以后的日本，缺乏了基督教的制约，这一走上破坏生命方向的西欧科学被视为绝对，于是现在日本出现的公害和环境破坏程度远远超出其他国家，高居世界第一位，以已故的汤川秀树为首的许多科学家都曾警告过日本民族将会因科学公害而导致灭亡，而现在，这个阶段已经到来了。

我觉得在美国占领军预备的新宪法之下，日本人就在美帝国主义和日本政府的操控下，如同温顺的家畜一般向着新的"一亿玉碎"前进。

所谓新的"一亿玉碎"，就是疯狂追随美国式的科学技术文明而导致的环境破坏、遍及生活所有领域的公害现象、农业的溃灭、原子能发电带来的放射能污染，以及第三次世界核战争引致的核灭绝。

因此，

（冲绳的）独立运动如果不能建立在与欧美的、日本的科技文明不同的价值观、生活方式和生命观之上，就不足以振奋人们的灵魂。

占领了冲绳的美军想尽可能地把冲绳从日本永久地分

离出去，使其半永久性地作为美国在太平洋的前哨军事基地。而他们也曾沿着这个方向考虑过一种可能，就是将冲绳变为一个亲美的独立国家。

然而在琉球的独立运动过程中，琉球的民族性自决和民族性抵抗却自始至终没有发展成熟，反而被"日（本）琉（球）一视同仁"的意识形态冲昏了头脑，冲绳人终于被推向与天皇制日本同化的洪流中。

同时，这种新的学问必须深深扎根于冲绳的没有受到国家权力毒害的古神道传统中，扎根于冲绳庶民所信奉的众神的世界，而非琉球王国的统治阶层和贵族的信仰中。

这种学问当然也应该会教人如何生活，发挥**生活革命**、**伦理革命**的路标的功能。作为这样的一种学问，变成一种指针，引导人们从冲绳人的自治、自由和解放出发，直到全人类的自治和解放。

太田龙还就两则琉球宪法发表了如下评论：

《琉球共和社会宪法 C 案》意图按照何种原理组成人类社会呢？是"对万物慈悲的原理"，自治的原理。草案中尤其指出，要禁止扰乱生态系统的开发，努力适应自然，灵活运用崇拜自然的古代人的思想，致力于对已遭破坏的自然环境的恢复。

而 F 私案的特点则是对"困民主义革命"的设想。根据 F 私案的"注释"，困民主义就是……立足于民主主义革命的历史任务已经完成、社会主义革命后却出现了官僚制国家资本主义这种堕落的历史现实，背负着从无政府工团主义（anarcho-syndicalism）到波兰在 80 年代被社会主义国家联军镇压的工人运动的历史性愤怒和痛苦，困民主义只能是一种靠人民的参与及自主管理树立一个"无政之乡"（commune）的历史哲学。（《新冲绳文学》第 48 期，175 页）

F 私案进一步设想，"19××年，第三次世界大战爆发，处于人类灭亡危机下的世界各国才终于将人类延续的最后希望寄托在成立地球联合政府的设想上"，"构想中的地球联合政府，并不像曾经的国联那样是个权力微弱的国际机构，而是建立在'四海之内皆兄弟'这样宝贵的人间大爱的基础上，是一个集合原来的诸多国家形成一个人类政府的市民联合（Bund）组织"。并指出《琉球共和国宪法》"在地球联合政府成立、我琉球共和国加入该联合体的前一日自动归于失效"。

太田龙还指出，

这两则宪法草案都由以下三个支柱构成：

（1）国家权力的废除。

（2）与地球上的生态系统、生命系统共生、共存的原理。

（3）地球联合、人类政府。

而琉球民族的独立，只能是作为如上全人类自治得以实现的一个部分才有可能。对于这一设想，基本上我是同意的，也认为是恰当的。

冲绳已被牢牢钉入了美日中苏四大国世界战争的结构中，只要这个结构存在，冲绳就丝毫动弹不得。这种情况下再次出现"冲绳县民玉碎"也并非不可想象。冲绳人要想明白地活着，唯一的现实选择，就是从这个桎梏中摆脱出来，无论如何也要从这个危险的陷阱中摆脱出来。

而这种摆脱从政治上来看，就是冲绳从日本独立出来，与日本断绝关系，自动地与冲绳的美军基地断绝关系。

"我们对此早已不再抱有任何期待。好战国日本啊，好战的日本国民及其掌权者啊，你们尽管走你们的路吧。我们再也不会在你们强行通往人类灭绝的不归路上奉陪下去了。"C私案的前言里这样讲道。的确，我们日本人确实有些地方，无法不让有良知的冲绳人不再对我们抱有任何指望。

我们亲手放弃了对战争责任的追讨，毋宁说，我们反而从战败的那一瞬间摇身一变，成了胜利者，只知一味地迎合美国，疯狂地追随着美国式的科学技术文明和拜金主义。其结果怎么样呢？

其结果就是，我们日本人无论保守还是革新，右翼还是左翼，老人还是青年，无论男女老幼，都被清一色地涂上了唯物主义、金权主义和拜金主义的色彩。而尤为悲惨的，是几乎所有的宗教团体都沦落成为一切向钱看的金权教团。

就这样，我们日本人丧失了本心，丢掉了真情，所有的东西都被换算成金钱来衡量。不能换算成金钱的，就被作为垃圾而丢弃。

冲绳所"复归"的"祖国日本"，事实上就是这样的日本。

因此，我们才终于认识到，只有将国家出现以前日本列岛就已存在的原住民的精神文明、自然观、宇宙观、伦理和饮食文化的传统在现代复苏，并谋求阿伊努人与冲绳独立运动的结合，彻底探求这些文化的根源，才有可能实现我们真正的自治与解放。

如太田所指出的那样，两则宪法草案虽则一眼看去不免有痴人说梦之感，但实际上却不是这样。

因为很快，在冲绳就有出生于先岛诸岛[1]专攻经济学的平恒次、松岛泰胜、友知政树[2]三位教授提倡琉球独立，并成立了琉球史上第一个琉球民族独立综合研究学会，在冲绳县内各地举行知识分子的研讨会，探讨独立问题。因此，这两则宪法草案在任何意义上都不会是一场痴人说梦而已。

（1）先岛诸岛指琉球群岛中西南方的宫古群岛和八重山群岛。

（2）友知政树：冲绳国际大学教授。

川满作为冲绳的一位居民，按照居民自治的理念，用自己的双手起草了《琉球共和社会宪法私（试）案》，这一行为值得高度评价，如果说还有些美中不足，那就是如果能写得让普通人更好理解并产生同感的话就更好了。如果再能稍微吸收宪法和行政法专家的意见将会更好。如果再进一步说，也似乎应该对这个草案该如何实现至少提示一些大致的路径。

在这里顺便再谈谈另外一部宪法，1978 年从东京大学调任冲绳国际大学的玉野井芳郎教授曾在冲绳组织了地域主义集团会，并起草了以生存与和平为基调的《冲绳自治宪章》。

但当他在自己所在的"创造和平冲绳百人委员会"上提出这一宪章的时候，却被以复归日本为目标的部分成员看作想要冲绳独立而备受苛责，最终，百人委员会竟为了纠正这种内部对立而崩溃解散。但不可否认，这一宪章还是对致力于地域共同体分权的许多自治体形成了强烈的影响。

将这一宪章与川满的宪法草案作对比，明显前者浅显易懂得多。《冲绳自治宪章》这样解释其制定的目的：

> 我们作为在冲绳生存的居民、在冲绳生活的生活者，具有自治、自立的理想和权利。这一理想和权利以琉球弧温带、亚热带的气候以及岛屿特有的绝妙自然环境为背景，深深扎根于以"守礼之邦"为象征的非暴力的传统及地区间和平交流的历史之中。
>
> 我们在第二次世界大战的冲绳战中，已深刻体验了军

民混杂的国土战是何种惨状。那绝非一句平淡之语所能形容。而在战后美军的占领之下，我们作为人的自由和权利又被压制，经历了难以言表的苦难。

我们对和平的希求就是这样自然而然产生的。但我们所希望实现和平的今日世界，却在自然生态系统的荒废和遍布地球甚至宇宙规模的核威胁之下，面临重大的危机。而处在我国的最南端、现在还拥有庞大美军基地的冲绳，这一危机则更为深刻。

立足于冲绳的战后历史，尤其是复归运动以及和平运动的历史，将日本国宪法和本宪章规定的权利加以扩大、充实，并永远传之于子孙后代，是我们冲绳居民的责任。于是我们在此宣布我们尊重生命和自然的资产，制定以生存与和平为基调的《冲绳自治宪章》，发誓达成多年以来自治、自立的理想和目标。

《冲绳自治宪章》在第十三条"和平主义"中这样规定：

冲绳居民希求永久绝对的和平，否定包括自卫战争在内的一切战争，在冲绳地区不承认一切以战争为目的的物的、人的组织。

不允许在冲绳地区制造、储存或移入核武器。也不允许可能搭载核武器的舰船、飞机停靠、降落或通过海域空域。

最后对于抵抗权，在第十八条中这样规定：

　　当该宪章所保障的基本权利被国家以及自治体的行为侵害时，居民拥有抵抗的权利。

　　自治体的自治权受到国家行为的侵害时，自治体拥有抵抗的权利。

　　该宪章的语言浅显易懂，让人感到亲切，因此会更有利于在大众中普及。

为了使冲绳不再成为战场

——冲绳基地问题的现状及对今后斗争的展望

山城博治

序

在安倍内阁的执掌下，日本在向着能发动战争的方向暴走，不仅这种动向毫无停息之势，而且倚仗在国会的压倒性多数势力，它甚至暴露出独裁政权的狰狞面目。

比如在冲绳，在选举时承诺"要求普天间基地移出县外"而被县民选出的自民党国会议员团和县议会议员团，在国家权力肆无忌惮的压制下，硬是改变了立场，表示"同意在边野古建设基地"。同样，处在县政权体系顶端的冲绳县知事仲井真弘多，也公然破坏了与县民的约定，暴露出向政府全面屈服的丑态。[1]权力真是可怕的东西。它露出政治暴力的赤裸裸的面目，

（1）仲井真弘多：2010 年当选冲绳县知事，竞选时承诺将美军基地移至县外，但当安倍政权 2013 年 12 月提出欲将位于宜野湾的美军普天间飞（接下页）

背向"民主主义"愈行愈远,嘴里高喊着"要建设基地""要站在战争的前列",向冲绳步步逼去。冲绳现在正面对着政府的强权,被置于"安保的最前线",在政府预期的"新的战争"恐怖下战栗。

1969年11月,佐藤首相在访美期间与尼克松总统达成的"冲绳返还协定",给了投身于"祖国复归"运动的冲绳以巨大的冲击。正是由于这一协议,已难以忍受军政府统治下一切暴力和不合理的冲绳,被日美两国政府绵密的算计无情地出卖,冲绳所要求的从美军支配和军事基地下解放出来的运动也因之惨遭溃败。此后一直到1972年5月冲绳被返还,冲绳在地的思想和行动一直处于混乱状态。那是暗云笼罩看不见前方的时代,人们被一种闭塞感所笼罩。这与今天的政治状况相重叠,使人更是如置釜鼎。

当复归运动对"祖国"抱有的幻想在思想和运动上的局限性已愈发明显的时候,新川明、川满信一、冈本惠德等人高唱着"反复归"论登场了。他们依据史实考证了冲绳与日本的关系,指出正是由于日本政府一贯地对冲绳采取歧视性的政策,才导致了冲绳战这一荒唐的结果,后来的美军统治也与这种歧视脱不了干系。这里的歧视指的就是天皇制这一特殊的统治机构将冲绳

（接上页）行场移至名护市边野古时,仲井真却违反了当初竞选时的承诺,不仅表示同意,还对安倍无耻地声称"代表140万县民表示感谢"。2014年1月,冲绳县议会全体大会做出决议,反对在县内转移基地,认为仲井真弘多违反竞选承诺,违背民意,要求仲井真辞职,但他拒不辞职。2014年冲绳县知事选举中,败给翁长雄志。

人全部作为"化外之民"强制他们"同化"的过程，这个过程极尽残暴与严酷。他们毫不留情地指出，"复归运动"的局限性就是因为冲绳被国家所欺骗才没有能够对国家欠考虑的一系列决定做出弹劾。他们所做的思想工作，就是将冲绳在长年的歧视政策下日渐萎缩的精神解放出来，在从属于国家的现实之下，找到从国家内部持续向国家发出批判的位置。

关于我自己是如何与这极具冲击力的反复归论相遇的，我从来没有提过，只有受邀参加于 2011 年 4 月 9 日举办的纪念川满信一新书《从冲绳出发：复归运动四十年》出版发行而召开的"四·零九冲绳公开座谈会"上才第一次在人前谈起。让我用那时的发言来表达我现在的心情。"我就谈一点我个人的体验。我进高中的时候是在 1968 年。那一年发生了什么呢？驻扎在嘉手纳基地的 B52 战略轰炸机发生了坠毁爆炸事故，全岛都笼罩在核恐怖之下，我的整个高中时代都是在冲绳岛会不会整个被核爆炸掀平的担心之下度过的。高二的时候美日就冲绳返还达成协议，然而后来终于证明，冲绳返还不过是个骗局，我们都被坑骗了，那是 1969 年。到了高三，又迎来了 1970 年的《日美安保条约》。那真是个混乱不堪的时代，不是我自己混乱不堪，而是整个时代混乱不堪。高二的时候我和同学一起（为反对冲绳返还协定而）参加了为期一周的绝食抗议。高三时（因反对《日美安保条约》）在学校搭起路障进行斗争，6 月我就被学校开除了。在那当中，冲绳会怎么样的问题一直在我们的脑中挥之不去。那时我遇到了川满他们的反复归思想。用新川的书名来说，我遇到了'反国家的凶区'那样的思想。"（中略）"我还想谈谈我是如何度过1968年到1970年这一时代的转换期的。复归运动曾经被我们寄予了如此高的期望，但最终却被日美政府所收买，在1969年的冲绳返还协定中明确规定，冲绳的基地可以自由使用，从表面上看来冲绳的返还是'无核、与本土看齐'，但实际上却是带核的返还，是一个美国带核自由使用冲绳基地的返还协定。其结果，就是现在我们面前反复出现的基地问题。就是在这样的背景下，我们认为川满他们所做的是这样的工作：他们坦荡地使用着'吾期纳恩丘'[1]或'琉球人'这些我们的父辈听了将会愤然气绝的词语，来表达冲绳自身的异质性，以及冲绳所带有的违和感等。不仅如此，他们还呼吁，要深深地注视并珍视这种异质性和违和感，以此挺身与国家相抗衡，将一直以来用以歧视我们的语言反过来变为自己的武器，与欺骗我们的国家相对峙。这样的思想给了当时的我一种强烈的冲击。"（中略）"吾期纳恩丘也好，琉球人也好，非国民也好，无须回避这些表达，他们是将这些冲绳的负面遗产反过来确立为自身与国家对峙的思想支柱。如果没有这些，我们自己在那个时代是无法生存下来的。当时这些冲绳思想家的言语，真正给了我们力量，使我们变得坚强。此外，还有我当时读过的一本书，也使我印象颇深，那就是中屋幸吉的《名字哟！挺身前行》。中屋幸吉是当时琉球大学的学生，在学习的同时，

（1）吾期纳（Wu Qi Naa）是冲绳方言里对冲绳岛的自称，吾期纳恩丘（Wu Qi Naan Tyu）是冲绳方言里对冲绳人的称呼。

他 1965 年全身心投入了学生运动，但最终对冲绳的现状感到绝望而自杀。这是他的遗稿集：《名字哟！挺身前行》。当时我想，我们真的能够站起来挺身前行吗？那隔离我们、持续歧视和压抑我们的国家到底是什么？把冲绳社会当作边缘人对待，一边吸纳我们，一边又将我们当作内部殖民地一直挥鞭不已的日本到底是什么？我一直在思考这样的问题。值得欣慰的是，这样的思考得到了继承，现在有很多的年轻人在持续地发声，这是很有力量的。比如我最近读到的书里提到，知念 Ushi、田仲康博、目取真俊这些冲绳的年青一代在强有力地发声，他们绝不看低冲绳人，即使备受歧视也绝不退缩，堂堂正正地谈论冲绳，主张冲绳的立场，高歌冲绳的解放，而这些，正是因为有了川满他们先驱性的工作，才有了今天这样蓬勃的生机。"

我引用得有点长了，但基本上讲清了我接触到"反复归"论时的情形。而现在，时代在新的局面下再次激荡，露出狰狞的面目。在这种情形下，我们必须以经受住锤炼的冲绳的坚强思想为后盾，拥有与时代相抗衡的气魄。同时，要不惜一切努力，为迄今为止为了冲绳的自立和解放而延续至今的"知性工作"提供新的支撑。话虽如此，我个人却并不具备对今天重新思考《琉球共和社会宪法私案》进行直接讨论的能力。因此，我将以站在运动现场的人的身份，以冲绳的基地问题为中心，向各位传达今天依然在与国家权力进行对峙的冲绳的现状，从冲绳所面临的课题中引申开来，作为我对这次讨论的参与。

1 脱缰暴走的安倍内阁

安倍内阁朝着战争国家的方向一意孤行，这一动向在包括冲绳在内的全国范围内都呈来势汹汹之势。而冲绳由于被置于"安保的最前线"，随着围绕钓鱼岛问题的发展，中日两国间关系的日趋紧张，"战争的威胁"已经成为紧迫的现实问题摆在面前。我们决不能让冲绳再次成为战场。

于 2012 年 12 月成立的第二次安倍内阁，强硬地提出了对宪法的"改正"，尤其是先对宪法第九十六条的"改正"。其目的，就是如自民党宪法改正草案里所写的那样对宪法做出全面的改变，复活曾经的天皇制军国主义社会。他们意图将宪法改正的门槛降到和普通法案一样低，在此基础上，全面摧毁以"国民主权""和平主义"和"尊重人权"三大原则为支柱的宪法体系，这是一个异常凶险的阴谋。由于在 2013 年 7 月的参议院议员选举中没有获得提议修改宪法所必需的三分之二以上的议席，于是他们急速地转舵，转而开始讨论如何在现有的宪法框架下解禁集体自卫权，而在之前的历届内阁之下，集体自卫权的行使从来都是被认为违宪的。[1]宪法第九条明确规定了否定交战权和禁止保有武力，对这样的条款如何加以"解释"，才能与所谓的"同盟国"的军队一起

---

(1) 本书日文版出版于 2014 年，当时集体自卫权的解禁尚在讨论期间，但在 2015 年 9 月，安倍内阁通过新安保法案，已经实现了集体自卫权的解禁。

采取战争行动？这就是安倍内阁在讨论的问题。而如果这样的行动成为可能，还有什么必要修改宪法呢？这可谓是一种使宪法的一切规定都失去意义的终极思路，粗暴而荒谬。尽管现在的各种舆论调查已经表明，对于通过"解释改宪"迈向"可以发动战争的国家"，国民中的压倒性多数都持反对态度，但安倍内阁并未停止其步伐。更值得警惕的，是2013年末在特别国会上强行通过的《特定秘密保护法》。这是一部无法不让人恐惧的国家秘密法，它不但剥夺了国民的知情权和报道的自由，甚至连在国会上对有些问题进行自由讨论和质疑都会被问罪。在新年过后的通常国会上，据说还要就国家秘密管制法的"共谋罪"进行第三次提案，这就相当于在《特定秘密保护法》外面再加上一层保护网。安倍内阁不仅从正面加快了迈向复活军事国家的步伐，而且还不忘完备治安立法，以便对反对政府的势力加强取缔，这真是令人恐惧的事态。

另一方面，安倍内阁还执意参拜靖国神社，改变对"河野谈话"和"村山谈话"的评价，积极地发起了对"战后体制"的清算。这一动向引起了亚洲周边国家尤其是韩国、朝鲜和中国的强烈反弹，甚至发展到了正常的外交关系中断的异常事态。不只是现在，其实安倍在第一次组阁的时候就把战后高举民主主义教育理想的教育基本法做了全面的修改，使所谓的"公共精神""乡土爱、爱国心"占据了教育的中心。"日之丸"和《君之代》作为日本的"国旗"和"国歌"早已在法律上被制度化。推动高中的历史教科书中删除了日本军队参与制造了冲绳战"集团自决（强制集体自杀）"的事实的，是安倍内阁。将谦虚对待历史事实的态度猛烈攻击为"自虐史观",并以语言攻击（hate speech）的形式率先向今天在日的韩国裔、朝鲜裔人士发起右翼排外主义行动的，也是安倍内阁。纵观过去，可以发现安倍首相的姿态是一贯的，而就是这个可怕的"右翼军国主义者"却再次成功组阁，而且这次是以国会中占压倒性多数的执政党为背景再次登场。我们现在面对的是一个之前从未遭遇过的反动而凶恶的内阁。我们必须心存警惕。

在媒体每天的报道中，也毫无光明的话题可言。安倍内阁所做的，就是扩军，完备为战争做准备的法律，一心重启核电站，向着新自由主义经济政策导致的弱肉强食、贫富悬殊的社会推进。安倍首相罔顾事实，在国际奥委会上对福岛核电事故所做的"情况得到了控制，污染水得到封存"的发言，表明他对国民的生命和生活几乎没有给予任何的关心。这是不容忽视的具有犯罪性质的发言。为了强行推进右翼鹰派政治，将批判的矛头从迟迟未见成效的核电事故的处理上转移，安倍内阁大肆宣传"安倍经济学"，但一般的国民并没有从中获得任何益处，无非是没有实体做支撑的金钱游戏罢了。国债的发行已经达到 GDP 的两倍多，而且从民间银行提出来，让日本银行接收[1]，民间银行里的资金增多了就看作经济已经搞活，这是很危险的，无异于脱离常轨的赌博经济。一部分出口企业利润增多了，股票上涨了，

（1）日本银行是日本的中央银行，让中央银行接收政府发行的国债，为政府直接提供资金，而非购买市场上的国债，无异于增印纸币，会导致流通的货币增加，有引发经济危机的风险。

就自吹自擂说景气恢复了。而众所周知的事实却是，大企业就算利益增加了也没有用于扩大就业和改善雇佣条件，而是攒着做内部保留金。对劳动法规的放宽没有加以限制，以致现在工作的人中有四成是非正式雇佣，不得不过着不知明天会怎样的日子。不稳定的雇佣和低水平的工资，以及因消费税的增加而导致的物价上涨，使人们的生活变得更加困难。加入 TPP 会导致对以农林水产业为中心的地方社会的破坏，把支撑国民医疗的国民全体保险制度和年金制度卖给国际金融资本等，会进一步导致国民经济和社会系统的解体。这种对国家的运营实际上无异于在走钢丝。这样下去，未来会怎样是可以预见的：迟早会出现金融危机，导致经济破产。

所以，安倍首相所仅有的出路，就只剩大肆宣扬"中国的威胁"，煽动对"韩国无理"的反感，制造"外敌"，以一种恐怖政治来谋求民众对政权的向心力。安倍首相本来就具有的"右翼军国主义"的倾向和国内政治呈现出的闭塞感，会制造出更为危险的政治状况。这是典型的法西斯式的政治手法。麻生副首相的"向纳粹学习"的发言[1]毋宁说反映了该政权的本质。

（1）在某右翼团体于 2013 年 7 月 28 日主办的一次讨论会上，时任安倍政权副首相的麻生太郎提出宪法的改正不应大张旗鼓，而应静悄悄地进行，在民众尚未意识到的情况下完成宪法的修改。并提到魏玛宪法，"当人们某一天反应过来的时候，魏玛宪法已经变了，成了纳粹宪法了。在谁都没有注意到的情况下变化了。我们应该学学这种手法"。这就是麻生"向纳粹学习"的问题发言，引起了日本国内外的强烈批判，麻生后来收回了此发言。

2 对冲绳压力的不断增大

安倍内阁向战争突进的倾向，在冲绳"岛屿防卫"的旗号下已经表现得非常明显，如在边野古建设新基地，在高江建设直升机起降坪，并在国境之岛——与那国岛建设自卫队基地[1]等。还有一直策划在石垣岛建设自卫队基地和将宫古、下地岛的飞行员训练飞机场用于军事目的。安倍内阁将因尖阁诸岛（钓鱼诸岛）的"国有化"而导致的中日间在这一海域的军事紧张反过来大加利用，宣传"防卫力的整备"，并且还利用在野的右翼势力，开始打压在美军基地门前反对配备鱼鹰直升机的行动和反对建设新基地的行动，这是以往从未有过的严重事态。

（1）普天间基地向边野古搬迁的问题

为了反对在普天间基地配备存在飞行隐患的鱼鹰直升机，冲绳提出了"all 冲绳"（冲绳一体）[2]的口号，全体一心向日美两国

（1）与那国岛之所以被称作日本的"国境之岛"，是因为它位于琉球群岛的八重山群岛的最西端，是日本最西端的岛屿，距冲绳本岛 520 公里，距中国台湾仅 110 公里，距离钓鱼岛仅有 150 公里，是距钓鱼岛最近的岛屿之一，因此在日本政府眼里具有极为重要的战略价值。2014 年，日本防卫省着手在与那国岛建设军事基地，这是 1972 年冲绳返还以来在冲绳第一次新建设自卫队基地，2016 年，与那国岛上的陆上自卫队驻屯地开设。

（2）关于"all 冲绳"这一口号，参见川满信一《〈琉球共和社会宪法私案〉之由来——兼论共和国与共和社会之区别》一文的最后一个脚注。

政府发起了反抗。2012年9月9日"为反对配备鱼鹰的冲绳县民大会"召开，大会有十万余人参加，显示了这股力量的庞大。县里选出的国会议员、县议会全体议员团、县内的全部41位行政首长、全体41个市町村的议会议员一同出席大会，团结起来共同反对鱼鹰直升机的配备和普天间基地迁往县内他处。保守势力和进步力量在基地的问题上以这样的形式团结起来，即便在美军支配的时代也从未有过。在如此团结的冲绳面前，安倍内阁也感到了恐惧，于是更是运用一切的权力来加以破坏。2013年末，冲绳遭遇了赤裸裸的权力暴力。

安倍内阁为了达到将普天间基地迁至边野古的目的，向冲绳县选出的、一直要求普天间基地"移至县外"的自民党国会议员和以县议员团为中心的自民党冲绳县支部施加压力，迫使他们同意将基地移至县内他处的方案。2013年11月25日，在竞选时承诺推动普天间基地移到县外而获得了县民支持并当选的国会议员们，在以自民党干事长石破茂为首的中央权力的高压之下最终屈服，被带到记者发布会上，表明"同意政府的方针"。[1]看到他们

（1）国会议员中有5位由冲绳选出的议员，在2010年参议院选举和2012年众议院选举中，都以"（普天间基地）迁至县外"作为竞选公约并当选。而自民党本部一直主张搬迁至边野古，但由于当时自民党尚未成为执政党，对冲绳县出生的几位议员的竞选公约未置可否。但在2012年年底自民党上台执政后，增加了对冲绳的压力，2013年11月25日，自民党干事长石破茂与5位冲绳县出生的国会议员在东京的自民党本部会谈，并将5人带到在本部召开的记者发布会上，石破茂在发布会上表示："为消除普天间的危险，不排除包括迁至边野古在内的一切可能性，在这一点上大家达成了一致。"

在记者发布会上面色苍白垂头丧气的样子，我们感到愤怒，但更是替他们感到可怜，因为这使我们再次认识到在权力之下冲绳被置于何种地位。后来，冲绳县知事仲井真弘多于12月27日抛出了"（政府的方针）内容完美，超乎想象，应给予高度评价"的发言[1]，毫不掩饰地表明了对县民们的背叛。从仲井真知事对政府做出高度评价的那段发言中可以非常明显地看出，知事从一开始就同意政府的方针，但他并不明说，而是一直在欺骗县民。连日来赶到县厅和县议会周边的县民看到这样的结果，无不悔恨交加，仰天长叹。不只如此，安倍内阁还直接向县民施加压力。借国会答辩之机，安倍表明，在基地往边野古搬迁施工之际，对在海上"妨碍施工的行动"将毫不犹豫地适用《刑事特别法》，针对在陆地上采取的"违法行为"也将严厉处置，甚至表示正在商讨针对事前行动加以惩治的对策。还没有开始施工就已经预告了最大级别的刑事镇压，这不是对全体冲绳县民的恫吓又是什么呢？来自权力的暴力和欺瞒已经到了无所顾忌的程度，这次他们甚至连民主主义的幌子都不屑于要了。冲绳在愤怒，"不要欺人太甚"！

在新年过后的2014年1月19日，名护市[2]市长选举开始

（1）仲井真弘多县知事于2013年12月27日，违反了竞选时做出的"移至县外"的选举承诺，在赴东京与政府首脑会谈后，在未对县议会进行任何说明的情况下，径自对国家提出的普天间基地移至边野古的申请表示同意，并就国家为此提出的经济补偿方案评价说"内容完美，超乎想象"，并"代表140万县民表示感谢"。

（2）名护市为边野古军事基地所在地。

计算投票结果。提出"无论在陆地还是海上都不允许建造新基地""名护的事情由名护市民来决定"的现任名护市长稻岭进，以超出四千多票的优势取得胜利，再次当选。市民们成功地阻退了自民党干事长石破茂以"建立500亿日元振兴基金"为诱饵的露骨的竞选诱导。不仅是名护市，整个冲绳都为之感动落泪。人们认识到"民意常在""县民不会屈服"，也立下了新的决心。稻岭市长有力地宣布，他"将会动用市长的一切权限，阻止新基地的建设"。[1]可以预料，今后稻岭市长将会遭到来自政府难以想象的压制、妨碍和厌弃，而这正是需要市民和县民对稻岭市长全力加以支持的时候。为了拥有一个没有战争的、和平的未来，面对在边野古积极填海建造新的大型战略基地的日本政府，让我们与自2004年以来在边野古的海岸边静坐了整整十年的市民一起，以成百上千人的规模去静坐抗议！要对抗政府的暴力，只有县民们团结起来，除此以外没有别的办法，这是我们从许多斗争中得来的经验。让我们重新拿出勇气去行动。

（1）名护市市长选举一向被认为是推进边野古基地建设的安倍政权和反基地的冲绳县知事翁长雄志之间的"代理战争"。2018年2月4日的名护市市长选举中，一直反对边野古基地建设的现任市长稻岭进在竞选中落败，安倍政权支持的渡具知武丰当选。渡具知武丰同意普天间基地迁至边野古，在竞选中批判稻岭进因执意反对基地建设而导致经济停滞，提出要用协助基地美军整编获得的资金振兴名护市的经济，实现学校免费提供学生就餐和振兴旅游业。稻岭进的落选反映了名护市民意的变化，可以想见此后阻止边野古基地的建设将更加困难。

（2）东村高江直升机起降坪基地的建设问题

在冲绳本岛的北部有一片广阔的美国海军训练场，名为"北部训练场"[1]，它横跨国头村和东村，面积多达八千公顷。那里保留着冲绳本岛唯一没有被开发的自然风光，栖息着山原水鸡、野口啄木鸟[2]等珍稀鸟类和动植物，宝贵的原始森林可被列为世界自然遗产。根据美日1996年达成的SACO协议，北部训练场位于国头村一侧的四千多公顷的区域将返还给冲绳。但是美军却为返还附加了极不合理的条件，那就是返还可以，但要求将预定返还区域内7个直升机起降坪中的6个转移到东村那边的训练场中。在靠近东村一方的训练场早已经有16个起降坪，而且美军计划迁入的6个起降坪被规划设计成将150余人的高江村落团团围住。在此之前，村落的上方几乎天天都有普天间基地的鱼鹰运输机低空飞行，与之交互飞行的还有和2004年在冲绳国际大学坠落起火的CH53型大型直升机同型号的飞机。居民们

（1）北部训练场于1957年开始使用，是冲绳县内最大的美军基地，面积约78.2平方公里，占全部基地面积的33.5%。那里不分昼夜进行着高强度的军事训练，不停地给当地造成噪声污染和环境破坏。日美两国政府于1996年12月公布了整编缩减美军基地的SACO协议，其中包括有条件地"返还"北部训练场。如后文所示，该协议名义上是返还，实则要在高江地区新建6处直升机起降坪。

（2）野口啄木鸟，也叫冲绳啄木鸟（Sapheopipo noguchii 或 Dendrocopos noguchii），一种目前估计已绝迹的珍稀啄木鸟种类。仅产于日本的冲绳岛（县），为该县的特别天然纪念物。

又为了反对新建起降坪而行动起来。

2007 年 7 月，在被称作 N1 地区、N4 地区的地方开始施工建设起降坪以来，居民们就搭起了帐篷，不分昼夜地对工地展开监视行动，反对新基地的建设。其实反对行动并不要求撤去东村一边已有的巨大演习场，而是只要求停止新建的 6 处起降坪的施工。算上预计于 2014 年 3 月完工的 N4 地区的 2 处起降坪在内，这片宝贵的森林已经建起了 18 处起降坪。不管怎样想，现有的起降坪都满足不了他们的需要。如果按照规划建设这样多的起降坪，村民的生活会变成怎样？发出巨大的噪声和高热起飞降落的鱼鹰运输机如果自由地飞来飞去，在森林和那里栖息的动植物能安然无恙吗？在这小岛上已经存活了几千年的生命是否会灭绝？

而带着这种热切的情感投入反对起降坪建设行动的 16 名高江居民，却被冲绳防卫局控告妨碍了交通并向法院提出了禁止妨碍交通的诉讼请求，还进入了诉讼程序。[1]在被起诉的居民中，还有一个 7 岁的儿童。这分明就是以压制居民为目的的不当判决（SLAPP 诉讼[2]）。这是施工开始后 2008 年的事情。但居民一

（1）2008 年，以伊佐真次（51 岁）为首的高江村民在东江高村起降坪施工现场附近进行静坐，冲绳防卫局指其妨碍了工地向内搬运沙袋，2010 年向那霸地方法院提起诉讼，要求判定以伊佐为首的村民行动为妨碍通行，并要求责令不得妨碍工地建设的通行，2013 年那霸地方法院判处伊佐败诉。

（2）SLAPP : strategic lawsuit against public participation，威吓诉讼。指大企业和政府等有权势者向没有权力的弱者、个人和市民以威吓或报复为目的提起的诉讼。

直在与国家的不当压制进行着抗争。

自 2014 年 7 月起，N1 等地区将会建设其余的 4 处起降坪，抗争的舞台接下来将会转移到这些地区，并展开激烈的攻防战。但遗憾的是，一致反对在普天间基地配备鱼鹰机、齐心反对边野古建设新基地的县民，在高江起降坪建设的问题上却没有发出多大的声音。是因为那里的人口少所以认为起降坪的建设影响不大吗？如果是这样，那与日本政府和县政府"在边野古建设基地比普天间基地影响要小"的说辞有什么区别呢？人的生命都是平等的。这不应该是在历史上常年被中央强加牺牲的县民应该持有的逻辑。希望各市町村议会和县议会都向预计 7 月开始施工的工事提出反对决议。并希望更多的县民能站出来，前去建设工地现场的门前静坐。

（3）岛屿防卫与先岛群岛[1]

国家对于被置于岛屿防卫最前线的先岛区域，已经在讨论往各岛配备自卫队和建设部队驻屯地的问题了，而在与那国岛，建设的计划已经具体到细节，并预计于 2014 年年内开始实施。因之而出现的对基地建设持赞成和反对意见的争论必然会对这小小的岛屿形成撕裂。不只如此，在石垣岛上建设自卫队驻屯基地的计划已经制定完毕（《琉球新报》《冲绳时报》，2014 年 2 月 23/24 日）。而且据报道，位于宫古岛市下地岛培训飞行员的训

（1）先岛群岛指琉球群岛中位于西南部的宫古群岛、八重山群岛。

练场，[1]日航（JAL）和全日空（ANA）公司已经最终表示撤出对该训练场的使用，但航空自卫队却以防灾对策和防灾训练为由开始进出（《琉球新报》《冲绳时报》，2014年3月14日）。不仅位于冲绳本岛的边野古、高江在进行新基地的建设，连西南的宫古、八重山、与那国也包括在内，冲绳的所有岛屿都已经被军事基地化。这不能不让人再次感到"战争来临"的恐怖。

考虑到尖阁诸岛（钓鱼诸岛）问题之所以发展到如此紧张的局面，其起因就是日本方面的"国有化"，那么可以想象，要指望安倍内阁会为缓和中日紧张关系而积极努力是很难的。对于安倍内阁来说，毋宁说是乐见中日间存在军事紧张，因为这会成为要求增加军备的最好理由。而为了能在一旦真正有事、战火一开时日美能一体采取军事行动，安倍内阁也在策划解禁集体自卫权。既然已经和美国缔结了《日美安保条约》，而且美国也已表明尖阁问题（钓鱼岛问题）适用于《安保条约》第五条的"共同应对行动"，那为什么还要踏出与美国行使集体自卫权这一步，其目的尚并不清楚，但可以肯定的是，从安倍内阁这方面来说，应该包含了这样一种意图，即不是仅仅在日本的领域内能和美国共同采取军事行动，还通过承诺能在"地球的另一面"支援

（1）下地岛机场（Shimojishima Airport）是位于宫古岛的地方机场，用于培训日本国内的民航飞行员。日本航空（JAL）和全日空（ANA）分别于2012年和2014年从该机场的培训中退出，2014年4月以后仅供琉球地方航空（RYUKYU AIR COMMUTER CO.,LTD. 简称RAC）和海上保安厅用于小型机的培训。

美军行动，来确保当与中国之间爆发武力冲突时能切实得到美国的支援。但从另一方面看，①因为美国已表示"不介入尖阁（钓鱼岛）的领有权问题"，所以对美国现在还不能寄予如此大的信任；②日本的如此行为其实相当于自己表明，没有了美国，日本是"无法单独与中国抗衡"的。因此，美国的舆论才会对日中之间围绕尖阁诸岛（钓鱼诸岛）产生的紧张进行劝诫，呼吁各方保持冷静，美国的这些动向都值得认真对待。如《纽约时报》就曾指出，"美国不应为了几个无人居住的岛礁而导致美中之间发生武力冲突"，《华盛顿邮报》也主张"日中两国应该搁置当前的问题"。美国的许多政治家和学者也都指出了同样的问题。

但安倍内阁执意向战争国家推进之势不可小觑。再如文部科学省以强硬的态度不断介入竹富町的中学社会科教科书的选用问题，为此并于3月27日在众议院通过了教科书无偿措置法改正案。文部科学省的下村大臣以异常的执念介入竹富町的中学教科书问题，以教科书无偿化法里指定的"地区教科书采用协议会"[1]做出的协议结果为盾牌，要求竹富町采用育鹏社出版

（1）关于八重山竹富町的教科书事件的详情，可以参考本书大田静男《疲惫的口哨》一文中的译者注："育鹏社"、《地方教育行政法》和"八重山教科书问题"。《教科书无偿措置法》改正案除了对教科书选用区域做了改变外，还做出新的规定，在采用教科书时，同一教科书选用区域内的市町村教育委员会需要设置"地区教科书采用协议会"，根据协议会的结果，同一地区内的市町村立中小学选用同一教科书。而原本根据日本的《学校教育法》，市町村立的学校由市町村教育委员会管理，在采选教科书时也由市町村教育委员会决定。

的教科书。但育鹏社的教科书中"没有对冲绳战的记载","也没有提及冲绳的基地问题",且"不是选考委员会推荐的教科书",所以竹富町教育委员会反对采用该教材,其实是非常正确的意见。而文部科学省却执意要求采用选考委员会中任何人都未推荐的教科书,这不能不说已经是政治性的介入了。而且,自治体行政上的最终判断权应该属于该自治体,这按照地方自治法来看是理所当然的事情,《地方教育行政法》也明确指出,教科书的选择权属于该地方自治体。文部科学省的下村大臣在明知自己的行为在法律上存在瑕疵的同时还依然拿地区协议会的结论当作金科玉律,反复对竹富町进行"不同寻常的指导劝告",这才是违法行为。

安倍内阁欲把大力宣传自卫队的教科书带到一旦尖阁(钓鱼岛)有事则首当其冲成为战场的先岛地区,对那里的孩子们以及当地居民进行"意识上的改革",因此才会自其政权诞生以来就执拗地以"指导"之名对竹富町教育委员会反复进行干涉和恫吓。他们以石垣市教育委员会的玉津教育长为最大的同盟,再伙同町政权中的保守派和与那国町教育委员会,试图全力攻破竹富町教育委员会的防线。从这些可以想见,尖阁(钓鱼岛)周边的紧张局势绝非一般,安倍内阁是真正设想了尖阁(钓鱼岛)周边发生紧急事态后的应对策略,这让人感到不寒而栗。

在丧心病狂地一心往战争方向突进的安倍内阁之下,冲绳会不会再次成为战场?日本人付出了那样大的牺牲才换来了"不拥有军队""不发动战争"的宪法,难道在这样的宪法之下,让冲绳因为政府荒唐的行为而再次成为无畏的牺牲品吗？我们绝不允许这样的事情发生。

3 冲绳的斗争

对于成功地拿下了冲绳的自民党上层人物，政府现在可能正自鸣得意，耳边仿佛可以听到安倍首相及其政府阁僚得意的高笑声："这样一来，冲绳就可以建起新的战略基地了，日本本土就可以高枕无忧了。"但政府也许太过于小看冲绳了。可知在县政颠覆大戏上演的背后，已积累了多少对日本政府的强烈愤怒？殊不知，对政府以"冲绳振兴对策"为名提供的财政援助一直以来只能保持沉默的许多县民，已经暗下决心"不能再这样下去"。冲绳已经不再是过去的冲绳了，不会再是只会对中央政府唯唯诺诺、只知服从的无力的存在，不是让日本政府再次践踏在脚下的柔弱羔羊。冲绳要的是和平，不是战争。我们誓与将冲绳再次作为牺牲品的阴谋做出斗争。"冲绳绝不屈服"。

（1）夺取 11 月县知事选举的胜利

今年即 2014 年的 11 月将举行县知事的选举。这将是一决胜负的关键一战。既然此前政府为了改变自民党冲绳县支部和县知事的方针，已经运用了如此大的权力，那么为了"保住目前的成果"，这次也一定不会按兵不动，定会使出常识难以预料的手腕。希望大家提前做好心理准备，这不会是一次简单的选举。

同时，也希望大家坚定认识，这次选举的结果将决定着冲绳的未来。这是一届不惜与中国真正发生一战的疯狂内阁。我们将以县民的生命与生活为赌注，誓与这欲轻易地使冲绳再次沦为战场的权力作斗争。

在这个意义上，这次的选举将不同于在以往的县知事选举中多次出现的保守与革新势力相争的构图，而必须是"冲绳整体"对政府的斗争。自从1995年美军士兵强暴冲绳少女事件发生后县民群起发出抗议之声以来，在高中历史教科书篡改问题以及此次的鱼鹰运输机配备问题、普天间基地搬迁至边野古问题上，县民们都超越了保守与革新的对立而一致团结起来，这次可以说冲绳正处于未来是走向"战争还是和平"的紧要历史关头，县民更加没有理由不团结起来。在过去，县知事的选举从来没有被在这样的意义上对待过。而且还存在一个现实的问题，那就是选出一个"超越保守与革新"的候选人也不是一件容易的事，这是可以想见的。但是当回顾年末中央政府是如何对冲绳施加蛮横的、可怕的压力时，在县知事的选择标准上拘泥于保守还是革新已经基本不具有任何意义了。现在应该考虑的，是在政府完全不顾冲绳人民的死活，欲再度将其拖入战争深渊的局势下，冲绳怎样才能形成一种将县民团结起来、将权力的横暴转化为愤怒的力量，并将这股力量运用到作为县民代表的县知事的选举中。相信我们能够做到。我热切地盼望着，对于县知事的选举，各政党、各团体及市民能联合起来，对县知事选拔的理念进行深入讨论、总结和公开，在这之上来决定谁才是合格的候选人，最终选出理想的人选。这应该是重新建立被政府破坏了的"all 冲绳"（冲绳一体）的团结力量的绝无仅有的机会了。

在名护市市长选举中选出稻岭进氏的过程就是这样。稻岭氏的竞选承诺是为了名护的未来而做出，并毫不动摇地、坚决地忠实于其对市民做出的承诺，终于取得了胜利。我们取得这一胜利就在不久前，让我们在县知事的选举中再接再厉。[1]

（2）政党的重组

如果长久以来一直被作为"殖民地"对待的冲绳能够在县知事选举中团结一心，与政府的不当权力行使相对抗的话，那么今后我们就可以对未来做出更大的预期。为此，首先需要改变的，就是县内的政治状况，它长久以来总是四分五裂，存在感很低，难以摆脱本土政治状况的复制品或本土政治地方版的色彩。要想使团结起来的县民之力更加具有形状，就需要在政党间也形成与之相应的统一和团结。比如在之前就有人提过的，社民党和社大党是否还有单独存在的必要的问题。社民党今天在中央的层面看来已经退化为"地方性"政党了，不如干脆就转变成一个扎根在冲绳的大众政党，商讨两党合并的事宜。我真的这样考虑。而且我也呼吁县议会里的无所属议员会派"县民 net"的广

（1）在该文撰写完毕之后进行的冲绳县知事换届选举中，主张反对把美军普天间机场搬迁到边野古的前那霸市长翁长雄志，击败在任知事仲井真弘多而当选。

泛政治网络与民主党冲绳县支部、生活之党等进行联合。自民党已在其改宪草案的第九十八条明确提出了"国家紧急权"的说法，这是为了应对"武力攻击"或"内乱"等"紧急事态"的发生而赋予政府"可以暂时中止宪法秩序、采取非常措施的权限，使政府可以集中权力，对人权做出部分的限制"（《每日新闻》），这无异于是对政府做出全权的委托。这使得终极的国家独裁体制得以建立。联想到冲绳周边军事上的日趋紧张，可以说这种事态的发生并非遥不可及。留给我们的时间已经不多了。当我们回顾被一意孤行的国家强行拖入战争深渊的历史时，可以说，对于政治的齿轮一旦脱离正轨时会有什么样的结果等待着我们，冲绳有着极其切身的体会。所以绝不能任由国家脱缰暴走。为了守护县民的生命和生活，必须尽可能地结成广泛的联合，保持足以与政府相抗衡的政治力量。我们需要推进冲绳的政界整合。

另一方面，冲绳的工会组织也需要纠正过于跟随本土组织而导致的弊病，立足于冲绳的立场，进行组织上的调整，将重心从"纵向联合"转移到"横向联合"上来。如果工会组织能不受所属企业和业界权益的左右，真正成为立足于劳动者的寻求社会正义的组织，并能在此基础上进行如上所述的尽可能广泛的联合，加强与脱胎换骨为"冲绳党"的政党之间的联合，那就可以发挥极其强劲的社会性力量。一旦这成为可能且展开更有力的行动，也一定会与其他的和平团体、民主团体和市民团体的力量汇集起来。这应该是能做到的。

但是过于强调冲绳的团结也会遭到一定的误解，尤其是会受到来自本土的误解。但以上的展望并不是欲与日本本土的人们分道扬镳或搞孤立。冲绳全体拧成一股劲与日本政府相对峙，与向全体"日本人"对峙完全不是一回事。我们最为热切盼望的就是相互的理解与连带。我们所寻求理解的，是冲绳所处的政治状况本身。政府从其本心来说，并没有把冲绳作为一个与其他各地一样的普通地方，它也并不想把冲绳与其他地方平等对待，正如上面所提到的，对于政府来说，冲绳现在依然是个"国内殖民地"。正因为如此，对冲绳的一系列脱离常轨的处置才成为现实。而从表面上看来，冲绳是一个"被平等对待的地方"，在全国的众多地方县市中并无特殊，因此冲绳的主张也就仅仅限于"一个地方"的声音。这就是将冲绳持续扼杀的政治系统。我们只不过是将这些被遮蔽的关系摆明并讲出来而已。只有理解了这一点才有可能产生"相互理解"，进而产生真正的"连带"。冲绳县的前知事大田昌秀氏曾说过"如果安保如此重要，那么希望对安保的负担也公平分摊"这样的话。之后，这成为冲绳一贯的诉求。这也是在今天要求将普天间基地"搬迁至县外"的主张中所包含的思想。对此可能有一种看法，认为"美军基地冲绳不要的话，全国各地也都不要"，所以认为"要求搬迁至冲绳县以外也没有道理"，这种想法听上去是"很有道理的"，但是它之所以错误，就在于混杂了政府的统治的逻辑。希望他们能理解冲绳的处境，这样去想这个问题："冲绳的主张我们非常理解。没有问题。所以当（基地）被推到我们这里来时，那个时候我们会再提出这样的要求——冲绳不要的东西，别的地方也绝不会要。"

冲绳会团结起来，对试图将冲绳贬为 1/47[1]并强加所有牺牲的做法，我们会全体奋起，进行抗议和抵抗。在政府试图再次倚仗"保卫祖国"的名义将冲绳推至危险的第一线的情况下，冲绳所能采取的唯一且最有效的办法，就是县民团结起来，除此之外别无他法。这应该能获得全国的理解。其实可能正相反，"冲绳的真心"会给全国带来勇气和希望，也应该会成为日本全体斗争的指针。同时，我们也要向全国人民发出强烈的呼吁——"个别的、分散的斗争是不行的"，"让我们建立起战斗的体制"，"形成反战及反法西斯的国民连带"。危机的时刻已经迫近了。我强烈地感到，我们正处于需要从既有的观念中解放出来、大胆出击的时期。后退是不可能的，让我们携起手来勇敢前行。

4　结尾

这篇拙作是应未来社之邀，作为其专题策划"思考《琉球共和社会宪法私案》"中的一篇而写。我既非以文字为生，亦非以"思考"为业者，自忖无法完成应题之作，所以才取了这样一个标题。文章不免带着一副老套的煽动性宣传单的论调，对此我必须表示歉意。但能借此之机回顾令人敬畏的冲绳伟才川满信一氏的业绩，与他现在依然有着活跃生命力的思考同行，我为能成为该策划的一员而备感荣幸，因此才忝列该策划的撰稿人之内。

（1）1/47：日本共有 47 个都道府县。

1969 年秋，佐藤与尼克松在会谈中达成了三年之内返还冲绳的协议，但协议的内容却使人备感沉痛。因为冲绳的斗争，即在"祖国复归运动"后被称作"本土复归斗争"的抗争，在日美共同策划的阴谋下惨遭失败，名义上冲绳的施政权得到了"返还"，实际上不过是变成了日美联手共同对冲绳进行支配，在此后数年间的历史转换期，冲绳是在悔恨与焦灼中度过的。佐藤－尼克松会谈达成的冲绳返还协定的内容完全背弃了冲绳县民的期待，冲绳方面的愤怒与遭到背叛后所受的冲击无比强烈。返还协定的内容明确表明，曾被幻想为"祖国"的日本政府今后将与美国共同对冲绳加以管理支配。在《日美安保条约》之下，美国对冲绳延续进行的不当占领被合法化，美军的存在被日美地位协定赋予了治外法权的特权，使其在冲绳君临一切的地位得以保障。这到底是为了什么的"复归"？"复归运动"到底是什么？我们的脑海里不断地发出这撕心裂肺般的疑问。

就是在那个时候，我们在《冲绳时报》和《新冲绳文学》上读到了从正面切入这些疑问的思索，读着那些带着一股疯狂气息的文字，仿佛看到它们的作者一边在呕血一边在进行顽强的抗争。这就是通常所说的"反复归"论。那是川满信一、新川明、冈本惠德——后来被称作"魔力三角"的论者们——劈开浊流、震裂时代的"疯狂的""泣血的呐喊"。正是他们指出了抱着"祖国"幻想的复归运动中包含的思想与运动的局限、复归运动中一直未曾被触及的日本与冲绳的关系，尤其是天皇制下的歧视与冲绳战的真相等。我们从中学到，冲绳被置于的苦难处境，并不单是由于处在美军的不当支配之下，而是由于把冲绳当作棋子、无所不用其极地玩弄于股掌之中的国家的大恶所致。现在想来这是毋庸赘言的，但复归运动中所培养出的思想体验却丝毫不处理这样的问题。反复归论的最大论点，就是对"国家"发出了质疑，将"日本与冲绳"的关系从一直以来的禁忌中清扫出来，并将其置于严密思考的聚光灯之下。这一观点对之后的冲绳研究形成了巨大的影响，并成为今天的历史研究或理解冲绳的基础，依然不失其有效性。

同时，反复归论还提出了第二个课题。那就是丝毫不回避冲绳长久以来备受歧视、在国家内部总是被作为"少数者"或"异质者"对待的地位，反而将这种地位全盘接受下来，反过来将其转变为站在国家对面、主张自己之存在的思想，由此作为确立强韧自我认同的观点而提出来。冲绳自复归以来已有42年[1]之久，但正如上述论文指出的那样，被拉入巨大的国家内部的冲绳，仍然在继续品尝着作为少数者所遭受的歧视与悲哀。而且现在所处的位置更加严酷。但我们已经学会，本来就没有"少数者就是不对"这种逻辑，也不存在因为是少数就应该受歧视的道理。与之相反，现实中存在着的反而是强加这一切的强者的逻辑或说国家的逻辑。我们已经觉醒过来并与这逻辑相对抗。我们必须把在国家内部作为少数者所处的位置与作为异质性存在所处的

（1）本书的日文版出版于 2014 年，本文中所指的时间跨度都是以 2014 年当时的时点为节点。

位置转变为自觉的武器，转变为从内部向国家较量的能量。我想这就是反复归论带给我们的最大的教益。

而在当前混沌同时充满紧张的时代状况之下，未来社做了这次的出版策划，让我们能有机会往前更进一步，重新思考川满信一在冲绳以及亚洲的视角下对未来的构想，真是极其契合现实。

《琉球共和社会宪法私案》在第一条就明确提出，"根除自人类产生以来由于权力集中而产生的一切恶业的根源，在此高声宣布废除国家"，并在第二条继续提出"废除军队、警察、一切国家固有的管理机构、官僚体制、司法机构等一切权力集中的组织体制，今后也不设立此类组织"。在第十三条作为反战条款提出，"即便在……遭到武力或其他手段侵略的情况下，也不以武力加以对抗和寻求武力解决"。这仿佛是在 1981 年的时点上就预见到了今天会出现权力肆虐的国家权力和安倍内阁一般，在当时就提出了要根绝其权力的源泉，拒绝走上战争之路，秉持绝对和平的理念。"武力抗争只要是以武力相对抗，就只能是永无休止的斗争，只有好战主义者才看不到这一点。在今天更为迫切的不是把冲绳打造成军事要冲，而是应致力于将其打造成在东亚的绝对和平的基石，以此为前提来构想未来的社会"（未来社董事长西谷能英）。时代正向我们提出了这样的课题。川满信一氏的呐喊将成为一道光束，照亮我们在时代下的前行。

第三部

面向未来：

潜能与实际

致川满信一先生

——关于《琉球共和社会宪法 C 私（试）案》的思考

上村忠男

由于此次仲里效先生要组织一部讨论川满信一先生的《琉球共和社会宪法私（试）案》的潜能的论集，邀我也写些文字，于是有了这篇文章。

受邀请后，我马上找出川满先生的《冲绳·自立与共生的思想——通向"未来的绳文"之桥》一书，找到其中收录的发表于《新冲绳文学》第 48 期（1981 年 6 月）的《琉球共和社会宪法 C 私（试）案》一文，再次进行了阅读。宪法首先在第一条中就作为基本理念高调宣布要"废除国家"，紧接着仍在第一条里指出，本宪法向共和社会人民保护和承认的，仅是"依据对万物慈悲的原理，不断创造互惠互助制度的行为"，在重读之时，这样的规定再次吸引了我的关注。

关于这里所说的"慈悲的原理"，在第三条中也有相应的规定，"慈悲的戒律是不立文字，自己破的戒必须受到自己的裁决。法庭设在每一位人民心中。须不断倾听如父母教诲般的达摩之声，依据慈悲的戒律，纠正自身与社会及他人的关系"。由此可以断定，川满在冲绳"复归祖国"前后即开始思考其可能性的"共生的思想"，正是在佛教的教诲中找到了一个落脚点，这也是吸引我关注的原因所在。

其实，早在川满为木耳社发行、谷川健一编辑的《我们的冲绳》丛书的第六卷《冲绳的思想》（1970年）所写的《冲绳内部的天皇制思想》一文中，就可以发现他对"共生的思想"的思考即已开始。川满在这篇文章里指出，在古代的共同体中，为祈愿"五谷丰登"进行的祭祀逐渐与政治交织在一起，就在这"祭"与"政"的融合中产生了天皇制，同时他还指出，在冲绳的民众当中也确实存在着接纳这种天皇制意识形态，并将其融入自己生活原理的基础。我认为从这个时候起，他对"共生的思想"的探索即已开始。川满指出，"建立在祈愿'五谷丰登'基础上的民族主义，其本身绝非不健康的，而且过去人们被天皇制吸引时所抱有的'祭''政'融合下的古代共同体的幻想，其本身也不是什么恶。但当它们与资本主义的恶相结合，转而走上对民众的榨取和压迫的时候，就成为了最大的恶"。川满接下来提出了这样的期望，"思想的战斗，就是将民众中的纯粹的民族主义以及这种幻想所拥有的巨大能量，不让资本的逻辑所占领，而是将其方向逆转过来，推进民众自立之根的深化，最终走向国家的废除"。

在这样的展望之下，川满于冲绳"复归祖国"的前夜在《中央公论》1972年第5期上发表了《冲绳复归祖国的意义》一文。在文中，川满对同样出生于宫古岛、当时就职于伊利诺伊大学劳动与劳资关系研究所的平恒次的某一观点展开了批判，同时深入阐述了自己的观点。平恒次曾在《中央公论》1972 年 2 月号上发表了《人·国家·民族主义》一文，他指出在冲绳内部出现了寄期望于日本国宪法理念的倾向，并将其作为"冲绳的宪法民族主义"表示了欢迎，而川满则对此抱有疑问，他指出："如果从日本国家一直以来对冲绳而言都是政治性的存在这一点来说，以上判断是有道理的，但若是从这种民族主义在民众内部其实一直是受压抑的来看，这种说法就欠妥当了。"川满指出，在促使天皇制得以确立的民众感情的深处，强有力地存在着"谋求'共劳·共生'的、与全体合而为一的志向"，这形成了冲绳的"岛屿共同社会"的特质，并提出了是否能够将冲绳民众的这种共同幻想及其能量导向"创造一个理想的共同体"的方向上来的问题。

随后，川满又在《中央公论》1972 年 6 月号上发表了《民众论——对亚洲的共生志向的摸索》一文，谈到了日本国家与琉球／冲绳的关系，提出了是否可以以"亚洲"这一意识空间的广泛性为媒介，从中发现思考问题的新起点。正如川满自己也承认的那样，这个问题的提出是"冒险的"。但同时，也是一个非常具有启发性、极具魅力的问题意识。

但是在这一阶段，对于极其核心的"亚洲"这一概念，川满并未给出明确的解释，尚未对其进行理论化操作。要谈"亚洲"，首先需要解决诸如以下的问题：比如"亚洲"如果指的是一个地理空间上的概念，那么它的范围包括从哪儿到哪儿，如果指的是一个文化空间，那又该如何把握其内部的同质性和异质性，为什么是"亚洲"而不是欧洲或其他，等等，需要将这些概念做出明确的界定，然而川满对此终未给出这样的界定。

后来，我推测是在进入20世纪70年代后半期之后，川满开始醉心于佛教。他将"亚洲"大致等同于佛教圈，至此终于可以算是给"亚洲"这一称呼以一个明确的概念界定了。

实际上，川满在1978年曾将他之前的一系列评论汇集成册，以《冲绳：从根底发出的疑问——对共生的渴望》为题交由泰流社出版，他还新写了一篇文章附在该书末尾，此即《共同体论——对其可能性的摸索》，其中写到，那些冲到舞台中央的人们，都在喊着这样的口号，"用我们的双手创造世界！/推翻地狱，改建乐园！/抛弃迷妄的幻想，接受睿智的指引！/出路就在这里！"；另一方面，也有人发出冷冰冰的批判，认为"这种腔调和行为在现实中不过是避实就虚"，那么"到底什么才是真实的？也许，只有借助于菩萨和无为之为的悟性那无边的思维时空才能看透，而它们已在人们心灵深处深埋了两千多年"。川满还引用了佛教学者玉城康四郎在《中央公论》1973年10月刊上发表的《东洋思想提出的课题》的一节，指出其中对佛教的时间、空间的把握的确会"使人目眩"，"但是就今天环绕我们四周的进步主义政治和社会思想中常见的中毒症状——动辄就容易性急地陷入狭隘的观念陷阱——来说，这反而是一帖难得的清凉剂"。

川满在《新冲绳文学》第44期（1980年3月）上发表了一篇论文《冲绳·自立与共生的思想》，那是在他1979年8月3日于冲绳经济自立研究会夏季讲习会所做演讲的基础上增删而成的，其中讲道："在人的深处存在着宇宙一样的构造，宇宙间存在着一种关系的逻辑，遍存于神话般广阔的范围之内，它实则是宇宙的生理机制。如果不懂得这一点，就无法理解存在的深层意义，而佛教的思想恰恰告诉了我们这一点。"而且川满在佛教的各个宗派中尤其关注唯识学派的思想，或许他参考了中期大乘佛教的经典之一、将唯识思想体系化了的《解深密教》中对"一切法相品"的解说。他将存在如何经"识的转变"在心中呈现概括为"脱离遍计所执性——觉悟到依他起性——得度圆成实性"这三个阶段。

根据川满的解释，所谓"遍计所执性"，就是以自我为中心来看待世界，这是一般人中常见的认知模式；而"依他起性"则是认为构成世界的所有事物都处于相互依存关系之中，即都是因某种"缘起"而形成的。当脱离了这个意义上的"遍计所执性"，觉悟到"依他起性"之时，就可以渡过生死苦海，达到"圆成实性"，通向彻悟之境，这就是川满的理解。立足于这样的理解，川满在这三者当中力陈觉悟"依他起性"的重要性和意义。而川满所说的"共生的思想"的创造性的实践，就是"将个人身上的这种认识推及社会，变成社会性的认识"。接下来，川满引用了龙树的话。出生于 2 世纪的印度佛教高僧龙树在《六十颂如理论》中"说作为救济法的生灭"时，这样讲道："当知道因依存关系而生成之物都会脱离生灭时，即可（借由看见空性的大船）渡越因谬见所产生的生死（轮回）之海。"⁽¹⁾川满引用了这段话，并阐述了他对龙树这段话的理解，他指出龙树在此想说的是，"在人类的内部宇宙中，存在着超越于意识之外的意识领域，或说是有一种超越了时空的、所谓的'黑洞'的存在，当凭直观跳进自己内部宇宙里的黑洞中时，作为现象的世界就显露出其不过是场'梦幻'的本质，就能把握到超越生、死之境的宇宙生理(缘起)的法则性，并与之同化（无化）"。这样的理解使人印象深刻。

我想，当川满在《琉球共和社会宪法 C 私（试）案》中将"慈悲的原理"或"慈悲的戒律"作为其宪法的根本原理时，他可能发现"慈悲"这个概念最能集中体现他对佛教教诲的理解，不知我的这种推测是否正确。顺便一提，对于"慈悲"这个佛教里的概念，中村元 1956 年于平乐寺书店出版的《慈悲》一书中有详细的解说。我想川满在《琉球共和社会宪法 C 私（试）案》中将"慈悲"的原理作为其根本时，大概也参考过中村的这本书，不知是否如此。

⋯⋯

但是，还有一点要与川满先生商榷。那就是，如果说自冲绳"复归祖国"前后川满先生即开始思索"共生的思想"的可能性，

（1）"诸法从缘生，虽生即离灭，如到彼岸者，即见大海事。"另一译法为："诸了知缘起，远离于生灭，彼成就净见，即达彼岸者。"

到了《琉球共和社会宪法 C 私（试）案》，终于在佛教的教诲中找到了一个落脚点，那么这个落脚点是否就是最初开始探索"共生的思想"的可能性时所预计到达的地点？

借用川满最早问世的评论集《冲绳：从根底发出的疑问》的标题，可以说，正是"从根底发出的疑问"才是自始就贯穿在川满批评活动中的基本姿态，而且也正是这一姿态使他的评论活动充满活力。这里所说的"根底"——在《冲绳内部的天皇制思想》中已经点明了——指的就是"民众"。知识分子这一称呼，就来自他们原本就是将民众作为自己的"根"并从中孕育成长的人。既然是这样，那么要想率先从战后冲绳复归运动"强行让人向国家靠拢的可怕倾向"中解放出来，建立起吉本隆明所说的"自立的思想据点"，每个知识分子就要更加坚定地立足于民众，让自我内部的"自立之根"扎得更深，倾尽全力，以使自己在日本以国家为由逼迫冲绳服从的猛烈攻势下屹立不倒——这就是川满在走上批评活动之路时，在出发点上即具有的觉悟。而且，川满还借助生活在冲绳岛屿共同体上的人们自古以来就形成的"共劳·共生"的生活方式，努力推动知识分子这种立足于民众的"自立之根"扎得更深。

这样一来就有一个问题，那就是川满自身想要处理的课题，是分析清楚冲绳当地人民的民俗性的祖灵信仰在今天的形状，川满认为这种祖灵信仰在形成琉球弧的众多岛屿的小共同体中是自古代起就绵延不绝的。但是，在 13、14 世纪左右才传入琉球的佛教对形成岛屿共同体的民众固有信仰来说终究是上面所赋予的东西，即便生活于琉球弧的人们的祖灵信仰中有不少与佛教教义相亲和的要素，但毕竟不是从民众的"根"中自生出来的。

　　川满在其《民众论》中开始探索"亚洲的共生志向"时，在文章开头也坦承，"当我称呼'亚洲'的时候，会在其中嗅到自己的体臭味，也会对作为个人溶解到某种和合状态中的自己感到困惑"。对于这"困惑"的原因，他分析道："在战后思想只遵循近代主义的个体优先逻辑的情况下，自己似乎也按照个体优先的思维来看世界了。"因此，似乎是为了自己拂去这层"困惑"，他提出了要重视马克思的"人的本质是其社会关系的总和"这一论述，因为"这在被支配者的逻辑之下会激发更为积极的活动"。也就是说，"如果我们把在劳动中不存在任何排外行为、与整体合而为一以及个人生存于整体中作为对人的本质的解放，那么针对在战后社会繁衍起来的个人主义，现在从新的角度提出全体主义或'民众总体主义'的逻辑，就是思想上紧要的课题"。"目前面临的已经是生死的问题，而这也是超越个人性的问题，要将这种对状况的认识作为思考冲绳岛屿共同体的支点，以都有过被殖民、被侵略的历史经验的'亚洲'这一想象（image）空间为媒介，产生新的思想的轴心。"川满进一步指出："在为天皇制全体主义提供支持的民众的意识中，也顽强地存在着共生的思想，我认为这种思想正是亚洲社会的特质。……这样看来，也不可否认的是，我在马克思的思想中将所谓的最高理念'个体自主性构成人的类特性'作为人类的本质并顽强地追求其在现实中的表现，这种努力在为天皇制提供了支撑的民众的基层中也存在着。……

使自己同一于整体，以此作为自我救赎和自我解放的方法并加以实践，这就是我所设想的'亚洲'。"

这都是些容易引起争论的主张。但是，至少我自身对川满的这些主张是没有异议的。川满在发表于《中央公论》1972 年10 月刊上的《冲绳与日本的断层——小共同体与天皇制》一文中，引用了以激进的东洋无政府主义思想闻名的权藤成卿的《自治民政理》（学艺社，1936 年）中的一段话，"就算各个国家都撤去自己的国境，但只要人类还存在，就不会容许社稷观念受到损害"，并指出，"当前的思想课题，是追究这种社稷观念成立的根据，反过来思考打破社稷观念的束缚的方法"，"社稷观念无疑是关乎国家共同体形成之根本的重要因素，因此考察在政治支配（的构图）扩大的过程中，各种不同的社稷观念相互之间是如何冲突和融合的，是把握国家支配结构的一个决定性的办法"。对此我完全赞同。关于川满在这里引用的权藤成卿的《自治民政理》，我记得曾在桥川文三主编、筑摩书房出版的《超国家主义》（1964 年）中读到过这一文本。我觉得，对川满来说，吉本隆明是引导他思考的最好的领航者，而对我而言，这个人则是桥川文三。

但是，正因为对川满的如上主张没有异议，而且全面赞同，所以才对川满一直探索的"亚洲的共生志向"到了《琉球共和社会宪法 C 私（试）案》的时候将佛教里的"慈悲的原理"作为该宪法草案的根本原理，并以此作为立足点的做法难免有违和之感。前已提及，对于形成琉球弧的各个岛屿共同体来说，佛教是他们在自古以来绵延至今的自生的固有信仰之外自上而下附加上去的东西。另一方面，当川满将他在冲绳的岛屿共同体中发现的"共劳·共生"的生活方式扩大到"亚洲"范围内，摸索在"亚洲"的视野下加以理论化的可能性时，他想做的也是挖掘这一"共劳·共生"生活方式的"根"，并从中抽取出"反国家"的思想的依据。所以我推测，在《琉球共和社会宪法 C 私（试）案》中，似乎存在着与川满当初的意图的跳跃，或是说他的视角本身发生了一定转换，不知是否属实，若蒙川满先生不吝赐教，则不胜荣幸。

······

还有一点，也使人对于这样寻找到的落脚点有所迟疑，那就是如何看待冲绳战中发生在庆良间诸岛中渡嘉敷岛的"集团自决"事件。

关于这一事件，冈本惠德曾在其《水平轴思想——关于冲绳的"共同体意识"》[1]一文——收入谷川健一编集的《我们的冲绳》丛书第六卷《冲绳的思想》——中有所论述，而川满也在《民众论》中谈到过这一事件。

首先来看冈本的观点。冈本指出，在谈到冲绳战时，渡嘉敷岛的"集团自决"事件总是被提起，他认为这是因为"冲绳战中的所有状况都在这一事件中集中性地得到了体现"。他进一

（1）中文译文发表于《开放时代》2009 年第 5 期。

步指出："这就是说，一旦处在同样的条件下，类似的事情在其他的岛屿、其他的地区也完全有可能发生。"

在这个基础上，冈本提到了石田郁夫对渡嘉敷岛"集团自决事件"做出的分析。石田郁夫于 1967 年前往冲绳，将其所见所闻写成了纪实文学《冲绳：这一现实》（三一书房，1968 年）。在这本书中他这样评价道："在我看来，是比冲绳本岛还要远的这个孤岛上曲折的'忠诚心'与共同体的生理共同酿成了这一悲剧。"在指出石田的此种看法中存在着真理的一面的同时，冈本也提出了异议。"在被逼到自杀绝境的人们当中，一定会有这样的想法，'在其他所有人都死了的情况下，不能单单自己苟活下来'，或，'如果在自己死了以后，剩下的老人和孩子难逃更残酷的命运，那就不如一起选择赴死'。这种意识就相当于：就算自己活下来，但其他的所有人都死了的话，那就不可能有真正的'生'。对此，我们没有任何依据去说这样想是不对的。如果因为'共同体的生理'就否定这一事件，这种逻辑就相当于说'不管谁死了，我也一定要自己活下来'，而这种逻辑一定会遭到来自'共同体的生理'的猛烈抨击。"冈本由此对石田"共同体的生理"批判的有效性提出了质疑。"共同体的生理"本来就是"向着共同活下去的方向运动"。而当它"被外在的条件所扭曲的时候"，"就会通过共同选择在现实中去死，来实现充满幻想的'共生'"，冈本认为这就是渡嘉敷岛的"集团自决"事件的本质。

接下来是川满的看法。川满自己在《民众论》中也提出了这样的问题："为什么几百人不是被敌人杀死，而是全体选择了同时走向死亡这种集体自杀的方式，这是首先会引发思考的问题"。"也就是说，从个人主义的思想来看，会奇怪为什么就没有这种自私自利主义的想法产生——不管被逼到多么极端的处境，自己一个人也要挣扎着活下去？"但在生活在冲绳的岛屿共同体的人们中，有一种"过去即现实"的时空意识，在他们那里，"死"的世界与"生"的世界是相毗邻的，所以"比起独自一个人承受另一个世界的重负，与大家一起去另一个世界就是很自然的选择了"。而且"从这样的想法出发，会觉得如果有人被独自遗留在了另一个世界而与全体人走散，是很可怜的。正因为这样，当在战争中被逼到极限状态下时，'生也在一起，死也在一起'，这样的心灵纽带就成为导致集团自决发生的岛屿共同体的逻辑"。

川满在这里发现的是在冲绳的岛屿共同体中绵延不绝的民众的"共生"志向，说得直白一些无异于一种"全体主义"。川满自己也深深知道，"如果肯定了这种倾向，一步走错就会失足跌入地狱，无异于'走钢丝一样的危险操作'"。所以他指出，"要严格区分作为应然的'全体主义'与作为历史上的犯罪的'全体主义'"，并认为要明确这两者之间的区别，就要"一方面看到人作为社会性存在有寻求向全体靠拢的本质，同时也要追究，为什么追求与集体合一的民众有向具有欺骗性的共同幻想飞蛾扑火的倾向"。

川满指出："马克思说，'人的本质就是一切社会关系的总和'，可以说岛屿共同体中的人们就是要生存在这个'总体'之中，他们尽管是无意识地但也是在本质上无法脱离'总体'而生存。"

同时川满也表明了对这一点的期待："如果我们在构想一个理想的社会时，把克服在当今以利益为考量的社会中人的本质的异化作为目标，那么在岛屿共同体中发现的致力于与全体合一的'共生'与'共死'的思想，就有可能作为一种新的可能性为我们带来希望。"

诚然，在冲绳的岛屿共同体中，"共生"与"共死"的观念一直绵延不绝，而且直到今天依然承载着人们的生活，但当我们带着一种推广的意图，试图把这种观念从"岛屿"推及亚洲的时候，可以想见它会被亚洲的佛教思想圈所吸纳，那个时候这种观念的存在价值又将如何？

佛教学家山折哲雄曾在《心的礼法——生的预期，死的准备》（中央公论新社，2002年）中，评论过中江雨红1919年作词、草川信1923年（关东大地震之年）谱曲的歌谣《晚霞归去》[1]，

––––––––––

（1）这首歌唱出了乡间的美丽和幽寂，是日本最广为流传的童谣之一。歌词如下：

晚霞归去天色晚，
山上的寺院钟声响。
我们拉着手回吧！
和乌鸦一起，回家！

孩子们回到了家，
天上升起了圆盘月。
小鸟也进入了梦乡，
天上的金星，晶晶亮。

他说这首歌谣的后面出现了歌词"和乌鸦一起，回家"，"一定是有过与乌鸦这样的小动物一起生活的实际体验，才会有'和乌鸦一起回家'这样的心情，这是一种与生物共同存在的共生感觉"。而且"重要的是，在这种共生感觉中，还跳动着一种人类不久后就将迎来涅槃的共死的无常观。这其实是一种共生共死的人生观"。当川满在《民众论》中开始摸索"亚洲的共生志向"的可能性时，他一边提到渡嘉敷岛的"集团自决"事件，一边对冲绳岛屿共同体中的"共生"与"共死"的辩证法展开着艰苦的论证，而当这种辩证法被吸收进山折所说的佛教的无常观之中时，这种辩证法中潜在的批判性会否受到削弱？这是让人感到非常担心的地方。山折接着说："在今天的日本列岛上，只能听到这种利己主义的共生的合唱——我别的不想，就想活下来，就想我自己能活下去……"这种对时代状况的判断与川满在《民众论》中所提到的在根本上是相同的。我想知道川满先生对此有何评价。

另外我还想请教的就是有关《民众论》。策划这次出版专题的仲里效曾提到，在川满先生迄今所写的诸多文章当中，他尤其受到强烈冲击的就是《民众论》，他也是他自己所说的"咽不下复归这碗酒"的一个人。2002年12月8日，由我牵头的科研项目"冲绳的记忆／日本的历史"（1999—2002）在东京外国语大学召开了一次学术讨论会，名为"冲绳'复归'30年回顾——从自立论的立场出发"，由我主持。我们从冲绳邀请了仲里效、川满信一和宫城公子参加了本次研讨会。会上，对于《民众论》中的核心概念——"共生共死"，仲里效谈到，"对我来说，我有一种强烈的生理上的厌恶感"，这给我留下了很深的印象（研讨会的发言记录刊登在《未来》杂志 2003 年 4 月与 6 月刊上）。当时没有时间询问川满先生对于仲里如此直率的感想作何回应，所以我很想知道，在您二位之间，日后是否就此有过交流，如果有，又是怎样的对话。

······

在谈到仲里效对您的《民众论》中的核心概念"共生共死"感到一种"生理上的厌恶"的同时，我还有最后一点想要请教。

仲里效曾在 2004 年 5 月至 2006 年 7 月间在《未来》杂志上连载了长篇文章《冲绳 1972：映像与记忆》，我想川满先生一定也读过这篇文章，后来仲里效在这篇长文基础上大幅修订后，由未来社于 2007 年出版了《冲绳：想象的边缘》一书。在书中"引向死亡的共同体"一章中，仲里介绍了间宫则夫导演于 1971 年自主制作的纪录片《那就是岛——对集团自决的一项考察》，并介绍了在冲绳的施政权返还给日本政府之前的 1970 年前后，在对"复归"持批判态度的冲绳战后世代中，渡嘉敷岛上发生的"集团自决"事件是怎样重又成为讨论的焦点的：在冲绳市的 Koza 成立的"创造"剧团[1] 1965 年以渡嘉敷岛的"集团自决"事件为

（1）"创造"剧团于 1961 年在冲绳市的 Koza 成立，常常将冲绳面临的社会状况搬上戏剧舞台，为冲绳在日本社会中所受的不公待遇发声，引发了社会关注。

原型上演了一部剧目，名字就叫作《岛》。之后该剧团的核心成员之一中里友豪发表了一篇名为《作为连接点的庆良间》的文章（《冲绳时报》，1968 年 8 月 30 日），以这篇文章为首又有一系列的文章纷纷面世；再后来，在东京的冲绳斗争学生委员会解体后，其成员们组成的"离岛社"的一位成员友利雅人在《现代之眼》1971 年 8 月刊上发表了《无比冲绳式的"死亡"》一文。这些都将渡嘉敷岛的"集团自决"事件重又推上了舆论的中心。仲里效对这些文章都进行了解读，使人收获良多，尤其是对友利雅人进行的解说，极具冲击力，使人读后有醍醐灌顶之感。

于是我马上与仲里效取得了联系，要来了友利那篇文章的复印稿，读了以后，深深地有感于其笔触的挑衅性，不只如此，还感到在他的行文中还伴随着一种迫近问题深处、似欲将其连根拔起的激进。

首先，在文章的开头处有这样一段话："在被形容为比地狱还地狱的冲绳战中，冲绳人的死亡是各种各样的，……那是一种连谈起它都会触及冲绳的伤疤或禁忌的死亡。在冲绳发生直接的战斗之后不久就在庆良间发生的集团自决，作为冲绳式的、无比冲绳式的死亡，与（以姬百合部队及铁血勤皇队为代表的）学生兵的死亡形成了鲜明的对照。那是整个家族、亲属、村子无一人幸免的死亡……在思考现在的冲绳与日本国家的关系时，厘清这种死对冲绳所具有的意义，是回避不了的课题。要想回答对冲绳而言复归国家具有何种意义，集团自决就是一个障碍。"

随后，友利以渡嘉敷村遗族会编纂的《庆良间列岛渡嘉敷岛战斗概要》（1953 年）为基础，复原了岛民口中描述的事件的全貌，他感慨道："不如说在《战斗概要》上没有记载的、村民们避而不谈的领域内，才存在着解开集团自决这一阴森惨怖事实本质的关键。"

友利提到，在间宫导演的纪录片《那就是岛》中，记录下了村民们对试图触及村子内部不和的外来者的"强烈拒绝"的表情，友利在文章中以这样的表情为例，认为"在村民们沉默的固执当中，凝聚着他们度过战争年代的方式，以及度过战后的方式"，同时，对于在这沉默的背后隐藏的真实，"是连村民自己都难以正视的"。而要想正视这样的真实，首先"必须经历追究自己内部责任的过程"，而一旦开始了对村子内部责任的追究，就无法回避小型共同体内部的各种抗争与不和，对于那些"依然保留着宗族秩序的村子"来说，这明显会带来破坏性的后果。"而且既然所有的村民都在'场'，就不能否认其中存在着一种默认的共犯关系。"他进而指出，"对集团自决的责任的追究在任何时候都是双重的"，而正因为其双重性，所以村民们的记录也好，在记录中被指出对村民下达自决命令的大日本帝国陆军海上挺身队第三战队队长赤松嘉次本人的辩解也好，都不能照单全收。

"在这几乎家家户户都能在睡榻上听到潮水声的平静的、和平的岛上，突然涌来了无比庞大的国家意志，岛民们无法从这皇国观念中逃离出来，只能将自己捆绑在其上，就像这是自然的一样。再加上所住的是个离岛，村里存在着深厚的共同体行为模式，岛屿是皇国防卫的盾牌这种观念深入村民的骨髓，受到美军的直接攻击时没有抵抗这一外压的办法，等等，种种要素错综复杂，最终导致了这悲惨结局的发生。"在做出了如上分析之后，友利发出了疑问："引向死亡的共同体指的不就是这样一些事实吗？"

友利进一步指出，在渡嘉敷岛的"集团自决"中以如此悲惨的形式表现出来的"与国家合一的志向"，"即通过死亡来证明自己是作为日本国民活着的这种认同上的矛盾"，在战后的复归运动中也在暗中涌动着，丝毫没有消失。友利指出，"集团自决"和复归运动对他们自己来说都是"负面的遗产"。最后，他的结论是："被国家的咒语缚住的琉球／冲绳，如果不在岛的最根本之处发生改变，就不可能实现历史的翻转。""作为反国家的存在，冲绳应该以何种形式出现，对此没有人能看透。但对我们来说，真正的问题不在于各种具体的进程，而是如何切断被国家所吸纳的通路。当发现这个方法的时候，我们才算真正面对了作为冲绳的冲绳。当然，这个过程将必定是与国家相对立，并一直持续到国家解体为止。"

在形成琉球弧的许多小岛共同体中，其实内部都存在着一种负面的成分，它最终难以避免类似渡嘉敷岛"集团自决"事件的发生，就像刚才我确认过的那样，对这一点其实冈本和川满两位都有着清醒的认识。但在冈本和川满那里，在认识到共同体内存在着这种负面成分的同时，依然把着力点放在了承载着人们生活的"共生"的原理上，而友利与二位的显著不同，就是指出要彻底追究这一负面的成分。对于友利的《无比冲绳式的"死亡"》，川满先生似乎一直没有提到过，而我想您应该是知道这一文章的存在的。对此您是怎样看的，也请不吝一并赐教。

琉球共和社会研究会

·····················

中村隆之

前言

我知道"琉球共和社会研究会"，不过就是最近的事，就在数月之前。这个研究会以东京的 H 大学和 W 大学的研究生为中心组成，每月开展一到两次活动。研究会成立的细节在此略去不谈，它成立的直接起因，是 2013 年 12 月在东京外国语大学举办的一次名为"拒绝自发的隶从"的活动。活动方从冲绳邀请到了川满信一和仲里效，有位对二位当天的发言深有感触的研究生，在阅读拿回家的活动资料时，从中发现了《琉球共和社会宪法 C 私（试）案》(《新冲绳文学》第 48 号，1981 年 6 月，第164—172 页）。这位同学在他定期参加的研究会上提议将该宪法私案列入他们的阅读书目中，研究会上的参加者纷纷表示这才是他们应该讨论的文本，于是在认真讨论该宪法草案的过程中，这一原本没有名字的讨论会就慢慢地被叫作"琉球共和社会研究会"了。

笔者在听说这一情况后立即参加了这一讨论会。参加的初衷，是因为《琉球共和社会宪法私案》也在笔者自己的阅读书目之内，所以想在这个研究会上获得一些思路，但我从一开始参加，就被参加者们那真挚的思考和讨论的热烈所折服。因此，在这篇文章中，我将主要介绍该研究会同人们的思考，而不是笔者自己的观点。

以下是笔者在多次参加该研究会之后，对参加者的报告和讨论所做的陈述式的记录及整理。对于研究会成员（在本文中一律匿名）欣然同意我的加入，在此一并表示感谢。各发言的依据来源于各发言者，而文责当然由笔者自己来承担。

围绕独立论的讨论　2014 年 2 月某日的讨论

本日研究会的核心议题是回溯冲绳独立论的谱系。报告人 G 同学（博士课程在读）选作讨论的书目，是松岛泰胜的《通往琉球独立之路——反抗殖民地主义的琉球民族主义》（法律文化社，2012 年）。作者是当今主张冲绳独立的代表性的论者，也是 2013 年成立的"琉球民族独立综合研究学会"的发起人之一。

G 同学是琉球共和社会研究会的主要成员之一，因为研究新喀里多尼亚[1]文学的缘故，对冲绳近年来高涨的独立论一直保持

（1）新喀里多尼亚（New Caledonia）：法国的海外属地之一，位于南太（接下页）

着关注。G 同学首先引用了《通往琉球独立之路》的篇头文字，开始了他的发言：

　　"琉球曾经是独立的国家，但日本政府出动军队吞并了琉球国，并将琉球国王挟持到东京，从此开始了对琉球人的差别对待，以至在太平洋战争中终将琉球作为了弃子。无论是战后的美军统治，还是 1972 年的冲绳"复归"，都是在没有经过居民投票等正式手续的情况下实施的。现在冲绳依然被强加了美军基地的重负，还有以国家为主导的对冲绳的开发、来自日本企业的压榨等等，可以说，琉球就是日本的殖民地。(《通往琉球独立之路》，第 i 页)

　　"正是出于这种对现状和历史的认识，松岛氏才提出了琉球独立的主张。他不称呼'冲绳'而称'琉球'，就是由于'冲绳'这个词上负载了太多的历史重负，而他认为有必要从琉球作为独立国家开始，从更长的历史脉络中去看待这一地区。在松岛看来，琉球人既然已经形成了'民族'(nation)，就当然有权利要求恢复其主权。而日本人作为殖民者，虽然要承担殖民统治的责任，但把希望寄托在日本人身上是不会使问题得到解决的。松岛氏

　　（接上页）平洋美拉尼西亚岛群、澳大利亚东北方。由新喀里多尼亚岛、洛亚蒂群岛和切斯特菲尔德群岛组成，因此下文说研究新喀里多尼亚文学的 G 同学会关注同为群岛的冲绳的独立论。

在第一章中考察琉球的殖民地主义状况时，参照了法农的《大地上的受苦者》（铃木、浦野译，米斯兹书房，1969 年），讲了这样一段话：

> "这是一个历史性、结构性的殖民地关系的结构，在这一整体结构之下，前来琉球旅行的观光客、商人、从日本本土搬到琉球居住的人，对琉球人来说都意味着殖民者。不管每个日本人就个人来说多么友好，多么可亲，都不能摆脱这历史性、结构性属性的制约，因此都是琉球的殖民者。（《通往琉球独立之路》，第 3 页）

"读到这里，使人想起目取真俊氏的短文《'琉球的自治'是什么》（《环》第 30 期，2007 年夏，第 178—179 页）中的日本人 A 氏，想起他搬到琉球居住，善意地想要对当地居民进行'启蒙'时的高傲的样子。作为殖民者的我们这些日本人，应该如何回答与琉球的关系这个问题？希望接下来能够对此进行讨论。

"据我所知，《通往琉球独立之路》与迄今为止的独立论不同的一个地方，就在于作者在论述中比较了小国的去殖民地化的过程。[* 后来我注意到新崎盛晖等编的《对冲绳自立的挑战》（社会思想社，1982 年）中，中村丈夫和西野照太郎也在同样的视角下介绍了小国的独立运动和殖民地问题——作者注]。尤其是作者运用了在密克罗尼西亚研究中积累的经验，提供了太平洋诸岛走上独立的经过，把琉球的独立作为南洋文化圈去殖民地化课题中的一个环节，从而打开了更为广阔的视野。还有一点，在最后一章'琉球自治共和国联邦的未来'中，作者详细论述了从独立所需的手续到独立后应采取的基本政策，这一点非常独到。关于宪法，他这样说：

"琉球国宪法的各条款在制定时应以具体实施世界人权宣言、国际人权规约、关于原住民权利的联合国宣言等国际人权法为目的。联邦、自治共和国、州、岛，各层次的宪法和宪章不是上下级关系，而是各有其权限和作用。应像太平洋各国的宪法那样，不仅将近代的法律，还将传统的习惯法也纳入宪法之中，结合地区特有的生态系统、历史、文化、生活、人们的观念等，制定多种多样的宪法。(《通往琉球独立之路》，第251页)

"这是和《琉球共和社会宪法私案》相通的主张。值得一提的是，书中还专辟一章，讨论联合国在独立中可发挥的作用。民族自决权是国际法中规定的权利，这一点常常被人们忘记。在本书第139页就提到，根据《关于承认殖民地各国及人民独立的宣言》(1960年)，琉球谋求分离独立是可能的。"

G同学在大致提出了以上问题后，讨论开始了。首先发言的是F同学，也是研究会的主要成员之一，正在博士课程攻读过程中，主攻法国现代政治哲学。

"松岛氏的《通往琉球独立之路》是现阶段所提出的很有说服力的一种独立论。我是支持琉球独立的，但是回到刚才的日本人问题上，作为日本人支持琉球独立真的有意义吗？松岛氏对日本人已经不再寄予期望了。在川满氏的《独立论的诸相》中有这样的说法：

> "按照仲松弥秀的说法，冲绳的村落是依山而建的。照此推断，与村落的成立密切相关的构想，可能会无意中助长了一种依附于大国的独立论调。如果是这样，那么迄今为止的独立论可说是'靠山独立论'了。(《新冲绳文学》第 53 期，1982 年 9 月，第 7 页)

"松岛氏接受了'靠山独立论'的批评，对依附于大国（尤其是日本）的自治论展开了批判性的探讨，但从中依然可以看到他有一种清醒的认识，那就是——日本人是靠不住的。关于日本何时才能撤走在琉球的军事基地，他说那要等到'琉球独立之后'（《通往琉球独立之路》，第 iii 页）。

"松岛氏的想法，与马尔科姆·X[1] 提倡的黑人民族主义有相

（1）马尔科姆·X：(Malcolm X, 1925—1965)，美国黑人民权运动的代表人物之一。他呼吁黑人权利，控诉白人罪行，认为每一个混血的美国黑人，都可能出身于一个被白人强奸的黑女奴之腹，因此，在摆脱白人的强权，重新找到自己灵魂的姓氏之前，黑人的姓应该是 X，于是他宣布自己姓 X（他本名是 Malcolm Little）。他早期认为非暴力不是真正的解放之路，（接下页）

通之处。马尔科姆为了克服美国的种族主义，推动公民权法案的彻底实行，提出了坚决不与'白人'融合的民族主义思想。他曾拒绝愿意与他们合作的白人为自己的同志。在他的传记中(《马尔科姆·X自传》，滨本武雄译，UPLINK出版社，1993年)记载了这样一件事，当他在'伊斯兰民族（Nation Of Islam,NOI）'教团组织里的时候，有一个白人女大学生曾找到了该组织在哈莱姆区经营的餐馆，而'我却对她说，"你什么都做不了"'（同上书，第454页）。后来，他对自己曾说过这样的话感到后悔，并主张白人也应该以各种方式与种族主义展开斗争。松岛氏的独立论可能也是这样的。琉球民族独立综合研究学会把会员限定在拥有琉球民族根源的人身上，也是为了避免和殖民者的融合。"

在F同学的发言之后，B同学接着说道：

"从这次的阅读书目来看，这是我们作为'日本人'应该思考的问题。很久以前，大江健三郎氏在去冲绳时曾思考过这样的问题：'到底什么是日本人？能不能把自己变成不是那样的日本人的日本人？'（《冲绳札记》，岩波新书，1970年）虽然有人也提出，对于这种通过冲绳来重新审视日本人的做法，应该批判性

（接上页）需对种族歧视以牙还牙。为反抗美国白人的种族优越主义和宗教信仰，他皈依了伊斯兰教，是伊斯兰民族教团组织（NOI）的发言人。虽然不主张非暴力主义，但他只采用演讲这一武器，反对者认为他散播种族主义和暴力，而肯定者则把他与马丁·路德·金并列。1965年他在演讲时遭到疯狂的扫射而去世。

地加以对待，但我觉得，在我们这一代人身上，似乎少了大江氏的话中所包含的那种紧张感。在这个意义上，就像大江氏被新川明氏表达了拒绝之意一样，现在，我们以直面琉球的姿态接纳这一拒绝的意向，这本身就是很重要的。因为这相当于是寻找自己的立足之地。不管怎样，作为生活在日本社会中的人（尤其是在可以行使投票权的权限之内），必须对现在的改宪动向做斗争。最近，在星期五参加官邸前的示威游行时，《琉球共和社会宪法私案》第一章的第六条被作为反核电的标语打出来。

"须将琉球共和社会建设成丰足的社会。须在衣、食、住、精神等生存的所有领域实现丰足。但是丰足的意义必须时常观照慈悲之海而不怠。

"日本政府不管是要重启核电站还是对宪法进行修改，都是要剥夺我们在'生存的所有领域'的'丰足'。'丰足'是宪法草案中的七个基本理念之一，体现了这一理念的，是宪法草案中的第 50 条至第 52 条，其中规定了禁止破坏自然和对自然加以恢复。虽然离今天的议题有点远，但我想，这份写于 33 年前的宪法草案之所以在理念上并不过时，乃是因为它虽是立足于琉球这一地区，但却拥有全人类的视野。'慈悲之海'的说法来自川满的生活方式所依据的伦理——佛教。'慈悲'与'智慧'都是大乘佛教中的核心概念，但'慈悲之海'这一说法并非专有名词，在'观照慈悲之海'之下实现的丰足，不能被看成是仅限于琉球的自然环境的专用名词。值得顺便一提的是，川满的宪法草案与 2009 年在法属加勒比地区发生罢工之后当地知识分子所写的《高度必需品宣言》有共通之处。仲里效还结合《琉球共和社会宪法私案》对这则宣言进行过讨论（《思想》1037 号，2010 年 9 月）。也许对这样的话题我是有个人的喜好在内的，但我相信群岛的想象力。那也是今福龙太在《论群岛与世界》中提示的图景。在这一点上，松岛的琉球独立论既为以南岛为中心的群岛间尚处于模糊状态的连带提供了明确的轮廓，也在精神上呼应了将'民族'（nation）作为'高度必需品'追究的加勒比海的知识分子们。

"让我们再把话题转向琉球独立论，在松岛氏的议论中，我注意到一个细节，也是我不太了解的地方。在引用了法农《大地上的受苦者》之后，松岛又引用了他的《革命的社会学》（宫谷、花轮、海老坂译，米斯兹书房，1984 年）——这本书后来改名叫《革命的社会学》，但在当时是以《阿尔及利亚革命的第五年》这一书名为人所熟知的——中的这样一段话：

> "光靠语言和文化把人归为某一国国民的做法是不充分的，还需要些别的东西，比如，共同的生活、共同的经验和记忆、共同的目标等。而在法国，所有的这些对我而言都是欠缺的。在法国的逗留让我明白，我是阿尔及利亚共同体的一员，在法国，我不过是个异乡人。（《革命的社会学》，第 145 页）

"松岛氏把他引用的这段话与在日本的琉球人的境遇相结合，又这样说道：'作为历史的、地理的和精神上的琉球共同体的一员，琉球人在琉球、日本以及世界的其他地方都是作为异乡人而生存的。'（《通往琉球独立之路》，第4页）但读到这里稍微感到有些奇怪。就法农来说，他在'历史上、地理上和精神上'来说都不算'法国人'，这我是明白的，但他也并不是'阿尔及利亚人'。对于出生在法属马提尼克岛[1]上的法农来说，阿尔及利亚是后天生成的'民族'（nation），我认为，他是自己选择了属于这一新的'民族'。在这个意义上，'琉球共同体'作为有明确的历史实质的共同体，它与法农所想的作为后天生成的民族的阿尔及利亚共同体是不一样的……"

　　大家的讨论越来越热烈，后来你一句我一句，已然分不清是谁说的哪句话了。热烈交织的言语在夜晚渐渐平息，讨论会终于结束。但大家已经确定了下次讨论的书目。在这次讨论的过程中，有人提议阅读以《琉球共和社会宪法C私（试）案》为名发表在《新冲绳文学》第48期上的《琉球共和社会宪法私案》。据有人带来的鹿野政直的《思考冲绳的战后思想》（岩波书店，2011年）中的说法，围绕这一宪法草案曾召开过一次匿名的座谈会，草案的起草者川满信一是以"C"的匿名参加的，所以草案就叫作"C案"了。在座谈会上讨论了些什么呢？如果是川满

（1）位于北美加勒比地区。

本人，他会怎样看待现在的琉球独立论呢？大家希望能从他当时的观点中获得一些启发，会议就以这样的讨论结尾。

关于共和社会 2014 年 3 月某日的会议

即便有了思想准备，但我还是被琉球共和社会研究会成员们的热情所折服。包括刊登在《新冲绳文学》第 48 期上的匿名座谈会"观察《宪法》草案的视角"（第 184—200 页）在内，相关的文章早在事前就已复印分发给了大家。负责准备材料的是 B 同学。他好像把大半的时间都贡献给了这个研究会，因之不免让人担心，照这样下去，他还能不能在规定日期之前完成他的硕士论文。负责报告的当然也是他，在收集材料时他没有半点疏漏，以至于几乎让人以为他更换了研究对象。在他分发的材料中有一个名字引起了我的注意，那就是平恒次。

《新冲绳文学》第 48 期组织了一期专题，名为"通往琉球共和国的桥梁"（从编辑后记中得知，从这一期开始，主编一职由新川明传给了川满信一）。这一期的打头文章就是平恒次的《新世界观中的琉球共和国》。其实在以前我看过他的文章，在仲里效编的 *Edge* 杂志第 5 期（1997 年夏）中组织了一个小型特集"琉球独立 Big Bang"，其中收入的《琉球独立的新视点——从古琉球到 21 世纪》（该杂志第 40—45 页）就是平恒次所写。平恒次 1926 年出生于宫古岛，自 1970 年起在伊利诺伊大学任教，是位经济学者。在那时，我还不知道他是琉球独立论的领军人物，只觉得他立足于国际关系的视野谈论琉球，并提出了小国不可缺少对人才的培养等建议，有非常具体的设想，与那些理念先行的讨论有很大不同，所以留下了很深的印象。后来，我又通过上村忠男氏的近著《异托邦（Heterotopia）通信》（米斯兹书房，2012 年），知道了鹈饲哲有两篇文章《发明独立》和《岛·列岛·半岛·大陆》就是在读了平恒次的上述文章之后写的，收入了鹈饲的《主权的彼岸》（岩波书店，2008 年），这两篇文章我也读了。在前一篇文章中，鹈饲氏说，平氏所说的独立"不是任意一个地域的独立，也不是现有的独立概念的单纯应用"，而是"将独立发明出来，或者是试图重新发明独立"（该书第 194 页）。那么"琉球独立"到底是什么呢，带着这样的问题，我听着 B 君的报告。

这一期杂志的专题是"通往琉球共和国的桥梁"，我最感兴趣的就是那次座谈会。这部宪法私案后来被再次收入在川满氏的第二部评论集《冲绳·自立与共生的思想》（海风社，1987 年）中，但如果把它放在刚问世时的脉络里，还是可以看出一些不同。在最早刊登它的杂志上，除了《琉球共和社会宪法 C 私（试）案》之外，同时还刊登了另外一部宪法私案——《琉球共和国宪法 F 私（试）案》，F 私案出自别的作者之手。围绕这两部宪法私案组织了一次座谈会，会上有 8 名相关人员匿名参加，在这次座谈会上，C 案中所包含的思想在讨论中更加清晰了。比如，为什么是"共和社会"而不是"共和国"呢？这成为座谈会上一个讨论的重点，根据 C 氏（川满氏）的观点，"共和国"是以国家为前提的设想，而他的宪法私案的第一章第一条就提出了这样的基本理念：

"我们琉球共和社会人民出于对历史的反省和悲壮的誓愿，决心根除自人类产生以来由于权力集中而产生的一切恶业的根源，在此高声宣布废除国家。"

这就是必须废除国家的理由。这一点在川满氏后来与平恒次的对谈《指向近代国家终结的路标》（《新冲绳文学》第 65 期，1985 年 9 月，第 170—183 页，也收入了本书）中也提到了，川满在其中指出了第三世界的独立所陷入的问题："这些国家虽然一朝获得了独立，但在这些国家内部，依然存在着与发达国家同样的内部压迫，也就是说，发达国家中存在的支配、被支配关系在第三世界国家里以更加凝缩的形式得到了再现。"因此之前的独立"只是以原样沿袭了近代国家原理的形式对发达国家的追赶。所以当我们提出冲绳的独立、阿伊努等少数民族的独立问题时，应该思考的是，与第三世界的民族国家形式相比，他们能够提出怎样不同的国家逻辑"（该杂志，第 177 页）。因此川满氏提出要"否定主权国家，完全超越以国境画线的思维，促进人类经济和社会活动的相互交流"，"在经济行为上可以形成一个社会"，但另一方面，"这个社会并不专门形成国家"。他所设的"琉球共和社会"采取的就是这样的模式。（该杂志，第 178 页）

在上次的讨论中忘记指出了，在宪法私案的第二章第十一条"共和社会人民的资格"中是这样规定的：

"琉球共和社会的人民不限于在中心领域内居住的居民，只要认同本宪法的基本理念并有志于遵守者，不论是何人种、民族、性别、国籍，在其所在地即可获得共和社会公民的资格。"

回到我们的初衷来看，其实我们把这个讨论会叫作"琉球共和社会研究会"，也应该是基于这样的一种资格。回顾上一次的讨论，我们谈论琉球共和社会也包含了我们希望这个社会能够形成的一种愿望。在这一点上我要指出的是，在 F 私案的第九条中也有这样的规定："任何人都可以成为琉球共和国的人民，并有脱离琉球共和国的自由。"（《新冲绳文学》第 48 期，第 182 页）

再回到匿名座谈会，在 C 氏的宪法草案中还有关于所有权的观点。"日本国宪法是以私有财产和私有权作为前提并加以主张的。只要它以私有权为前提，以私有权为核心的国家权力的存在就会出现在它的设想之中。于是，国土，领土权，就都以个人的私有权为核心被确立下来。"（同上刊，第 192 页）为了构想一个与以这样的私有权为基础的近代国家相对立的理想社会，C 氏在宪法私案第三章第十九条"基本生产资料及私有财产的处置"中这样规定：

"在中心领域内，土地、水源、森林、港湾、渔场、能源以及其他基本生产资料皆为共有。对共生的基本权利形成侵害与压迫的私有财产不予以承认。"

在提出生产资料的共有之后，第二十条还规定了居住地的所有权归所属的自治体公有，人们在居住时应保障原先居住在此的居民的居住权。这种公有的想法在今天读到的时候，与其把它解释为受已有的社会主义尝试的影响，不如放在提出"自立与共生的思想"的川满信一的诗学中去理解。我所提出的问题就是这些。

——读《新冲绳文学》当时的报道和论文，我再次为川满共和社会构想的前瞻性而叹服。他从主张"反复归论"时开始就一直坚持废除国家这一观点，但在其他为这期特刊投稿的几乎所有人当中，都没有发现这样的观点。但其中，我比较感兴趣的是高良勉氏的《琉球尼西亚·一个人的独立宣言》（同上刊，第 100—103 页，后收入《琉球弧：诗·思想·状况》，海风社，1988 年）。深夜，在那霸的一间居酒屋里，"我"遇见了一位男子，该男子递给"我"一张纸，上面写的就是《琉球尼西亚·一个人的独立宣言》。这个独立宣言指出，"琉球尼西亚共和国联邦"是"以尽快改变和消灭使国家与国家分裂对立的世界，而创造出来的过渡性的'国度'"，这是个非常重要的设定。"成员虽以琉球人为主体，但并不因出生国和血统加以限定。"（同上刊，第101 页）这可以说是"我"的分身的男子所提出的"一个人的独立宣言"与琉球共和社会的设想是很接近的。

——从这种精神来看，色川大吉的《〈琉球共和国〉的诗与真实（基本构想）》（同上刊，第 73—76 页）也值得关注。他在琉球这样的"小国"的独立中看到了真正的民主主义的实现。在这个意义上，竹中劳的用词虽有所不同，但他也是持同样的观点。他在《琉球共和国》（筑摩文库，2002 年，第 44 页）中写道："我在琉球的独立中看到了梦想中的人民共和国，还有亚洲地区穷苦劳动人民的革命。"

　　——但如果站到琉球人的立场上，他们可能并不愿意琉球承受日本左翼文化界人士的如此期盼。他们会想，还没有承担你们作为殖民者的责任，就开始这样自我卖弄，有诚意的话，把你们的军事基地带回去再说！所以我们在接受琉球共和社会宪法私案时可能还需要一些其他的态度。

　　——我认为，在这个意义上，在分发的材料中，东琢磨的《Hiroshima[1]独立论》（青土社，2007 年）也可以算作对琉球共和社会宪法私案的绝好的回应。在《Hiroshima 独立论》的最后，有一节标题为"独立空间广岛——为了正义与和平的实现"，在这一节里，有一篇"独立宣言及宪法私案试行案"。下面是它的

（1）Hiroshima 是广岛的日文发音，原文即用表示读音的片假名表示，而没有使用"广岛"这一汉字。目的应该是虽然该设想起源于广岛，但是"独立空间"又不仅是指广岛，因此采用了不使用汉字"广岛"的做法。为表达这一语感，译文中也避免使用汉字，而用发音代替。

前言。

　　这是向那些借助了实际的地理空间、但又不具有实际存在形态的"非国家"或"反国家"所发出的宣言。为了避免误解起见，我们对这样的对象采用了"独立空间"这一说法。我们暂且规定这样的空间先从某一具体的地点开始建立。但同时，这一称呼也饱含了对已存在的以及今后即将生成的类似空间的友情呼吁，这些空间在既有的国家空间内部是不均匀分布的。(《Hiroshima 独立论》,第 209 页)

　　这个独立空间就是"广岛和平公园"。就像宣言里说面对的是"不具有实际存在形态的'非国家'或'反国家'"一样，这是一个理念上的独立宣言。它向现实中的国家发出了质疑，重新追问领土的意义，法律的意义，从一个慰灵的场所，作为"独立的证人和见证者"，向死者发出了召唤。虽然这篇"独立宣言及宪法私案"不是在谈琉球独立的问题，却做出了与琉球共和社会宪法同样的尝试，也让我们发现了宪法私案这种方式所带有的普遍性。

　　——确实是可以通过理念的相通使构想实现普遍化。我还是希望回到琉球独立的脉络中，请大家关注平恒次氏的论文《新世界观中的琉球共和国》。平恒次认为，应该承认世界上的原住民族[1]都有自主建立主权国家的权利,就像艾梅·塞泽尔[2]讲"独立的权利"时说的一样(《作为黑人生活》,立花、中村译,法政大学出版局,2011 年,第 30 页)。平恒次在提出这种民族自决主义的同时,还陈述了世界主义的重要性,这种世界主义认为,地球是所有的共同体共同拥有的。只有民族主义与世界主义相互提供保证,独立才会成为整个人类的课题。

——这种情况是否会与川满所说的第三世界国家独立那种情形一样呢?如果是这样,在独立后,拥有了自己国家的原住民的内部,会不会产生出新的差别与压制?

——这可以参考刚才提到的平恒次与川满的对话《指向近代国家终结的路标》。平恒次说,"如果冲绳独立走的是以往的国家道路,也就是说走的是通往主权国家之路的话,那这是与我的基

---

(1) 作者在此使用的是马来语,为"大地之子"之意。

(2) 艾梅·塞泽尔(Aimé Fernand David Césaire, 1913—2008): 1913 年出生于加勒比地区法国殖民地马提尼克的黑人诗人、剧作家、政治家。在法国接受中学教育后,20 世纪 40 年代回到马提尼克投身解放黑人同胞的政治运动,他用充满非洲意向的欧洲语言,高举黑人寻根,自尊自爱自强的旗帜,反对法国殖民者的种族歧视以及政治和文化上的霸权主义。他提出了"黑人精神"(la négritude)这个概念,为非洲和加勒比地区黑人知识分子的精神崛起做出巨大贡献。代表作有《回乡札记》《被斩首的太阳》等。2007年,马提尼克的国际机场(开业于 1950 年)为了纪念艾梅·塞泽尔,更名为马提尼克艾梅·塞泽尔国际机场。2012 年北京法国对华文化教育中心曾组织了艾梅·塞泽尔电影放映及诗歌朗诵会。

本的国家观不相容的"。但这是从思想的层面上来讲的，从战略的层面上来讲，还是要"打造一个主权国家性质的东西"（《新冲绳文学》，第 65 期，第 177 页）。以此来弱化日本国的主权，最终，由规模与同业行会差不多的小集团在对等的关系中创立"自主联合的世界社会"，这是他提出的取代近代国家的构想(vision)。

——这样的话，琉球作为主权国家独立就可以被看作实现世界规模的"自立与共生"的一个阶段了。在发给大家的资料中，有新崎盛晖等编的《对冲绳自立的挑战》(社会思想社,1982 年)，它是在《新冲绳文学》那期琉球共和国特刊之后召开的研讨会的论文集，其中收入了新崎盛晖、新川明、川满信一等人的讨论（同上书，第 190—206 页）。在讨论中，川满说，"独立"终究只是个战术，还是表明了他对以国家为前提的独立论的异议。

——在这个意义上，我们能够做的，就是与在列岛各地涌动着的，以及已经发生了的自立运动相联合。在这一点上，可以说《Hiroshima 独立论》已经走在了前面。

——还有像坂口恭平这样的人物，既有超凡的想象力，又有超常的行动力。他向日本政府宣布成立"独立国家"，对建立在土地占有基础上的社会的价值观提出了质疑，主张形成一种联合自治社会（commune）。此外还有在各地实际战斗着的人们。而我们，只会像高级无业游民那样，除了会空谈以外百无一用。

——真的是这样吗？其实，琉球共和社会已经在我们的理念领域形成某种形状了。先让更多的人共同拥有这种理念是很重要的。在宪法私案中明确规定了对武力的放弃、与军事相关的飞机船舶的禁入，还有对核武器的禁止。对武力的放弃在日本国宪法第九条中就有了，宪法私案可以说是对此的继承。如果宪法第九条被修改，日本就会成为一个可以发动战争的国家，但认为这样也没关系的人越来越多。在这种状态下，迫切需要推动理念的改变，这是在理念领域的战斗……

"写完啦！"突然有人喊道。正在讨论的人都齐刷刷地向这声音传来的方向看去。说话的是没有加入讨论，一直在默默地写着什么的 N 同学。

"我也试着写了一部宪法草案。川满不是在《琉球的自治与宪法》(《环》第 30 期，第 162—169 页）中提议来个'宪法草案大赛'吗？当然，讨论也是需要的，但我们大家都来草拟宪法，来一个'四十七都道府县宪法草案大赛'怎么样？那就先从我自己开始吧！这是我的《岩手县共和社会宪法 N 私（试）案》。"

结尾

在 N 同学拿出他的宪法草案后，研究会又掀起了一轮热议，但这样下去讨论恐怕永远也结束不了。于是，有人就提议说，既然大家已经讨论了这么多了，也没有必要日本的每个都道府县都要出一个宪法私案，不如就把这个宪法私案作为"理想之乡（Ihatov）[1]宪法私案"吧。提出这一建议的 F 同学在下次讨论会之前会针对 N 私（试）案准备他自己的 F 私（试）案。琉球共和社会研究会的下次活动定于 4 月中旬，于东京都内某咖啡馆地下一层的会议室举行。

（1）Ihatov 是日本诗人、童话作家宫泽贤治的造语，指他心中的理想之乡。

群岛乐和[1]社会"平行"宪法之断章

························

今福龙太

（序）

　　我坐在海边，听着送来干燥砂粒和玫瑰花香气的海风的絮语……后来，我已完全不晓得，是风儿在对我诉说，还是我在向风儿说话了。还有，这些话是像成套的烫着金字的厚厚的百科辞典里的东西那样看得见摸得着，还是与风和海浪一起涌来又退去、终于消失不见的东西，我也不

（1）乐（yuè）和：日文原文为"响和"，为作者新造之词。因日语里"响"的发音与"共"相同，所以该词既借"响"字的发音暗含了"共和"之意，又借"响"字的含义包含了万物交响呼应之意，该词的用意作者在后文有所说明。在翻译时考虑到汉语里较难找到既与"共和"发音相同又有作者下文所示的"音乐"交响之意的汉字，因此在翻译时优先考虑了词意，新造了"乐和"一词，"乐（yuè）"取音乐之意，故译成"乐和"社会。

清楚了。要是那风和草穗的美好能映在你的心里，让你看得到，那该是多么令人高兴啊。

——宫泽贤治《萨哈林与八月》

群岛乐和社会"平行"宪法

第一道[1]　意志　inner will

群岛乐和社会建立于自立自存之上，并有志于将协同劳动、同理心与连带感推广到世界范围。善意地共同拥有（＝放掷）如上"意志"的（全体生命和全体物质的）共鸣体，即为群岛乐和社会。

此处所说的意志，并非来自个体出于现实主义考虑所产生的愿望和欲望，而是参与群岛乐和社会的全部主体，为了充实生（以

（1）"道"：作者原文使用的是"缟"字。"缟"在日语里意为织物的纹理，作者在后文中专门指出，因其在日文中发音与"岛"相同，可以唤起对岛屿的想象，同时又因织物的纹理纵横交错，没有特定的中心和起点，因此作者用"第几缟"代替"第几条"的说法，也表示了对现有法律中暗藏的次序和层级制的反抗。但考虑到汉语里的"缟"字缺乏这种双关，因此选用了"道"字加以取代。除了可以有作者在"缟"字使用上的双重含义之外，汉语里还有"朝闻道，夕死可矣"之语，也有"得道者多助，失道者寡助"一说，能充分体现作者的意图。

及死）之意义而产生的、不可动摇的内在决意。

该意志的主体来自岛上的所有存在，岛的意志分别和具体地体现在人类、动物、鸟类、鱼类、昆虫、植物、菌类、矿物之中。

尤其是人类，作为拥有自我意识且独有改变生态环境之力的物种，必然要肩负重大责任，须拥有摆脱个人及组织的欲望控制的、不会独断专行的纯粹意志，并行使这种意志。人类应在一切日常环境和精神活动中接受岛自身所表达的意志，并加以学习，应将人类自身的意志看作岛的意志在其居住者身上的涌现，远离恣意的、个人的独占欲，谦虚地，但毅然地形成自身的意志。

坚决拒绝没有意志为基础，只是出于惰性追随现状及预测未来的心性。

第二道　希求　craver

当意志在具体的社会条件下产生并表达出来的时候，就叫作希求。世间万物皆具有在其存在的自然条件下产生的纯粹意志，并拥有将其作为希求表现出来的力量。所有的生命运动均是如此，参与群岛乐和社会的所有人，其行动不应出于对现实状况的算计心或对体制的顺从，而必须出于对美和真理的强烈愿望，在希求之上产生行动。

希求是所有存在与行动的根据和动因。主体有了希求才能成立，主体希求的不同强度，会引发事件不同程度的联动。

将表面上已发生了的事实或事情连接起来的因果法则，不能够用来说明历史。真正的历史是对环境、物质以及包括人在内的所有生命体的希求发生作用的全部过程。

没有被意识到的希求叫作预兆。预兆是和希求表里一体的现象，是群岛乐和社会面向现在与未来的根本性的指针。

第三道　历史（灾祸）catastrace

历史中带有因灾祸（catastrophe）反复出现而形成的痕迹（trace），这是历史包含的一个侧面，也是群岛乐和社会历史意识的原点。灾祸，不管是自然现象还是人为导致，都使历史更加形象，为历史赋予智慧和感情的所有悲剧性事件都包含在灾祸这个概念之内。对于生的全部经验，都伴随着对死的深刻理解。

火山喷发、地震、海啸、风暴，都是群岛生活面对的日常条件，而它们所提供的契机——火的诞生、水的横溢、大地的震颤，都与群岛人的幸福和惠泽相连。群岛人知道，知晓幸福的起源和洞悉灾厄的起源，都是有着共同的终极根源的知性探求，必须不断地将这种多层次的知性探究付诸实践。

群岛人不对天灾或人祸做出严格区分，而是将所有灾祸留下的痕迹都看作历史形象的一部分，致力于建立一种新的生死观。仅将维持个体生命看作无条件的善加以推崇的人道主义实则是一种不宽容，必须在群岛乐和社会中加以克服。只有在认识到生与死都应在历史意义的积累中得其所哉，才存在个人生命的真正尊严。

第四道　更高层次的法则　higher law

群岛乐和社会的法律秩序将告别对国家共同体的归属，否定一直以来宪法以国家最高法的身份而获得的传统位置。

人类的历史已经数次向我们展示过，当宪法成为最高法规之后，由于司法程序中的形式主义和方便化的操作，宪法的内容如何变得形同虚设。人类也无数次经历过，当宪法获得了至高的权威之时，正义的依据如何成为宪法本身。我们只要想想在美国 19 世纪实行的《逃亡奴隶法案》[1]就够了。这无疑是部恶法，但在法庭上却完全没有讨论它是否有违正义，而只是对它是否合宪争论不休。不管是何种行为、习惯或是法律，尤其是事关道义与生命的情况下，都不应仅根据是否合宪判定其是否适当，而应根据更高层次的理法加以判断。

对全体生命和全部物质都普遍适用的正义，是一种没有明文书写出来的更高层次的法，只有它才应是形成所有判断的依据，绝不允许人类以宪法为挡箭牌，将不义以合宪为名恣意地正当化。只有当群岛乐和社会的所有成员都依循自然之理，希求道德上的正义时，其所具备的清正高洁的精神，才是更高层次的法，才是统御万物的至高法则。

（1）《逃亡奴隶法案》：指美国 1850 年为缓和蓄奴制在南方引起的矛盾而通过的法案，允许南方奴隶主到北方的（反对蓄奴的）自由州追捕逃亡的奴隶，引起了北方进步人士的强烈愤慨。

起草这部群岛乐和社会"平行"宪法，并非以制定新宪法成立一个新的共同体为目的。使宪法的权威性解体，宣告还有更高层次的法的存在，呼吁人们在熠熠生辉的更高层次的法——它遍布人们的日常生活中无处不在——的面前觉醒，才是本"平行"宪法制定的目的。它将作为"世间的传闻"，即自然理法的呼唤的片段而被书写。

第五道　放掷 abandancing

　　群岛乐和社会致力于告别属地的、以领土占有为基础的大陆国家原理，摆脱这种原理下产生的建立在排他性占有之上的个人压制，特将基石置于放掷这一理念之上。在群岛中，各岛屿一方面严格地保持着与邻岛间依存与对立关系的平衡；另一方面，当这些岛屿被一朝弃置于外部时，又维持了相互关照的关系，放掷的理念就是这种自古以来就有的漫长历史的反映。

　　群岛因分散在海洋中而带有扩散性与连续性，放掷的理念即以此为前提；因此放掷的理念不提倡垄断性的占有，也不提倡保留了所有权之后的共有，更不是单纯的放弃。放掷，是一种深沉的关爱与照顾，它来自一种与强迫性的所有权观念诀别的心性，是通过谦虚与淳朴的关爱与照顾，让更高层次的法则来规范物事未来走向的一种意志。

　　放掷的理念适用于从领土到私有财产，并进一步及于爱、憎之类的情感领域。必须在这所有的领域中严格排斥独占、圈占、私有化及玩弄。

放掷因从一切占有和圈占的原则中得以自由，因而不但不会是欠缺与丧失，反而能够获得一种充盈（abandance）。它也能在客体、他者与情感之间建立起丰富的关系性。群岛上流传下来的歌谣，几乎都是在放手后对物事的情爱及哀惜之情的结晶。

第六道　舌　tongue

在语言的生态圈中，诗就是被海洋从大陆中切割下来的岛。而产生出无数诗的语言的——舌，就是群岛中的各个岛屿。在人们自己的唇与舌之间都拥有一个岛。这如同岛一样的舌，相互间像群岛一样既分离又结合。不同的舌在彼此间固有的细微差异中，仍和谐地共享着同胞的语言。只有差异才是同一性的根据。

舌不是为了传递写下的文字，而是以随时直接传递声韵、留下声响为使命。群岛乐和社会深深地相信，诗的语言可以在群岛间形成连带，舌是最为本原的存在，人们可以因此而行事豁达，这是群岛乐和社会建立一切交流与沟通的基础。

第七道　声　voice

群岛人语言理性的确立最终要靠以声音形式表达出来的语言，而不是文字语言。以口口相传的方式讲述故事和历史的人们[1]，是乐和社会的集体讲述者，应该得到人们最崇高的敬意，

（1）在上古时期，有以讲述传说、典故为世袭职业的部族，作者在这里用的就是这个词。

被赋予最高的人格（而非职业或地位）。

从最初开始，到大种植园的夜里，在讲述者穿透意识之夜的声音中，有着传达死者记忆的集体意志。[1]在那口口相传的故事中，"事"就是在那无形的灵性和神圣中存在的未知的生命力的核心。要有决心将文字语言无法充分呈现的"事"的生命用声音传承下去，并以此将群岛人对语言的日常意识打造成形。

当故事从讲述者的口中忽然现身于暗夜之中，那些围在一起侧耳倾听故事的人，会被跳动在自己身体里的血流的轰鸣所震撼。他会感受到，那些他以前并不知道的事情和感触所留下的痕迹，真切地流动在自己的血液里。那"时间的痕迹"不是从外部刻上的，而是自古就深潜在自己内部的未知的生命潮流。这种口口相传的故事，是以声音的形式静谧地传递着智慧，在

（1）此处提到大种植园，应该指的是冲绳的海外移民。冲绳在 1900 年之前就有人远赴海外谋生，为海外急需劳工的地方提供劳动力，这就是冲绳的海外移民。最早接收冲绳海外移民的地方是夏威夷，直到战前为止，接收冲绳移民最多的地方是原南洋地区、巴西和夏威夷，在这些地方，冲绳移民在甘蔗、咖啡大种植园或工厂里工作，劳动条件苛刻，待遇微薄。根据一份 1900 年夏威夷的用工合同，冲绳移民的男子一个月工资 15 美元，女子一个月工资 10 美元，在种植园的一天工作 10 小时，在工厂的一天工作 12 小时，一月工作 26 天。在这种情况下，还是有很多冲绳移民将微薄的收入节省下来寄往故乡，甚至有人能将收入的一半攒下寄回。

海外的冲绳人在严酷的工作条件和与故乡迥然不同的生活环境中，依然传承了在故乡时的文化，他们抱团取暖，在生活和资金上相互扶助，在各地组织了同乡会，强化了县人之间的关系纽带。冲绳县人会这样大型的组织也是在那时发展起来的。冲绳海外移民对家乡的支援对冲绳战前的经济和战后的复兴都做出了贡献。

这将智慧像种子一般、胎儿一般传递的过程中，存在着群岛乐和社会所有记忆的源泉。

不是观念，也不是记号，只有被赋予了具体声音的语言，才是能与世间万象的呼唤和轻语等物质语言产生连带和共鸣，将智慧从过去传达给未来的最终的媒介。

第八道　生成与反生成　generation/degeneration

在群岛乐和社会，时间不是用时针、日历这种历时性的东西来计量，而是用一种超越了世代和历史的时间感觉来计算的，它是基于物种和地质学的、圆环状的时间感觉。人们相信在所有事物的生成中，都蕴含了之前的事物的生成过程。一个生命体的诞生，其内部潜藏着无数死者的存在，并传承着它们的记忆。

生成（generation）总是包含了它的反面 —— 反生成（degeneration），即退化之相。一切的生命体，在它诞育了下一代，完成了生成的使命时候，都会走上生物学上的退化之路，只是时间上有长有短而已。因此一个世代的生命是生成与退化的连续体。在这个意义上，生成与退化并不是对立的，而是互为一体，是个圆环状的、回归的运动，它塑造了生命体的形状。

群岛上的时间，就存在于生成与反生成的相辅相成中，存在于不断追问生命轮回的欢喜与宿命的经验之上。现实，就是生者与死者相遇的界面，人们必须学习接受在这日常中有死者的普遍存在，对死者保持敬意与建立生者的尊严相同。

第九道　高度必需　high necessity

群岛乐和社会的经济活动应回归 economy 的原意——家政经营（oikos），应在尽可能小的地域性的、家族性的关系中以赠予和交换的行为进行，不以追求生产和利润的无限扩大为目标，而是以实现伦理的、诗的、美的充盈为目的。这种情况下的交换（＝交感），以满足高度必需为基本原理。根据高度必需的思想，人们应该置于经济性要求的核心的，不应是在量上获得满足，而应是质的满足，而且是尽可能少的满足。

资本主义将民众禁锢在商品生产与消费的封闭循环之中，一心盘算的只是收支的数字平衡，这使人们的头脑在日常生活中变得枯燥无味毫无诗情，通过语言思考的能力被挤压到了极限。由于在制度上保障了人们的最低工资和最低必需的满足，人民大众反而因此被蒙蔽了双眼（因为他们不再能够获得自足的幸福），而群岛乐和社会则给人民提供满足最高度必需的权利。人们将通过主张这种权利，用诗的想象力，将充斥着枯燥无味思考的社会荡涤一新。只有在日常生活中坚持不懈地将诗情扩展到社会的各个角落，才能保障这高度必需的本质。

第十道　模仿／学习　mimesis

学习的本质在于模仿。要向海洋、风浪、珊瑚礁、洞窟、溶洞[1]、山峦、森林、树木、动物、人类……世界上所有的生物性和物质性存在学习，学习它们那充满智慧的存在样态和运动。在群岛乐和世界中无处不在的睿智，就是从这样的学习中产生的。要想实现真正意义上的学习，必须废除官僚化的教育系统及其末梢的从属性教育机构，返回模仿的原点。

承担传达群岛乐和社会智慧的功能的，主要是民众歌谣。不管是琉球弧的岛呗（shimauta），爱尔兰的 Sean-nós[2]，还是巽他（Sunda）群岛的 Tembang[3]，这些歌谣的核心，都是以洗练的即兴创作为基础的创造性模仿。为了吸纳隐含在世界深处的充满野性的知性和感性，必须每天坚持不懈地锻炼模仿的技能。

人类俯身面向自然，通过这创造性的模仿，可以获得建立在万类平等基础上的曲艺，这是人类学到的东西中最具创造性的个性之体现，它是每个学习者智慧和技术的结晶。现在最常见的

（1）日文原文为"暗川"，琉球本地方言读作 kurago，指冲绳良部岛上的历史遗迹"住吉暗川"。一百多年前，由于良部岛上没有河流，雨水渗入地下形成的溶洞就成为岛上居民的饮用水来源。那时受自然条件所限，岛民需匍匐爬进洞口狭窄、内部很深的溶洞，用水桶汲水，极其不便，去洞内汲水属于重体力劳动，洞内光线黑暗像暗夜，所以叫作"暗川"。明治维新后有了岩洞爆破技术，将洞口炸开，拓宽了洞内通道，取水才变得容易，直到1961—1962 年通自来水之前，村民一直从这个溶洞内取饮用水。

（2）Sean-nós 是爱尔兰一种传统的歌唱方式，口口相传，用爱尔兰语进行歌唱，无伴奏，没有特定节奏，重点是歌词，歌词的节奏决定歌的节奏。在爱尔兰语里，Sean 指传统的，nós 指习惯、风俗。

（3）Tembang 意为"歌、诗歌"，巽他群岛的传统音乐，由金属弦的筝（kacapi）、直笛（suling）等伴奏。

是效率至上式的学习，它不过是机械性地再现同类事物，像拷贝一样将其全部信息化加以存储，而曲艺的丰富性恰恰暴露了这种学习的非人性化特征。它也直击了向单一成果直线式迈进、将一切目标化、数值化的成果主义的苍白。在岛屿的森罗万象中，到处都有"我师"的存在，要向它们学习，在日常的观察中自然地效仿，在摸索中模仿，大大开拓身体性"习得"的道路，从而创造出自己独有的智慧和技能。

第十一道 秘密 enigma

必须在所有的智识活动领域为"谜"（enigma）的存在保留一席之地。在万物更高层次的理法中存在的"谜"和"未知"，恰恰是更高智慧的源泉。可通过理性知晓的"既有知识"和将其碎片化、序列化了的"信息"，不应获得权威性和全能性。

尤其是在高度发达的资本主义社会中，信息已经开始获得凌驾于其操作主体——人类——之上的潜在权力。当国家机关存在信息的隐瞒，民众发出抗议并要求在信息公开的基础上实现社会的公正时，这种做法本身并没有错，但却同时为信息的价值赋予了特权，在这一点上无异于对国家权力的设想形成了追认。人们想要通过掌握作为符号的信息，使社会和人民摆脱国家的管理、监视和操控，但这就需要在反抗国家对信息的垄断的同时，相应降低信息的价值地位，保护社会中未被信息化的"谜"与"秘密"的领地。

这就需要将秘密与恣意的隐瞒严格区分开来。翻开知性的历史即可了解，知性是一种常将自己隐藏起来的、谜一般的精神活动。因为有了谜题的存在，人们才会有动力去开动知性，迈出探索的步伐。我们也从中深刻地认识到，知性的深化，并非谜已经被解开变成已知，而是谜又生成了新的谜。

而神话，就是那神秘的、隐而不见的（occult）知性的结晶。人类在与世间万物的交互之中创造了神话这种知性的形式，并将睿智的最深的秘密（enigma）留在了其中。群岛乐和社会要尽可能地将这神话式的智慧倾注到日常的思考中，因为它是将谜以谜的原样形式传承下去的一种睿智。

第十二道　航海　voyages

群岛乐和社会应摆脱建立在属地基础上的、排他性的共同体意识，通过航海不断拓宽自身的边界，将开放型社会的理念向世界扩散和渗透。

所有的群岛人都有机会拜访离散在外的同胞，并可与他们就自己所创造的物品、场域、关系进行交流。在这种时候，人们终于能够感觉到一种跨越时空的、面向所有同胞的新的家的存在。借助于大海的循环性与包容力，人们可与航行到更远地方、在其他海域生活的大洋上的人结交，交换各自的航海故事。已经完成了的航海故事，与今后才出发的航海的故事相交叠，奏出对位法的、丰富的音乐，引领人们对生的意义产生更深刻的、更具启示性的发现。

群岛人须通过航海向世界上的同胞展示自己的创造，并向他们学习其独特的音乐、舞蹈、美术、仪式这些美的、诗性的文化创造物。那时，群岛乐和社会也会创造出新的音乐、新的节奏、新的舞蹈、新的歌曲，成为各自在自立自存之上形成连带的明证。

成为开放型的航海者，就意味着同时要接受自己是个落难者。在群岛的放掷的理念之下，家乡不再像陆地上的家那样，是倦鸟归林的安居之所。在航海的生涯中，本来是家乡的岛，反而变成了新的战场，它不断地驱使人踏上新的旅途，向历史的不在之处拓展自己的生存。作为出生地的岛，总是在掀起风浪的群岛海洋一角，静静等待着人们的归来。等待着人们不是作为还乡者，而是作为新的落难者归来。与珊瑚礁、树木、岩石、森林和动物们不同，只有人类在岛上接纳这一落难者的立场。必须深刻地认识到，只有那抛弃了本源性的先住者的骄傲自大、接受自己是落难者的人，才是群岛乐和社会中最谦虚的，而且是最具冒险性的存在。

（ 跋 ）

前几日，我偶然嗅到了一阵白莲散发出的清香，不禁感到期盼已久的时机已经到来。白莲象征着纯洁清白。它绽放得如此纯白无瑕，超凡脱俗，香气如此芬芳清香，沁人心脾，观之嗅之都叫人喜爱。它似乎在向我们展示污泥浊水之中也能成长的生命力，更能开出如此纯洁甜美的花朵，展示它那出淤泥而不染的高贵品质。在那片开了一英里的白莲池里，我想我已经摘下了第一朵莲花。我们的希望之源就在这花、这香里！就因为它，我或许不该这么快对这个世界感到绝望，尽管有残忍的奴隶制度，尽管人们对不公表现出胆怯懦弱。期望北方的人民能重拾道义和原则。它昭示着是什么样的法规有最长的历史、最广的受众，直到现在，仍然指导着万物的生长。它预示着当人们的行为能如这香一般甘甜，那个时代就会到来。（[美]亨利·大卫·梭罗:《马萨诸塞州的奴隶制》，1854）[1]

片段评述

风闻 ——

现在，"风闻"一词几乎成了专指不实传言的一个词。而如果我们不把语言作为人类独有的权利，我们就会看到，风、岩石、森林，都会成为传递语言和故事的主体。正是在这不以特定主体的恣意发声为源泉的风闻之中，才暗藏着大自然的理法。

宫泽贤治曾在《鹿舞起源》中这样写道："在夕阳映照下的青苔遍布的荒原中，掠过的秋风送来了这样的话……"在贤治的《狼森林、笊篱森林和强盗森林》中，将岩手县山麓森林的来历

（1）该汉语译文选自：[美]亨利·戴维·梭罗著，江山、王欣、流畅、刘昕蓉、张赛译:《远足》，江苏人民出版社，2013年，157—158页。

娓娓道来的主体，就是"在黑坂森林正中央的大黑石"。在传说中暗藏着一种智慧，就是借助讲述主体的非人化，使传说中以神话形式表现的普遍性得以延续。

同样地，这部"平行"宪法，就是试图在摆脱了一切个人中心思想的大自然的声音中，寻求隐藏在其中的理法的一种尝试。本宪法将宫泽贤治的《萨哈林与八月》作为序，亨利·梭罗的《马萨诸塞州的奴隶制》作为跋，在二者之间填入各项条款，就是出于这种意图。

道 ——

道与"岛"同音，最终都归结到人类及所有生命体的原初住处——岛。

这部"平行"宪法的条文不是按照惯例用"条"来列举，而是用了"道"，就是为了表明各条款之间具有相互渗透性和可置换性，不想使一直以来建立在强调先后次序基础上的那种体系性和层级制进入宪法当中。"条"的原意，正是像棋盘格道路那样纵横交错，可以从任何一个地方数起，不存在特定的起点和中心。作为从层级秩序中摆脱出来的据点，"道"既是重要的实体，也是比喻。

最初，"dao"这个音的出现，来自定居到海边的人们意识到他们所居住的是由大海和山峰自然形成的一片落脚之地（岛）。"dao"是生物学意义上的"领域"（territory）。同时，"道"还是古代的行政区划名。岛—道—dao，都包含了划分某物与某物、划定领域、一事物的终结后有一事物的开始这种意思，这个音韵传递了最古老的这种认知和思考的习惯，包含了一种柔和的连续性的感觉，它不会将人们导向强制性的独占支配。

在世界上的群岛乐和世界中，四通八达交错的道路无处不在。这一"平行"宪法虽然主要立足于加勒比海(小安的列斯群岛、大安的列斯群岛)以及琉球弧(奄美群岛、冲绳群岛、宫古群岛、八重山群岛)、太平洋岛屿群、爱尔兰岛屿群及其他群岛上的风景、经验，但边听边写的人深深地明白，这也不过是联结群岛世界的更多大道中的一部分而已。

乐和 ——

本文未取"共和"二字，而新造了"乐和"一词。在万物混沌交响的不谐和音中，寻求可重新为万物所共有的音乐，"乐和"即为追求该种音乐的宣言。采用此类造词(neologism)对"平行"宪法而言是不可或缺的前提，因其可从已有的概念用语固定的含义中摆脱出来，为语言再次赋予具体性和身体性。借由造词及对其富有智慧的创造性运用，将缺乏诗性的日常语言诗语化，这对于爱德华·格里桑[1]所说的"高度必需"的实现，是尤为重要的言语尝试。不用多说，"乐和"的"乐"字，回荡着格里桑创造的、反映了群岛世界多样性和混淆性的 echo-monde("反响—世界""回声—世界")一词。

（1）爱德华·格里桑（Édouard Glissant, 1928—2011）：马提尼克岛（法）著名作家和理论家。

平行 ——

这对本宪法的文本而言是非常重要的，且是限制性的规定。"平行"宪法即"para-constitution"，是一个新造的词汇，这个词汇的灵感来自民族志实践中一种建立在反思之上的方法论——"平行"民族志（para-ethnography）。早先的民族志研究通常将传统文化作为有别于所谓文明社会的事例来对待，把它们陈列在展示柜里，按照文明社会的逻辑进行自说自话的描写，而"平行"民族志则与此不同。在编写民族志时，编者的观点和方法无形中都以现代社会的科技、医疗、法律、艺术、设计、建筑等作为依据，而"平行"民族志就是将这些领域本身也作为民族志描写的对象，由此就形成了一种指涉自身的、原理层次的方法论。当我们对此进行思考和记录时所使用的范式也被同样地应用于对象身上时，原来的民族志里形成的客观主义式的、超然的神圣立场就被侵蚀而崩溃了。在这个意义上，当宪法起草者将宪法当作对一个新的共同体进行规范的、自足的、最高的法规时，就会在无意识当中使宪法具备一种超然的特权，而排斥此种特权的"平行"宪法则将宪法的起草行为当作一种语言的实验，以在认识领域进行社会文化批评的心态来试写宪法，使宪法本身也成为审视的对象，从而使宪法的起草成为更高层次的批评。

群岛的放掷 ——

我在拙著《论群岛与世界》（岩波书店，2008 年）中一直反复强调，应将我们已经彻底"大陆化"、历史化了的思维和想象力加以**训练**，以海洋为媒介，在空间上向"群岛"拓展。在近代西欧实现并向全世界扩散的"大陆原理"模式，只不过是一种想要在私有、法律、教育、市场经济、国家、（文字）语言等固化制度之上建立合理化体系的欲望，在世界之海的深处还深藏着一种全新的智慧，那就是在近代的"历史"中一直不被重视却能与上述"大陆原理"相抗衡的"群岛视角"。那是一种有节度的放掷（与贪婪的占有相对），一种对自然和具体事物中存在的理法表示尊重的想象力（与理念化的法律相对），是模仿的学习（以身体进行的学习，与整齐划一的刻板教育相对），是对赠予经济的依赖，是直接的（奄美方言、口口相传的方言）丰富的交流。琉球弧正因为至今还在日常生活中保留着这种群岛模式，从而成为对日本国依照大陆原理所施加的压制形成抵抗的堡垒。

针对大陆颂扬海洋，针对大陆性提倡海洋性，这样的议论并非今日才有。但以前的讨论最终都止步于将以海洋为媒介的关系置于大陆的国家原理的统治之下。这是因为面对以大陆为代表的普遍性，岛屿总是摆脱不了被固定在周边和外缘的从属地位。但一旦超越了这一静态的构图，就会发现群岛乐和社会"平行"宪法的光芒。这是因为在现代的群岛视角之下，大陆是不动的，而群岛则是移动的、漂流的，甚至是旅行的。在经历了现代的移民和流亡的经验之后，大陆与群岛的关系变得多重和曲折。大陆单方面地囊括了在其足下臣服的岛屿，这种想象已经日渐捉襟见肘了。岛绝不是为了守护大陆而存在的堡垒，而是从本质上对大陆（＝现代人）的暴虐进行揭露并批判的、非人格的据点。

在记叙地中海群岛游历的叙事诗《奥德赛》中，风神埃俄罗斯所居住的岛，就总是在风的作用下漂流。它与陆地的关系每次都是不固定地、批判性地被确定下来，而埃俄罗斯就在其中统率着推船行进的风以及大海的旋涡。横跨大海的季风的咆哮，就被比喻成埃俄罗斯的声音。在现代的骄纵的国家中，已经听不到从埃俄罗斯的漂流岛上传来的声音了。而在以琉球弧和加勒比海为首的群岛所发出的声音的深处，还存在着埃俄罗斯的风的咆哮声。人们现在应该锻炼出一双能听到这种声音的全新的群岛之耳。

向自然学习 ——

就像琉球弧的岛上民谣所唱的那样，在群岛世界中，海浪卷起又平息，潮水涌来又退去，这大自然的律动教给了我们人与人之间相聚与别离的道理。像蛇皮纹一样细密的粼粼波光，是人们精心织成的织品纹路的模范。在织布的时候，丝线的突然断裂，使人学到了人心断裂等深远的意义。物质世界向人类世界投射的这所有的"淡墨色的文法"（野生的睿智），才是从自然中学习的核心。通过这样的模仿，学习，碰壁，再模仿，再学习，就会产生出独特的、即兴的、游戏性的知性。既具有自然界奔放的偶然性（contingency），又充满游戏性的机智，是这种触觉式（本雅明）学习的基础。

舌与方言 ——

地方语言有多种说法。方言、俚语、土话、当地话、母语、地方话、乡音。地方语言、少数族群语言、次级（minor）语言、亚语言、小众（micro）语言。在琉球，还有岛上民谣、琉球方言（shimakutouba）[1]、宫古方言（sumafutsu）、奄美大岛方言（shimayumuta）……不管怎样称呼它，dialect（地方语言）的地域性和限定性，都使它长期以来一直处在国家语文学代表的正统性和世界文学显示的普遍性与全球性（universality）的对立面，成为一种封闭的实践。但也正是由于国家语对地方语言的收编，成为牺牲品的地方语言总是处在这种语言政治学权力的外部，才使得地方语言终于可能具备一种特权，能对支配近代文学空间的单一语言权限从根本上进行批判并促使其消解。对于战略性地使用甚至滥用了地方语言来写作的新的文学表达，当人们开始思考其中隐含的未知的世界性时，用爱尔兰的盖尔语（Gaelic）、巴斯克的巴斯克语、马提尼克岛的克里奥尔语、琉球弧的琉球方言等地方语创作的文学实践就会受到关注。

（1）琉球方言：即冲绳各岛上所流传下来的方言，其日语发音为 shimakutouba，shima 即"岛"，kutouba 即"方言"。由于日本战后即开始大力推行普通话，冲绳本土的传统方言退化极其严重，几乎只有当地老人才会讲纯正的琉球方言。于是为了继承和普及琉球方言，冲绳县 2006 年确立了每年的 9 月 18 日为琉球方言日（shimakutouba 之日），因为从日语的发音来讲，九正好为 ku，十为 tou，八为 ba，9 月 18 日即由此而来。

本来，地方语言（dialect）原意就是"dia"（交差、交互）和"lect"（说话）。它包含了通过对话和讨论达到真理的"dialectic"（辩证法）的过程，本身就是一种交互语言的方法论。"方言"这个通常的叫法实际上极大地缩小了 dialect 的内涵，所以往往让人以为用方言写作是一种退却的行为，但实际上它将证明，方言的写作将会是从世界文学的边缘地带对国家语的权力实质发出的反抗和批判。方言写作不仅是保护自己的母语免受国家语残酷压制的一种战斗，同时，由于用国家语写作已经成为各地的既成事实，这也是从因此而导致的内部分裂中摆脱出来的一种自我内部斗争。方言的存在实际上直接触及了语言政治的困境。

一旦进入了地方语言的流动的语言意识之中，就不再可能去静态地看待语汇了。地方语言能够像彩虹一般发生变异，就是因为言语活动本身拒绝被固化为一个固定语（langue[1]）。这种言语的"摆动"不是文学表达的障碍，反而可以将言语纤细的内在本质表达出来。表达的高水准和深度也由此产生。由于"小众语言内部的阴翳"（川满信一）和它的"不透明性"（格里桑），在地方语言的新的言语行为中谋求与新的"世界文学"的对峙，是展望未来的群岛乐和社会时不可或缺的工作。

群岛乐和社会"平行"宪法可以看作向着这种诗语的再创

（1）语言学大师索绪尔将言语活动分为语言（langue）和言语（la parole）。他提出，langue 指语言中存在着的社会的规约体系，它不受个人的意志支配，而言语（la parole）则是个人的实践。

造而发出的小小宣言。它正和招潮蟹一起在群岛海滨的泡沫之上剧烈地漂浮着。

群岛泛着泡沫，

我们就住在这泡沫之中。

这是爱德华·格里桑的原文：l'archipel fait écume, nous habitons l'écume（Édouard Glissant, *Traité du Tout-Monde*. Gallimard, 1997, p.40）

[**后记**]

在川满信一《琉球共和社会宪法 C 私（试）案》的影响及其充满智慧的精神的鼓舞下，我于 2014 年 5 月 15 日这一特别的日子写成该宪法，但充其量这只是个过渡性的第一稿。在编写本稿时，亨利·梭罗、爱德华·格里桑以及 Epeli Hau'ofa 这些长期影响了作者思想的著作成为回响在本宪法中的通奏低音。但该"平行"宪法在构想群岛乐和社会中人类与其他生命种类的关系、无生物的主权以及作为媒介的主体性上，尚需做出更加有条理和更加简练的思考。而且，这一宪法在与现实的国家和政治共同体的关系上应处于什么样的位置，怎样与现实政治建立连接，在目前的一稿中尚未提示。应该怎样设定"平行"宪法的言说的批评性，也需要今后继续思考。

期待更多宪法私案的问世

··················

高良勉

一、从实践的立场加以解读

1981 年,《新冲绳文学》第 48 期的特刊"通往琉球共和国的桥梁"刊登了川满信一起草的《琉球共和社会宪法 C 私(试)案》。下面我想谈谈当时的冲绳社会对这一宪法草案的反应,以及我自己对这部宪法草案的解读。[1]

据我所知,当时社会上的反应大致有以下几种。一、绝大多数的人对其采取了无视的态度。二、其余的少数人,也只是把它看作知识分子发明的知性游戏,纯属空想。即便不是这样想,也顶多只是把它当作一种思想性的思维实验,或者是把宪法 C

---

(1) 在《新冲绳文学》的第 48 期特刊中,除了刊登了川满的《琉球共和社会宪法 C 私(试)案》之外,还同时刊登了仲宗根勇起草的《琉球共和国宪法 F 私(试)案》。——原注

私案（以下简称为"川满私案"）中蕴含的理念仅仅当作在思想领域进行讨论时的素材。

但我却有着与以上几种反应都不同的解读。在刊登川满私案的这一期《新冲绳文学》特刊上，也刊登了我的一篇文章，名为《琉球尼西亚·一个人的独立宣言》，我把川满私案看作应在琉球弧以及全世界加以实现的理念，所以我是在更加实践性的立场上来解读川满宪法的。

此后，我曾多次重新回到川满宪法，参与到了冲绳的民众运动和思想运动中。在80年代的冲绳社会，谈论"冲绳自立"属于禁忌，或是仅仅是少数派人士的空谈。但到了90年代，"冲绳自立"不但成为革新政党的口号，甚至保守派政党也开始拿它做选举时的承诺了。

于是，在1997年5月14日和15日，以喜纳昌吉、新川明、川满信一、大城宜武、平良修等人为中心，在那霸市召开了"关于冲绳独立可能性的辩论会"。包括奄美群岛、宫古群岛、八重山群岛在内，总共有大约一千人参加了这次为期两天的辩论会。会议报告已以《激辩：冲绳"独立"的可能性》[1]为题出版了单行本。

此外，我们还在2000年成立了"21世纪同人会"，并于同年7月创办了对琉球弧的自立和独立进行争论的刊物《宇流麻尼西亚》。承蒙大家的青睐，这一刊物反响不错，一直发行到了第

（1）《激辩：冲绳"独立"的可能性》，紫翠会出版，1997年。——原注

17 期,为该刊撰文和投稿者不断增加,这尤其增强了我们的信心。

就在《宇流麻尼西亚》的第 11 期⁽¹⁾和第 12 期上,我发表了《琉球共和社会网络型(network)联邦宪法私案(上)(下)》(以下简称"高良私案")。

起草这一宪法私案的动机有很多。首先是不希望川满 1981 年发表的宪法徒自成为明日黄花或过时的思想实验。其次,由于在冲绳,琉球弧的自治、自立和独立已经成为全社会的核心议题,"自我决定权""反对歧视冲绳""去殖民地化"也已成为冲绳舆论的关键词,在这种情况下,如何能以一种简洁易懂的方式宣扬我的"琉球独立和解放"的观点呢?我最终决定以起草一部宪法私案的方式,将我的观点集中地做一介绍并发表出来,这应该是个更好的方式。

二、基本理念的比较

在我起草自己的宪法私案时,我时常返回川满宪法,一边将自己的想法与川满宪法相比较,一边推进着我的思考。下面我将介绍我那时的思考,同时阐明我对川满宪法私案的看法。

川满宪法在进入正文之前有一段立意高远的"前言",前言的最后有这样两段话:

---

(1)《宇流麻尼西亚》第 11 期,21 世纪同人会,2010 年,第 47 页。——原注

（我们曾向）《日本国宪法》和遵守这一宪法的国民寻求帮助，并对此寄予了最后的期望，但结果等来的却是无情的背叛。日本国民的反省如同一层薄雪一样浅淡继而消失不见。我们对此早已不再抱有任何期待。

好战国日本啊，好战的日本国民及其掌权者啊，你们尽管走你们的路吧。我们再也不会在你们强行通往人类灭绝的不归路上奉陪下去了。

对于前言中提到的"基于数世纪的历史反省"和"建设完全的自治社会""放弃战争""反战、不拥有军备"等理念，我完全支持，也是我的高良宪法私案中所共有的理念，但那时我的宪法私案中却没有"前言"部分。这是因为我还没有将我在川满私案中感到的异样感理顺，但现在我已经可以整理清楚，并想将我的前言也写出来。

关于在川满私案中觉察到的异样感，我将与其第一章（基本理念）做比较具体谈一谈。试将川满私案基本理念的核心关键词提取如下。第一条是"废除国家"，"对万物慈悲的原理"。第二条是"废除权力集中的组织体制"，"共和社会人民铲除每人心中的权力之芽"。第三条，"不管出于何种理由都不允许杀伤他人"，"慈悲的戒律乃不立文字"。第四条，"超出饮食基本需要的杀伤违背慈悲的戒律"。第五条，"众议时需认真倾听贫者的意见"。第六条，"须将琉球共和社会建设成丰足的社会"。第七条，"需齐心协力，以求共生"。

光看以上这些关键词，就可以知道在川满私案的基本理念中深深贯穿着废除国家和由佛教思想中而来的"慈悲的戒律"。我就是对这"慈悲的戒律"感到些许异样。因为我只能在作为一般教养的佛教层次上去理解"慈悲的原理"。但是我也明白，川满私案想建立的并非不丹那样的佛教国家及共和社会。因为它是以废除国家为目标的。

相对于贯穿在川满私案中的七条基本理念，高良私案的基本理念只有两条。这两条理念的要点如下。第一条，"琉球共和社会网络型联邦宪法的居民不仅指生活在琉球弧的民众，还包括所有海外移民、海外劳工、因从事教育及技术研究、艺术活动等跨过国境居住在全世界的人。因此琉球共和社会联邦在全世界拥有网络型的区域（area）"。

第二条基本理念是，"该宪法自制定之后仍将处于未完成状态，并将一直处于生成和发展之中。（中略）各自拥有了自治政府与自治议会，并制定出各自的宪法、形成一个宪法群时，琉球共和社会联邦的宪法才算完成"。

比较之下即可得知，相较川满私案的演绎式的立论方式，高良私案的立论则是归纳式的，在这一点上，它更加具有现实性。在川满私案中，《琉球共和社会宪法》以琉球共和社会全体人民"直接署名"的方式制定并公布；与之相对，高良私案则在各地区"制定出各自的宪法、形成一个宪法群之后才算完成"。

这里高良私案中所说的组成共和社会联邦网络的各地区，包括奄美群岛、冲绳群岛、宫古群岛、八重山群岛、东日本地区、西日本地区、巴西地区、阿根廷地区、玻利维亚地区、秘鲁地区、夏威夷地区、北美地区、菲律宾地区、南洋群岛地区，等等。

高良私案并没有试图用一个理念和完结篇的宪法来应对以上所有地区，就是因为，众所周知，以奄美群岛、宫古群岛和八重山群岛为首的各离岛上的人民自琉球王国时代以来就一直受到以冲绳群岛为中心的中央政府和机关的支配，历史上饱受"离岛歧视"之苦，这种情形可以说至今未变。正因为如此，这些离岛人民对一切皆以冲绳群岛为中心做出决定的权力结构非常反感，从而提出了"自我决定权"，我们应该对其给予高度重视。假如，某离岛上的大多数居民"反对琉球独立"，宁愿"只有自己独立出来"，那我们也必须对这一自我决定权加以承认。

另一方面，川满私案在第一条"高声宣布废除国家"，对于"废除国家"的理念我是赞成的，正是因为有了这样的理念，川满私案才得到了对近现代国民国家持批判态度的论者和思想家的关注和支持。但是，在这个前提下是否承认过渡期国家，川满私案却没有给出明确的答案。

而在高良私案中提出了"世界的吾期纳恩丘（也可表述为冲绳人、琉球人、琉球民族、琉球弧人等）"的概念，它当然包括居住在琉球弧诸岛上的人民，此外，它还对冲绳人因海外移民和海外务工等越过国民国家和国境线、居住在世界各地的现实给予了足够的重视。琉球共和社会联邦宪法所适用的人民，包括约140万琉球弧内的居民，以及居住在琉球弧外和海外的约30万人，他们在各自所在的地区形成了"县人会""冲绳 community"

等多种多样的共同体。我们必须针对海外移民和海外劳工所居住的国家和地区，在现实中分别做出回应。

同时，我们支持在琉球弧内的中心领域内成立琉球共和社会联邦以做过渡。这仍然是以废除国家为最终目标、向"东亚共同体"迈进的过渡期国家。为成立琉球共和社会联邦而实行"琉球独立"，是琉球人民的自我决定权，我们予以支持。

三、共和社会人民的资格

川满私案的第二章有"中心领域""州的设置""自治体的设置"等内容，对此我也基本赞同，并在构思高良私案时做了很大程度的参考。其中，尤其是"中心领域"这一设想非常有弹性和有意义。川满私案的第九条指出："设置奄美州、冲绳州、宫古州、八重山州共四州。"而高良私案第四条是："成立奄美群岛政府、冲绳群岛政府、宫古群岛政府、八重山群岛政府。"两者的主旨是一样的，所不同的仅是高良私案强调了"各群岛政府应最大限度地吸取 20 世纪 40 年代各群岛政府时代的历史经验与教训"。

但高良私案在第五条中明确规定了"琉球共和社会联邦成立联邦政府"，而川满私案中虽有"联络调整机构"的设置，却没有类似联邦政府的设计，这也许是因为不承认过渡期国家和琉球独立国家的缘故吧。

而我认为川满私案中今后必会成为一个大问题并需要反复

讨论的，是"共和社会人民的资格"这一项。川满私案在第十一条规定："琉球共和社会的人民不限于在中心领域内居住的居民，只要认同本宪法的基本理念并有志于遵守者，不论是何人种、民族、性别、国籍，在其所在地即可获得共和社会公民的资格。但需向中心领域内的联络调整机构提交申请，表明对琉球共和社会宪法的认同，并提交署名材料。"

首先，对"不限于在中心领域内居住的居民"的规定，我非常赞同。我们的宪法同样立足于这一理念，其适用范围就是高良私案中提出的组成共和社会联邦网络的地区——东日本地区、西日本地区、巴西地区、阿根廷地区、玻利维亚地区、秘鲁地区、夏威夷地区、北美地区、菲律宾地区、南洋群岛地区等全世界冲绳人的所在地。

其次，在人民资格的认定上，"不论人种、性别、国籍"的理念，我也表示赞同。但需要讨论的是"民族"这一项。在川满私案中没有记述对"民族"概念的规定。

与之相对，高良私案在第六条"联邦居民的权利与义务"中规定："琉球共和社会联邦的居民由'世界的吾期纳恩丘'（也可表述为冲绳人、琉球人、琉球民族、琉球弧人等）构成。居民可以选择并取得双重乃至三重的自由'国籍'。根据个人的自由意愿和所居住国家、地区的条件，琉球共和社会联邦的国民可以同时作为日本国民、巴西国民、阿根廷国民、秘鲁国民、美国国民、菲律宾国民等，拥有其他国家的'国籍'。"

在这一私案中，作为过渡期国家，琉球共和社会联邦的居民将限定在"世界的吾期纳恩丘"（琉球民族）上。但我也反复强调，我对琉球民族意识予以极大肯定，但我并不是一个琉球民族主义者。

关于对琉球民族的界定，我们曾经在《宇流麻尼西亚》第12期[1]的特刊"琉球民族是什么？"中反复进行了讨论，我在这一期中还发表了《吾辈乃琉球民族》一文。[2]

联合国曾向日本政府提交过一份审议会报告，我同意其中对日本政府的如下劝告："应在国内的立法中公开承认阿伊努民族和琉球民族为原住民，并对其文化遗产及传统的生活方式予以保护，加以促进。"[3]琉球民族与日本民族不同，他们是原住民族，我是这样认为的，也将这种想法贯穿在我的实际行动当中。

联合国的报告对原住民族的定义很简单易懂，也很自然。"虽说就'民族'而言，几乎可以说有多少个研究者就有多少个定义，但'原住民族'并不是民俗学或文化人类学上的用语。它是指被

（1）《宇流麻尼西亚》第12期，21世纪同人会，2011年，第69页。——原注

（2）2007年，联合国大会以多数票赞成通过了关于原住民族权利的联合国宣言，日本投了赞成票。自2008年以来，联合国的废除人种差别委员会就多次敦促日本政府，劝其承认冲绳人为原住民族，并在国内法中保障冲绳人对本民族土地和自然资源等开发和使用的权利，但日本政府只承认阿伊努民族为日本境内的原住民族，不承认还有其他原住民族。其原因就在于，日本政府担心，在冲绳被并入日本国之前曾经有过独立的琉球王国的历史，如果承认冲绳人为原住民族，会助长冲绳的分离主义倾向，甚至被日本划在冲绳行政区划内的钓鱼岛的归属也将会成问题。因此出于国家利益的考量，日本政府拒不承认冲绳人为原住民族，并指联合国此举为干涉他国内政。

（3）《冲绳时报》2008年11月1日。——原注

大国和处于支配地位的民族剥夺了土地及固有的文化，处于殖民统治之下的集团，是为了自己的未来而追求自我决定权的人们。具体而言，国际劳工组织（ILO）在1989年的《ILO第169号条约"原住民族条约"》中采用的定义借鉴了政治学和国际法的视角，可以作为参考。"[1]

《ILO第169号条约"原住民族条约"》对原住民族的定义是满足如下条件：

> ①近代国家中拥有独特的语言并孕育了自己独特历史的民族；②因被征服、沦为殖民地、因领土边界的划定而单方面地被统合为国民国家；③在形成近代国民国家的过程中被施行了强制同化的政策，其原有的土地、文化和语言被剥夺，受到歧视和差别对待，并且现在仍然处于差别境遇中的民族集团。并且，④也是能表达其作为集团的意志的民族集团。

从历史上来看，琉球人与阿伊努民族一样都是原住民族，琉球人就是作为原住民族的"琉球民族"，如上定义已经清晰地表明了这一点。对于定义中的①到④，我就不在此逐一举出具体例证了，在这些定义中，最为重要的就是，琉球民族是"为了

（1）《Q&A 国际人权法与琉球·冲绳》，琉球弧原住民族会（AIPR），2004年，第 22 页。——原注

自己的未来而追求自我决定权的人们"，是"能表达其作为集团的意志的民族集团"。

毋庸置疑，我们就是"拥有独特的语言并孕育了自己独特历史"的琉球民族，我们是世界的吾期纳恩丘，我们为之而感到自豪。我们"虽然是日本的国民，但又与日本民族不同，在社会的各个方面，处于被差别对待的结构之中"，我们就是这样的民族集团——怀有差异感、异民族感、被歧视感和独特的归属感的"世界的吾期纳恩丘"。实际上，在冲绳，每五年就会举行一次"世界的吾期纳恩丘大会"，世界各地的冲绳人纷纷返乡参加这一大会，迄今为止这一会议已经举办了五届。同时，我们还召开了多次全岛规模的"县民大会"，参加者每次达十余万人，大会上大家喊出了"吾期纳的事由吾期纳恩丘来决定"的口号，这就是我们的"集团的意志"，我们就是表达这样的集团意志的民族集团，是"为了自己的未来而追求自我决定权的人们"。

所以，我认为，在琉球民族与日本民族、美国国民之间，现在依然存在着被支配民族与支配民族、被歧视民族与歧视者民族、被殖民民族与殖民者民族等历史性关系，他们之间的"民族与殖民地问题"依然没有得到解决。我们必须解决并改变这种历史性的关系。所以我们在历史上形成的"民族自决权"就应该得到承认。并且近年来，"原住民族权"与"自我决定权"在国际上也逐渐获得了承认。

立足于这些事实，我们是不是不应该像川满私案里第十一条那样，"不问民族为何"，都可以成为"琉球共和社会的人民"呢？

我认为，作为处于支配地位民族的日本民族和美国国民，他们要想成为"琉球共和社会的人民"，必须被附加严苛的条件才可以。尤其是那些不对作为支配民族的过往加以反省和总结的日本民族和美国国民，即便认可川满宪法并签名同意，也不应被给予"琉球共和社会的人民"的资格。

四、期待更多的讨论

为了听取川满对我的宪法私案和我们的思想运动的意见，我曾以书信来往的方式与川满进行过对话，这些对话后来刊登在了《宇流麻尼西亚》第 14 期[1]上。先是由我向川满发出了一封《致川满信一氏的公开质疑信》，川满给我回复了《从原体验到思想——战略路线图与理念的差异》。从他的回信中我深受教益，为此深表感谢。

由于《从原体验到思想》中体现了川满对自己的宪法 C 私案的评论和对高良私案的批判，所以接下来我将围绕该文中的要点展开论述。

首先，川满指出："虽然个人的思想与共同社会的思想都称为思想，但二者属于不同的范畴，如果对这一点没有清醒的认识，就只会导致现实中的思考和行动陷入混乱。""如果想要将从个人思想中生发出的'爱'的理念付诸现实，那就只会陷入与'恶

（1）《宇流麻尼西亚》第 14 期，21 世纪同人会，2012 年，第 132 页。——原注

魔'——它是永远不会被消灭的——做斗争的轮回之中。因此我最终才将与无为无限接近的'慈悲'作为共和社会宪法的理念性指标。但是在进化论的思维模式下，在将进步、发展作为最高理念的现代社会，恐怕我这样做也只能是一种漫画里那样的矛盾之举吧！"

"立足于个人的思想发展到极致只能是无政府主义或虚无主义。废除法庭、警察和一切权力机构，是以个人思想为依据的无政府主义的设想。而布尔什维主义和社会主义的思想是属于共同社会的思想。我的第十五条'对核的保留'既是个人的也是共同社会的设想，而自治体和共同备荒等条款则是共同社会秩序的思想。"

"我希望大家可以这样看我的《共和社会宪法私案》——它是我向终结了资本主义和国民国家的彼岸抛出的粗糙的理念。而只要资本主义依然存在，这部宪法私案就只能被弃置在理念的世界里。"

从这里可以看出川满特有的内敛和韬晦。我认为川满对其宪法私案所做的评价更加偏向于"以个人思想为依据的无政府主义的设想"。而从"只要资本主义依然存在，这部宪法私案就只能被弃置在理念的世界里"来看，又让人感到有一种虚无主义的倾向。

但共和社会的宪法应不断地试图将"共同社会的理念"表达出来，我想这一点是不用我多说的。个人的思想也要尽可能地在共同社会的思想熔炉中接受锻造。当立足于个人的思想出现不断地滑向无政府主义和虚无主义的苗头时，我想，不是要用既有的"布尔什维主义和社会主义"，而是要用"巴黎公社""持续不断的、永久革命""东亚共同体"这类的思想和运动来制衡立足于个人的思想。

而川满则对高良私案做出了如下批判："高良勉的《琉球共和社会宪法私案》有着强烈的愿望，欲将用以解决现实矛盾的战略和战术都组织进他的宪法中。但也正因为如此，它缩短了理念的射程范围，而由于急于将能实现其理念的现实条件不加甄别地纳入宪法中来，我反而感到一种极易滑向意识形态的危险。不管是何种理念，一旦被意识形态所吸纳，就会为了实现其目的而对行动加以规范，结果就会像日本赤军和奥姆真理教那样，反而在道德上走向其反面。向理念慢慢靠近的方法和战略有很多，但如果在忽略了'国家''民族'等概念的历史脉络下谈问题，就会是危险的。"

对于川满指出的"缩短了理念的射程范围"和"极易滑向意识形态的危险"，我虽有异议，但也接受这样的批评。但正像前面所讲的，我绝非"在忽略了'国家''民族'等概念的历史脉络下谈问题"，我认为对于国家和民族的概念，我是有我自己的学习和探讨的。

另外，我也不能理解为什么川满对"琉球独立"和"琉球民族"如此抗拒。首先，对于"琉球独立"，他认为，"就算以联合国对原住民族的规定为依据，以不流血的方式成立了琉球独立国家，那也离我作为理念提出的社会构想差得很远。而且，考虑到与日本国之间的力量对比关系，能否取得与琉球独立所付出的代价相匹配的成果，我对此持怀疑态度。如果这个琉球国能自己脱离出资本主义体制之外还好，如果不是，那就只是在重蹈马尔克斯、苏加诺、卡扎菲体制的覆辙"。

但川满在这里并未解释，为什么"离我作为理念提出的社会构想差得很远"以及为什么"对此持怀疑态度"。如果按照这样的批判，难道只要日本继续实行资本主义，考虑到"与日本国之间的力量对比关系"，琉球就只能接受作为地方留在日本国内的命运吗？这不就与高良仓吉氏和新崎盛晖氏反对琉球独立、认为"冲绳只能在日本国的框架之内发展"的观点没有什么实质性的区别吗？

其次，关于"琉球民族"，川满也做出了如下批判："从我的历史感觉来看，我也不认为这所谓的'琉球民族'能够在资本主义的框架之下实现民族间互助合作的理想社会"，"联合国想要对原住少数民族做出界定，但这傲慢的界定毫无用处，我也不想指望它。首先，我本就想从'琉球民族'这一规定中逃离出来，再说什么原住民族意识之类的也不过是多余。对我来说，'民族'这个概念不过是为了让近代国民国家这一幻想得以确立而人为创造的虚饰。我就是想要从民族概念中逃离出来，做个宇宙市民，恐怕这又是像漫画里一样脱线的想法。"

关于我对"民族"和"琉球民族""概念的历史脉络"所做的考察，读者可以参考上面提到的《吾辈乃琉球民族》一文。我对川满"不认为'琉球民族'能够在资本主义的框架之下实现民族间互助合作的互帮互助型理想社会"的看法表示理解，但我却认为，即使不能够实现理想社会，"民族间互助合作的互帮互助"却是可能的，也是有意义的。只要看看有十余万人参加的"县民大会"和"全岛斗争""总罢工"等历史经验的积累，以及已经召开了五届的"世界的吾期纳恩丘大会"就可明白。

川满批判说，"联合国想要对原住少数民族做出界定，但这傲慢的界定毫无用处，我也不想指望它"。这种想法才是真正的"傲慢"。联合国最终能向日本政府发出敦促劝告，是因为以"琉球弧原住民族大会（AIPR）"为首的琉球民族的年轻人付出了长达十多年的努力，还有阿伊努民族加以支援的结果。但即便如此，日本政府也并不想将联合国的这一劝告付诸实施。川满将这说成"毫无用处"，这岂不是傲慢和不逊吗？

另外，川满"想从'琉球民族'这一规定中逃离出去"，这种意识也不得不接受批判。我认为，正如 F. 法农所说，对于琉球民族主义和自我民族中心主义当然要坚决反对，但对于琉球民族意识，却应该大力加强。我们深深地了解，战前的琉球知识分子如伊波普猷、比嘉春潮、岛袋全发等的言论，正是一部"琉球民族"步步后退为"冲绳民族""冲绳县民"，最后又以皇国国民的身份被推上冲绳战场导致全面覆灭的痛苦的历史。逃离"琉球民族意识"，不就意味着逃避克服这段失败的历史，对日本民族和美国国民的支配民族地位、压迫民族地位的历史和现状不闻不问甚至是姑息纵容吗？这也意味着对琉球民族的反美、反日、反歧视、异民族感等感情关上了相互碰撞和变革的大门。

最后，川满说："对我来说，'民族'这个概念不过是为了让近代国民国家这一幻想得以确立而人为创造的虚饰。我就是想要从民族概念中逃离出来。"但这里所说的"民族概念"也许过于抽象和一般化了。因为看日本国内存在着阿伊努民族和琉球民族、朝鲜民族即可知道，近现代的国民国家大多数都是多民族国家。在我们的历史上以及现实中，都存在着支配民族与被支配民族、压迫民族与被压迫民族，这是并不以我们的喜好为转移的事实，而改变这一历史性的、社会性的关系，才正是我们持续不断的、永久革命的重要课题。我们是不应该"从民族概念中逃离出来"的。

不管怎样，川满与我的讨论不是空中楼阁，它还会与我们的日常生活相重叠并继续。如果可以，我希望有人能从第三方的角度对川满私案和高良私案做出比较和批判。实际上，《宇流麻尼西亚》的同人真久田正已经在做这项工作了。但遗憾的是，他却于2013年1月突然离世，实在令人扼腕叹息。

五、期待更多宪法私案的问世

以上主要围绕川满私案的基本理念，对高良私案进行了讨论，在具体条款方面二者并无太大差别，即便有，也是由于理念的差异而导致的不同，并不超出这个范围。

在这里，我想呼吁更多的人加入到书写"宪法私案"的行列中来。通过拟定与川满私案和高良私案都不同的"宪法私案"，这两部宪法的长处和短处就将更加明显地暴露出来。这项思想工作如果能参照着日本国宪法进行，就会更有意义。

比如在高良私案的第九条（反战）中有这样的文字："琉球共和社会联邦不保有任何武力，反对各国和各地区的一切战争，贯彻非暴力及绝对和平主义。向不设置军队的哥斯达黎加共和国学习，向日本国宪法第九条的精神学习，并对之加以创造性的继承。"有了这样的宪法私案，我们便可以立足于这一条款，和试图修改日本国宪法第九条的势力做斗争。

幸运的是，在琉球弧，反对日美政府对琉球的歧视和殖民地统治，主张"行使自决权"和"琉球独立"的人在日渐增多。

2013 年 5 月 15 日，历史上第一个"琉球民族独立综合研究学会"[1]成立了。我也是召集人之一，这个学会以大学中的年轻教员和研究者为中心，致力于对琉球民族的独立问题做出认真的、多样的研究和讨论。该学会已于 2013 年 11 月在那霸市的冲绳大学举办了第一次学会，今年（2014 年）2 月刚刚结束了在宫古岛举行的第二次学会。我期待在这个学会中也能对川满私案和高良私案做出研究，促进更多宪法私案的出台和讨论。

（1）"琉球民族独立综合研究学会"以龙谷大学教师松岛泰胜，冲绳国际大学教师桃原一彦、友知政树等人为代表，活动活跃。——原注

琉球共和社会网络型联邦宪法私案

琉球共和社会网络型联邦的全体居民，以在世界各地进行居民登记和表示同意的方式，制定并公布该宪法。

前言

人类是能够使用火、会使用语言、生活在现在，并能记录和反省过去、想象和创造未来的动物。琉球共和社会网络型联邦(琉球共和社会联邦) 的全体居民，立志学习并深刻反省全人类过去的历史经验与学问成果，弘扬其长处，不重蹈人类过往之覆辙，为全体人类及宇宙的未来承担责任，特于此以宪法之形式发表我们的宣言。

在人类历史上，最大的错误与不幸，就是深受贫苦与疾病之苦，人类在战争与争斗中同类相残。还有，自原始的共同体崩溃以来，人类分裂为穷人与富人、被支配者与支配者、被统治阶级与统治阶级、被殖民者与殖民者、被压迫民族与压迫者民族、被歧视者与歧视者等并相互敌对。

　　其中，尤其是琉球弧的居民们，在1609年被日本国萨摩藩入侵、沦为殖民地以来，直至今日都一直处于备受歧视、民族压迫和被殖民的痛苦中。在被萨摩藩侵略之后，1879年，琉球王国又被明治天皇政府侵略、合并，成为日本的国内殖民地。在1945年前后的冲绳战中，为了保卫日本的"本土"，冲绳被强制拉入拖住美军的以卵击石的战争，导致当地居民约4人中就有1人战死的惨痛伤亡。在战后处理中，为了日本国的独立和天皇制的维系，冲绳又被从日本分离出去，直到1972年都处于美军的占领之下，成为美国的殖民地达27年之久。

　　1972年，日美政府将琉球弧居民强烈反对的《冲绳返还协定》付诸实施，美国将冲绳的施政权归还给日本。自此以后，琉球弧就一直处在日美政府共同施加的军事化殖民统治之下，这一状况直至今日也并未改变。对自从被萨摩藩入侵以来长期备受歧视、民族压迫与被殖民的历史，琉球弧的居民一直在表示抗议、抵抗和斗争。

　　琉球共和社会联邦的全体居民无比热爱和平，憎恶战争，不容许有歧视、民族压迫与殖民统治的存在，并将《日本国宪法》的基本理念"和平主义""主权在民""维护人权"作为全人类的共同目标加以继承和发扬。

同时，琉球共和社会的居民还肩负着责任，为了子孙后代守护自然环境的美丽和安全，保证地球在未来仍有持续共生的生物多样性。琉球共和社会联邦的全体居民发誓根除因国家与国境的划分导致的人类分隔与对立，根绝统治阶级与被统治阶级、官僚组织与官僚阶层的存在，创造一个全体人类共生友爱的共同社会，并将为完成这一崇高的理想与目标而付诸全力。

第一章　基本理念

第一条 琉球共和社会网络型联邦宪法（以下简称为"琉球共和社会联邦"或"琉球联邦"）的居民不仅指生活在琉球弧的民众，还包括所有海外移民、海外劳工、因从事教育及技术研究、艺术活动等跨过国境居住在全世界的人。因此琉球共和社会联邦在全世界拥有网络型的区域（area），是人类未曾体验过的、拥有最大领域的最新型的联邦。

第二条 该宪法自制定之后仍将处于未完成状态，并一直处于生成和发展之中。当共和社会的各区域——奄美群岛、冲绳群岛、宫古群岛、八重山群岛、东日本地区、西日本地区、巴西地区、阿根廷地区、玻利维亚地区、秘鲁地区、夏威夷地区、北美地区、菲律宾地区、南洋群岛地区等——各自拥有了自治政府与自治议会，并制定出各自的宪法，形成一个宪法群时，琉球共和社会联邦的宪法才算完成。

第二章　中心地区

第三条 琉球共和社会联邦将地理学上琉球弧所包括的群岛和海域定为象征性的中心地区。采取新的"冲绳处分"[1],废除"冲绳县",将冲绳从日本国中独立出来。

群岛政府的成立

第四条 在中心地区内设立奄美群岛政府、冲绳群岛政府、宫古群岛政府、八重山群岛政府。各群岛政府应最大限度地吸取20世纪40年代各群岛政府时代的历史经验与教训。

联邦政府的成立

第五条 琉球共和社会联邦将成立联邦政府。联邦政府的活动专以在全世界各网络地区和自治体之间居中联络、协调和支援为目的。联邦政府的政厅在各群岛政府地区之间轮回,其定址另行规定。

（1）此处所说的"冲绳处分"针对1879年日本废除冲绳藩设置冲绳县、将琉球完全吞并的"琉球处分"而言。"琉球处分"后,原琉球国王被命移居到东京,琉球被强行纳入日本的近代国家体制之内,琉球王国约500年的历史被终结。

第三章 联邦居民的权利与义务

第六条 琉球共和社会联邦的居民由"世界的吾期纳恩丘"（也可表述为冲绳人、琉球人、琉球民族、琉球弧人等）构成。居民可以选择并取得双重乃至三重的自由"国籍"。根据个人的自由意愿和所居住国家、地区的条件，琉球共和社会联邦的国民可以同时作为日本国民、巴西国民、阿根廷国民、秘鲁国民、美国国民、菲律宾国民等，拥有所在国家的"国籍"。

缴纳国民税及"出生岛基金"的权利与义务

第七条 琉球共和社会联邦的居民，基于个人对自己"出生岛"的感情和财产状况，有权利和义务在各人的能力范围内捐献"出生岛基金"。

琉球共和社会联邦的象征旗帜

第八条 琉球共和社会联邦的象征旗帜由各群岛政府自由选定。但在联合国及奥运会等需要联邦政府对外出示象征旗帜（国旗）的情况下，从冲绳战"举白旗的少女"[1]那里汲取教训，一概出

（1）"举白旗的少女"：指 1945 年 6 月一位在冲绳战中与家人离散的 7 岁小女孩用树枝挑着一面用白布自制的白旗行走在战场上美军枪口之下的真实故事。冲绳战是日本国土上唯一的地面战争，冲绳的普通居民被卷入战争，死亡约 20 万人。当时这个小女孩举着"白旗"以求保全生命的场面，（接下页）

示以白色旗帜。

反战

第九条 琉球共和社会联邦不保有任何武力，反对各国和各地区的一切战争，贯彻非暴力及绝对和平主义。向不设置军队的哥斯达黎加共和国学习，向日本国宪法第九条的精神学习，并对之加以创造性的继承。

联邦内各领域的进入及通过

第十条 飞机、船舶等进入或通过琉球弧的领域，需事先获得许可。许可金将成为群岛政府、联邦政府的重要财源。许可的条件在其他法律中另行规定。

严禁一切与军事相关的飞机、船舶及其他等进入及通过。

禁核

第十一条 严禁一切核武器、核物质、核能源、核电站等的转入、使用、实验及核废料的储藏及运用。禁止期限为永久。

（接上页）被当时美军的摄影师拍摄下来。1983 年，在战后冲绳人发起的购买美军在冲绳战时拍摄的影像以保留历史资料的"一英尺胶卷运动"中，该照片被发现并公之于众，引起强烈反响。事后有一位名为比嘉富子的女士自认当时的小女孩就是她自己，并根据自己经历写成小说《举白旗的少女》，后来东京电视台以此为剧本拍摄了同名电视剧，在 2010 年建台 45 周年时作为特别剧目播出，主演为黑木瞳。

外交

第十二条 琉球共和社会联邦以向全世界开放为基本姿态。分散在全世界的琉球人，在成为各国和各地区的良好市民的同时，也应作为琉球共和社会联邦的一员为成为优秀的民间外交家而努力。

外交应继承琉球王国时代的优良传统，奉行国际主义与和平、文化外交。

第四章 取消歧视和差别待遇

第十三条 绝不允许因性别、人种、民族、身份、宗族、出生地等原因对人实行差别对待。

尤其是对日本国内的阿伊努民族、琉球民族、朝鲜民族及部落民等，应不断努力以求完全取消对其的差别待遇。

生产资料及私有财产

第十四条 琉球弧内的河川、水源、森林、港湾、海岸线、渔场、能源等基本的生产资料皆为共有。由各群岛及自治体保存并运用这些共有财产。

各国和各地区应努力对私有财产制度进行改革，直至全世界扬弃该制度。

教育

第十五条 基础教育为九年，所有居民的基础教育权都应无偿地得到保障。基础教育的内容由各群岛政府及各国地区政府的教育委员会决定。

第十六条 联邦政府和各群岛政府应无偿地保障高等教育和专门教育的实施。取消入学考试制度，使希望入学者全部都能入学。以每年考试的方式决定升级和毕业，尤其要严格设定毕业的条件和水平。

在必要时，向日本及巴西等国的区域居民积极提供教育保障的支援。

第十七条 所有的教育费用及医疗费用由联邦政府筹备，根据需要予以平均分配。尤其应重视和完备共和社会联邦子弟的海外留学制度。

劳动

第十八条 应保障琉球共和社会联邦的居民拥有劳动的自由、选择劳动的自由并保障劳动机会的平等。应完善各项条件，使劳动成为自发的、主体性的活动，使工作成为乐趣。

第十九条 应根据各人的资质和能力选择进行何种劳动，必要时还应向着使劳动成果被接受的目标而努力。

第二十条 所有的勤劳的工作者若希望成为公务员，应得到成为公务员的平等的机会。居民应不断地与官僚主义做斗争并对其进行监督。所有的公务员都可由各众议机构及居民投票罢免。

医疗、卫生

第二十一条 共和社会联邦的居民以健康长寿为最大的共有财富。因此全体居民应积极履行权利及义务，为能生活在健康、舒适的卫生条件和环境下而努力。

第二十二条 所有居民皆享受免费医疗。联邦政府应全力保障免费的医疗体制。

第二十三条 联邦政府应在大学扩充医学部、齿学部、药学部、护士学部、护理学部，努力培养医师、护士、护理师，扩大充实公立医院、公立诊所、保健所等。

第二十四条 联邦政府应培养优秀的医师、护士和护理师，并向全世界全人类派遣。

第五章 众议机构

第二十五条 琉球共和社会网络型联邦（以下简称为"琉球共和社会联邦"或"共和社会联邦"）尊重直接民主主义的理念，并向着其实现不断努力。

第二十六条 共和社会联邦的众议机构以各地区的居民自治会为基础单位，设立市町村议会、群岛议会、各国的区域议会、联邦议会。

第二十七条 各地区的众议机构在做出决定时，需在彻底的民主主义协商基础上达成合意。联邦议会上无法达成合意时，退回群岛议会和区域议会协议解决，如果仍无法达成合意，由市町村议会和居民自治会协商解决。

第二十八条 可在共和社会联邦的众议机构中设立代表制。各众议机构的议员由年满十五岁的成人居民直接投票选出。

第二十九条 各众议机构的议员原则上男女成员各半。各机构的人员定额以法律确定。

第三十条 各地区的自治体在制定和实施适合本地情况的经济、

医疗福利、教育文化等计划时，应事先向相邻的自治体进行报告及协调。

第三十一条 当各地区自治体所制订的计划超出其主体的能力范围时，应在群岛议会、地区议会或联邦议会的协商和调整下，主体性地加以实施，致力于建立一个富足的社会。

第六章 执行机构

第三十二条 琉球共和社会联邦在各区域的自治会、市镇村公务所、群岛政府、地区政府、联邦政府设立各级行政执行机构。

第三十三条 各自治会、市镇村、各群岛政府及各地区政府的组织及运作以地方分权为原则，具体由各众议机构制定的内部规章和法律加以决定。

第三十四条 联邦政府的构成及运作由联邦议会的法律决定。联邦政府的首长为总统，以直接选举选出为原则。

第三十五条 联邦政府的工作核心是对共和社会联邦做整体的联络协调和预算的分配，其权限应不断地向地区和地方分散。

第三十六条 所有的行政执行机构在不经与众议机构联络协调及

审议的情况下，不得实施任何政策。

第七章 司法机构的废除

第三十七条 琉球共和社会联邦的居民应为根除一切犯罪而持续努力。

第三十八条 不设立国民国家中固有的法院、检察院、警察局等司法机构。

第三十九条 各地区自治会、市镇村各自组织成立"自警备团"等，以取代警察机构。该组织由年满十五岁的所有成年人参加。

第四十条 当有个人或集团违反该宪法的基本理念及各众议机构指定的法律及决议时，可诉诸各行政执行机构。

第四十一条 由各地方自治会、市镇村、群岛政府和地域政府对犯罪的个人、团体的"罪与罚"做出审议。

第四十二条 外国人的犯罪由联邦政府和联邦议会处理。

第八章　宪法的修改

第四十三条 本宪法如需修改，需获得联邦议会议员及群岛政府议员三分之二以上人员的赞成，并由联邦议会提案，获得共和社会联邦全体居民的知情及同意方可。需经专门的居民投票程序并需获得三分之二以上居民的同意，才算作获得居民的同意。

第九章　最高法

第四十四条 本宪法将保障琉球共和社会联邦居民的基本人权，这些基本人权是人类多年来为争取自由和自我决定权而进行斗争与奋斗的成果，在过去经受了诸多磨炼，也是现在及将来的居民及全体人类不可侵犯的永远的权利。

第四十五条 本宪法是共和社会联邦的最高法，凡违反本宪法条款的法律、命令、决议及行政执行机构的行为，皆为无效。

第四十六条 琉球共和社会联邦不得缔结一切与本宪法精神相违背的国际条约及国际法规。必须认真遵守已缔结的国际条约与国际法规。

（ 后记 ）

至此，我对琉球共和社会网络型联邦宪法私案的起草就告一段落了。我希望有更多的琉球人、琉球民族能加入到对宪法私案的制定、公布和广泛的讨论中来。同时，也希望各地能马上组织成立"临时群岛政府、地域政府"和"临时联邦政府"。

（2010 年 5 月 7 日起草）

编者后记

川满信一

2014 年 5 月上旬，我受邀参加了北京大学历史系参与主办的琉球历史研讨会。想起上一次来北京还是三年前的鲁迅诞辰一百三十周年研讨会，但那次来时间有些紧张，只是好奇地胡乱逛了一下，但这次来就有心情慢慢探寻这座大都市的样貌了。北京大学的校园就像一个大型公园，也是一个大型社区。枫树、银杏、松树和樱花树，各种古树绿意盎然地装点着校园，还有石舫停靠的湖面，这些地方都是校内散步的好去处。

在北大周边，具有悠久历史的清华大学和精英子弟就读的一〇一中学校内也都有大片的绿地。走出这片高校聚集的地区后，往远处望，还是可以看见高楼大厦如海神波塞冬一般屹立，阻断了这片绿色的海洋，但并没有让人有日本的城市空间那样的闭塞感。比照色川大吉《民众宪法的创造》中收入的《东京的病理》一文来看，可以说北京这座大城市在规划的时候充分吸收了中国自古以来注重与大自然和谐相处的思想。过去的皇帝极尽人间奢华的传统建筑，与改革开放以来象征着经济腾飞的高楼大厦，被这大片大片的绿色所中和，形成了一片悠闲自在的都市空间。

研讨会以"居住在岛屿上的人只能从岛屿出发看世界"作为开场白，从近代初期的"琉球救国运动"，到现在成为热点问题的尖阁（钓鱼岛）问题，都展开了探讨和思考，可以看出，这个研讨会在寻找中国与琉球的交点。

　　在会场中可以感受到，从主持这次研讨会的北大的徐勇教授，到来自中国各地大学的历史学者们，都对琉球史有着强烈的关心。从这种强烈的关心中，也可以反过来推断现在亚洲局势的危机。考虑到现在军事武器的发达和资本市场的庞大，原来那种将战争作为政治之延续的国家统治的思想在今天恐将招致无法挽回的后果。尤其是日本，好不容易在战后经历了深刻反省之后，在和平宪法的框架之下采取了福利国家的统治方针，而现在却用"积极和平主义"这一自我欺瞒的手法转舵驶向军事国家的航向，这是极其危险的事态。可以说，日本为了摆脱对美国——这个以军事手段维持世界秩序并认为自己在维持正义的国家——的从属地位，获得自主自立，正在通过对宪法的解释变成一个能够发动战争的国家。

　　看看在近代化的过程中，日本在亚洲扩张殖民地的同时，日本的垄断资本的规模随之膨胀了多少倍，就可以推测出在现任政权的背后起推动作用的欲望的根基有多么深厚。

　　冲绳的思想行为只有以冲绳战的体验为基础才能够成立。不管冲绳人的主张是多么的稚拙和平淡无奇的老调重弹，都坚持不变地主张绝对和平主义，这就是"岛屿人的世界观"。欲以暴力回击和反抗暴力的想法，其实隐含了先发制人的暴力的意志。

在 16 世纪初，尚真王[1]统一了琉球三山，他收缴了武器，平抑了战乱，这一历史事迹应该作为岛屿共同体的智慧在今天得到运用。宪法的基础是万物之存在的基本伦理，一旦用恣意的解释使这一基本伦理失去的时候，宪法就不再是宪法了。绝对和平主义不是靠死死固守得到维护的，而是要通过不断创造的开放的精神行为来实现。宪法应尽可能的简单，只示人以基本的伦理，老百姓可以以它为基础来审查统治者的资质，统治者也参照这些伦理来防止自身行为的越界。也就是法庭一直开设在每个人的心中，这才是维持社会秩序的根本。我希望能推动平民的创宪运动，将思想自由放飞到资本主义和国民国家体制的彼岸。

参与本书写作的各位兄弟姊妹，都是致力于克服当下的危机状况而从各自的专业领域出发已有多部著作问世，并一直活跃在相关领域的人。我没有想到，对我的《琉球共和社会宪法》这部拙作，各位做出了如此深刻的思考，并以他们丰富的知识认真做出了分析。而在我的面前，也有一个新的课题在等待着我，那就是现在如何能开拓思想的普遍性，使之从岛屿出发，同时又能适用于大陆。如果这扇门能够开启，那么就有可能把欲将亚洲变成战争市场的野心压制住。希望本书能够成为一个契机，使我们从对忍辱负重的和平以及民主主义的绝望中摆脱出来，将

（1）尚真王（1465—1527）：琉球王国第二尚氏王朝第三代国王，他统治的五十
　　年被认为是琉球历史上最强盛的时期，确立了琉球的官员品秩、朝仪制度、
　　神官制度、赋税制度、行政划分，禁止私人拥有武器，加强了中央集权，
　　此后琉球进入稳定发展的时期。

思考引向自由的空间。在此谨向参与本书写作的各位兄弟姊妹、策划本书的仲里效、向本书倾注了热情的未来社社长西谷能英以及在暗中指引我们的观音菩萨表示感谢。

2014 年 5 月 17 日

··· ···

仲里效

能够参与 1981 年《新冲绳文学》第 48 期的特刊"通往琉球共和国的桥梁"，与构成这期特刊核心的两部宪法私案《琉球共和社会宪法 C 私（试）案》和《琉球共和国宪法 F 私（试）案》相遇，对我而言是一次难忘的经历。这不仅是因为荡涤了那些因找不到冲绳的出路而迷惘的人们的头脑、重建了人们灵魂的"反复归论"在这里形成理念并结出了丰硕的果实，在"复归日本"后的冲绳的时空中架起了一座桥梁；还由于负责将围绕两部宪法举行的匿名座谈会的录音整理成文字的缘故。我当时就在座谈会的现场，因之更加在我心中留下了强烈的印象。座谈会在那霸市久茂地川满的弟弟经营的一家餐馆中举行，大家包了餐馆二层靠里的包间，那一期的编辑委员和宪法起草者参加了座谈会。为什么这个座谈会要采取匿名的方式，现在仍不知所由，但这种方式让我将第一次见面的诸位的面容与声音结合在一起，每当想对这两部宪法思考些什么的时候，这种音容合一的情景就不可阻止地浮现上来。对冲绳的战后思想来说，这两部宪法的意义非常重大。

近年来，川满信一起草的《琉球共和社会宪法私（试）案》再次获得了人们的关注。这与日本的现状有着密不可分的关系：使日美协同一体的军事整编越来越将基地向冲绳集中，对战争和殖民地主义缺乏想象力的历史认识大行其道，甚至要修改和平宪法，日本的政治在急速地向右转。随着日本国家与国民的这种表现越发明显，冲绳开始出现了追求自我决定权的各种潮流。产生于被大国肆意改划边界、被强制数次改朝换代的冲绳经验中的《琉球共和社会宪法》，在此时被重新发现，浮上时代的前端。

这部宪法的构想不仅是将日本国家这个框架相对化，而是将眼光投向了不过是世界的部分秩序的国民国家体制的局限，成为一种开拓了多样视野的根源性的追问。由于这种追问的力量以及强烈的时代感，在中国发行的《人间思想》在第二辑[1]专门组织了一个专题，刊登了在韩国发行的川满信一论集中的几篇精华文章，于是，川满宪法的冲击开始扩展到了亚洲思想界。

本书在两年前就已策划出版（当时的情形可参见西谷能英在《未来》2014年3月刊上所写的《绝对和平主义的社会构想》一文），但由于川满一句让人困惑的"我写的那种东西"而搁置。但是时间，或者不如说是从根底发出的疑问将这搁置的状态最终打破。从重新策划到出版只有很短的时间，但是各位撰稿人发来

（1）高士明、贺照田主编：《人间思想》第二辑"三个艺术世界"，台北市：人间出版社，2015年。

的文章不仅对川满宪法这一奇妙的果实从各自的视点出发做出了回应和探索，而且这些复数的视角又同时描绘了一幅独特的语言抗争的地图。我相信，这部论集中对成为潜在能量的思想资源的回应，定会成为关于群岛和亚洲的越境的思想，交互回响，交相呼应。

"我写的那种东西"最终能成为这样的成果而问世，很大程度是仰赖西谷能英对时代加以解读的高度敏感性。在琉球结出的这一奇妙的思想果实，正因为其奇妙，反而反过来对这个时代和这个世界已经定型了的东西形成了颠覆。我希望这本以一组对谈和十一篇文字抗争所组成的书，能够进入更多的不惮远行的人们的视野。

2014 年 5 月 15 日于雨中

作者、译者简介

作者简介

川满信一

··· 1932 年出生于冲绳县。琉球大学日本文学系毕业，专攻日本文学。《冲绳时报》记者，《新冲绳文学》责任编辑，诗人，评论家，主办个人杂志《卡俄斯（Chaos）之貌》。主要著作有：《川满信一诗集》（original 企划，1972年）、《冲绳·从根底发出的疑问》（泰流社，1978 年）、《冲绳·自立与共生的思想——通向"未来的绳文"之桥》（海风社，1987 年）等。

仲里效

··· 1947 年出生于冲绳南大东岛。法政大学毕业。曾任 *EDGE* 杂志主编，电影、文化批评家。主要著作有：*Round Border*（APO，2002 年）、《冲绳·印象之缘》（未来社，2007 年）、*PHOTONESIA*（未来社，2009 年）、《悲伤的亚语言带》（未来社，2013 年）等。

今福龙太（Imafuku Ryuta）

··· 1955 年生于东京。文化人类学家，批评家。东京外国语大学大学院教授。创办并领导户外学校"奄美自由大学"。主要著作有：《最小的恩遇（Minima Gracia）：历史与希求》、《群岛——世界论》（岩波书店，2008 年）、《列维·施特劳斯：夜与音乐》（Misuzu 书房，2011 年）等多部著作。

上村忠男（Uemura Tadao）

... 1941 年生于兵库县。东京大学大学院社会学研究科国际关系学研究
生。专攻思想史。东京外国语大学名誉教授。主要著作有：《维柯的怀疑》
（Misuzu 书房，1989 年）、《历史理性的批判》（岩波书店，2002 年）、《葛
拉姆西：狱中的思想》（青土社，2005 年）等多部著作。

大田静男（Ota Shizuo）

... 1948 年生于冲绳县石垣市。曾任职于石垣市立图书馆、石垣市立八重
山博物馆，2008 年以石垣市教育委员会文化课课长退休。原石垣市文化
财产审议委员。主要著作有：《八重山战后史》（Hirugi 社，1985 年）、《八
重山之战》（南山舍，1996 年）、《平静的夕阳之岛》（Misuzu 书房，2005 年）
等多部著作。

大田昌秀（Ota Masahide）

... 1925 年生于冲绳县久米岛。原冲绳县知事。现任冲绳国际和平研究所
理事长。主要著作有：《冲绳的心》（岩波书店，1972 年）、《近代冲绳的政
治构造》（劲草书房，1982 年）、《冲绳战总史》（岩波书店，1982 年）等
多部著作。

孙歌（Sun Ge）

... 1955 年生于中国吉林省长春市。东京都立大学法学部政治学博士。专
攻日本思想史。中国社会科学院文学研究所研究员。主要著作有：《竹内
好的悖论》（岩波书店，2005 年）、《在历史的交叉点上》（日本经济评论社，

2008 年）等。

平恒次（Taira Koji）

… 1926 年出生于冲绳宫古岛，斯坦福大学经济学博士。曾历任华盛顿大学副教授、ILO（国际劳工组织）事务官、斯坦福大学副教授、伊利诺伊大学教授。现为伊利诺伊大学名誉教授、名樱大学名誉客座教授。主要著作有：《日本的经济发展与劳动市场》（英文）、《人性的经济学——另一种丰足社会论》（钻石社，1970 年）、《日本国改造试论》（讲谈社，1974 年），等等。

高良勉（Takara Ben）

… 1949 年出生于琉球弧冲绳岛。毕业于静冈大学理学部，专攻化学。菲律宾研究生院短期留学，专攻文化人类学。诗人。冲绳大学客座教授。主要著作有：诗集《洞穴》（思潮社，2009 年）、《冲绳生活志》（岩波书店，2005 年）、《还魂——琉球文化及艺术论》（未来社，2011 年）等多部著作。

中村隆之（Nakamura Takayuki）

… 1975 年生于东京。东京外国语大学大学院地域文化研究科博士课程修毕。专攻法语文学。大东文化大学外国学部专任讲师。著作有：《加勒比世界论》（人文书院，2013 年）《冲绳／暴力论》（合著，未来社，2008 年）等。

丸川哲史（Maruyama Tetsushi）

… 1963 年生于和歌山县。一桥大学语言社会研究科博士课程修毕。研究领域为东亚文化论。 明治大学政治经济学部及教养设计研究科教授。主要著作有：《作为思想课题的现代中国》（平凡社，2013 年）、《鲁迅出门》

（INSCRIPT，2014 年）。译著：《台湾 68 年世代：戒严令下的青春》（郑鸿生著）（作品社，2014 年）等。

山城博治（Yamashiro Hiroji）

... 1952 年生于冲绳县。毕业于法政大学社会学部。曾任冲绳县职员劳动组合副委员长，现任自治劳工冲绳县本部副委员长。2004 年起担任冲绳和平运动中心事务局长、2013 年起作为其议长站在反战和平、反基地运动的前列。在边野古新基地建设、高江直升机升降场所建设、普天间基地配备"鱼鹰"倾转旋翼机等问题中，为申诉冲绳民意而奔走于全国各地。

译者简介

庄娜

... 北京大学法学博士，中国社会科学院大学国际关系学院教师，主要研究领域为近代日本政治思想史。出版著作《日本"国体论"研究——以近代国家建构为视角》，译著《精神史的考察》《创意的构想》等。